THE ECONOMIST'S CRAFT

普林斯顿经济学研究指南

从课题选择、论文发表到学术生涯管理

[美] 迈克尔·S. 魏斯巴赫 —— 著

闫佳 —— 译

中国出版集团有限公司
世界图书出版公司
北京 广州 上海 西安

图书在版编目（CIP）数据

普林斯顿经济学研究指南：从课题选择、论文发表到学术生涯管理 /（美）迈克尔·S. 魏斯巴赫 著；间佳 译.—北京：世界图书出版有限公司北京分公司，2023.9
ISBN 978-7-5232-0359-0

I. ①普… II. ①迈… ②间… III. ①经济学—研究 IV. ① F0

中国国家版本馆 CIP 数据核字（2023）第 090976 号

Copyright ©2021 by Princeton University Press
All rights reserved. No part of this book may be reproduced or transmitted in any form or by any means, electronic or mechanical, including photocopying, recording or by any information storage and retrieval system, without permission in writing from the Publisher.
版权所有，未经出版人事先书面许可，对本出版物的任何部分不得以任何电子、机械方式或途径复制传播，包括但不限于影印、录制或通过任何信息存储和检索系统。

书　　名	普林斯顿经济学研究指南
	PULINSIDUN JINGJIXUE YANJIU ZHINAN
著　　者	［美］迈克尔·S. 魏斯巴赫
译　　者	间佳
责任编辑	余守斌　夏丹
特约编辑	吕梦阳
特约策划	巴别塔文化
出版发行	世界图书出版有限公司北京分公司
地　　址	北京市东城区朝内大街 137 号
邮　　编	100010
电　　话	010-64038355（发行）　64033507（总编室）
网　　址	http://www.wpcbj.com.cn
邮　　箱	wpcbjst@vip.163.com
销　　售	各地新华书店
印　　刷	天津鸿景印刷有限公司
开　　本	880mm×1230mm　1/32
印　　张	11.75
字　　数	213 千字
版　　次	2023 年 9 月第 1 版
印　　次	2023 年 9 月第 1 次印刷
版权登记	01-2023-1942
国际书号	ISBN 978-7-5232-0359-0
定　　价	79.00 元

如有质量或印装问题，请拨打售后服务电话 010-82838515

目 录
CONTENTS

序 言　　　　　　　　　　　　　　　　　01

第一章　怎样完成学术研究
　　学术研究的现状　　　　　　　　　　007
　　学术界和研究流程的变化　　　　　　013
　　应对竞争环境　　　　　　　　　　　014
　　为什么从事学术研究　　　　　　　　021

第一部分

选择课题

第二章　选择研究课题
　　为什么要划分专业　　　　　　　　　027

做学术猎人，而非学术农夫	030
两项成功的研究计划	033
怎样发展研究议程	036
怎样选择单项研究项目	041

第三章　构建研究组合的策略问题

如何评估研究	047
评估对研究过程的影响	049
潜在研究项目的成本	051
构建研究组合	053
合著者	056
抵挡来自他人的压力	059

第二部分

撰写初稿

第四章　学术研究论文写作概述

在竞争激烈的研究市场里撰写研究论文	065
怎样撰写研究论文	068
为研究论文搭建结构	069
作者在撰写研究论文时希望达到什么目的	073

第五章　标题、摘要和导言

　　标　题　　　　　　　　　　　　　　　082
　　摘　要　　　　　　　　　　　　　　　086
　　导　言　　　　　　　　　　　　　　　088
　　撰写导言的常见错误　　　　　　　　　100

第六章　论文的主体：文献综述、理论、数据描述和结论部分

　　文献综述　　　　　　　　　　　　　　107
　　理　论　　　　　　　　　　　　　　　111
　　数据描述　　　　　　　　　　　　　　114
　　结　论　　　　　　　　　　　　　　　118

第七章　报告经验性工作

　　一篇论文的来龙去脉和撰写方式　　　　123
　　怎样撰写经验性结果　　　　　　　　　125
　　作者必须报告些什么　　　　　　　　　126
　　作者想要报告些什么　　　　　　　　　128
　　作者不想报告些什么　　　　　　　　　130
　　在什么地方报告结果　　　　　　　　　130
　　怎样报告结果　　　　　　　　　　　　133
　　阐释结果　　　　　　　　　　　　　　137

第八章　学术文章的通俗写作

　　学术文章中语言的重要性　　　　　　　146

如何提高你的写作水平	148
学术文章应使用什么样的写作风格	153
开始写论文	155
学术论文中的常见错误	157
给非英语母语人士的建议	161

第三部分

完成初稿之后：讲演、分发和发表

第九章　做讲演

为讲演做规划	169
时间管理	170
讲演的动力	172
了解听众	174
幻灯片的作用	175
制作幻灯片	177
一场出色讲演的关键：回答问题，保持控制	180
在学术会议上讨论其他人的论文	185

第十章　研究的分发、修改和公开

| 为新论文征求反馈 | 190 |
| 展示论文 | 194 |

邮件群发研究	197
在线公开研究	198
公开研究的其他途径	200
维护自己的网站，保持更新	201
何时向期刊投稿	202
期刊投稿策略	203

第十一章　期刊审阅过程

准备论文	209
确定投稿策略	212
初次投稿	214
期刊对新稿件的处理方法	215
审阅报告	217
编辑从审稿人那里收到反馈之后	220
作者收到编辑来信和审阅报告后	222
退　稿	223
论文被拒该怎么办	225
修改并重新提交	227
申　诉	230
开始修改——"回应文档"	231
修改的实质	233
重新提交给期刊	237
论文获得采纳	238

第四部分

成为功成名就的学者

第十二章　在博士生阶段怎样发挥生产力
　　像博士生那样对待生活　　　　　　　　　　　247
　　与种族和性别相关的问题　　　　　　　　　　273

第十三章　怎样做个勤勉的论文导师
　　为什么要指导博士生　　　　　　　　　　　　283
　　指导博士生的主要目标与议题　　　　　　　　285
　　职业道德　　　　　　　　　　　　　　　　　286
　　激励博士生　　　　　　　　　　　　　　　　288
　　强烈而明确的奖惩举措对博士生的影响　　　　290
　　培养自我激励的能力　　　　　　　　　　　　291
　　学生的期待　　　　　　　　　　　　　　　　293
　　重要的是设想，不是地位　　　　　　　　　　295
　　教授也是普通人——不拘礼节的价值　　　　　296
　　学生彼此合作　　　　　　　　　　　　　　　297
　　认识学生、了解学生　　　　　　　　　　　　298

第十四章　管理学术生涯
　　一般原则　　　　　　　　　　　　　　　　　303
　　博士生做选择时应保持开放心态　　　　　　　304

新秀就业市场　　　　　　　　　　307
助理教授的生活　　　　　　　　　313
初级教员的熟手市场　　　　　　　317
大学的晋升决策　　　　　　　　　323
如果审查进展不利　　　　　　　　330
获得终身教职后保持生活的趣味性　334

尾声：博士毕业后的学术成就　　　339
参考文献　　　　　　　　　　　345

序 言

1994年，我搬到亚利桑那州图森市，在亚利桑那大学执教。我开始教授一门关于公司财务的博士课程，内容涉及公司怎样筹集资金、公司治理以及相关问题的研究。从那以后的26年里，我在三所不同的大学任教，几乎每年都会教授这门课程的不同版本。班上的学生几乎全都聪明勤奋，而且绝大多数人希望自己从事学术工作。然而，许多人未能实现这一目标。有些人无法完成课程，有些人毕业后找不到学术就业岗位，有些人成为初级教员后未能发表研究工作成果。

学术界的终身教职数量有限，每一位想要走学术之路的博士生不可能都获得终身职位。要想成为多产的研究型学者，必需有才华，有成功的动力，但这还不够。对于大多数没能成为成功的研究型学者的年轻学术工作者来说，问题并不在于缺乏能力或不够努力。相反，问题在于他们没能在博士研究生阶段，以及后来的初级教员阶段，以最佳方式去完成各阶段的任务。专业学者完全不同于几乎其他任何职业，许多想成为研究型学者的人从来没有弄清楚这份工作到底有哪些重要的方面。

出于这一观察,我开始在自己的博士课程中加入简短的环节,探讨怎样最好地完成成为一名成功学者的任务。我涵盖了一些主题,比如,作为一名博士生,你应该在哪些方面花时间:启动研究项目、说服读者喜欢你的论文、写文章、展示研究,以及完成博士论文后为成功的事业积攒必需的人力资本。几年后,我开始注意到,学生在这些简短环节的表现,比在我课堂的其他时段更专注。与我给学生讲述的公司财务知识相比,学生似乎对我提出的怎么度过博士时光和未来职业生涯的建议更感兴趣。

一想到自己未能最好地利用这段学习时间,博士生有充分的理由感到紧张。因此,不管教员给他们什么样的指导,他们都会非常感激。多年来,我发现不仅我自己教的学生需要建议,我在拜访世界其他大学时遇到的学生和青年教员也需要建议。事实上,他们迫切需要这类建议,很多青年学术工作者甚至到互联网留言板向匿名的陌生人征求意见,哪怕后者往往跟他们一样对此事也一无所知。

多年来,我观察到的另外一点是,或许是因为缺乏良好建议,许多学术工作者,不管是博士生还是教员,都会不断地犯同样的错误。太多公开传播的论文包含了冗长得叫人难以置信、脑袋发麻的枯燥文献综述;导言写了半天仍没告诉读者文章的重点是什么,以及读者为什么要花费时间阅读此文。数据描述中包含的细节不足以让第三方复制结果;含有不必要的表格,

序 言

设置的标签糟糕或是令人难以理解；文章写得干巴巴的，使用大量的被动语态，显然一开始就想让读者读后打瞌睡。此外，很多学术工作者在做报告时对时间管理得很糟糕，直到报告的最后 5 分钟，才谈到论文的主要结果。他们的演示文稿通常设计得蹩脚，幻灯片上使用的字体太小，让人看不懂，甚至无法阅读，坐在后面几排的参与者看都看不清。青年教员的职业生涯经常管理不善，缺少一以贯之的研究议程，没能在期刊上发表论文，或是没有与在其他大学执教的同行建立联系。有时，他们甚至懒得参加自己大学里本专业领域的研讨会。

写论文、做报告、与其他学者交流是教授工作的基本内容。可虽说世界上有大量关于任何事情该怎样做的书籍和课程，但很少有人写过怎样成为一名成功的专业学者。讽刺的是，身为学者，我们一辈子都在向别人传授各种非学术工作所需的技能，但很少有人教我们怎样做好自己的工作。通常而言，一名学者学到的关于怎样做好自己工作的知识，是她幸运地从学院顾问、朋友和同事那里收集到的，其余的则是靠自己琢磨出来的。

经济学和相关领域的博士项目通常在传授与研究相关的**科学**方面做得相当好——也就是说，在传授理论、计量经济学和应用领域的文献等课程上做得相当好。它们欠缺的是怎样传授研究的**手艺**。一如其他各类匠人式手艺，我们可以把写出一篇优秀研究论文视为一种手艺，其结合了久经测试的技术、战略思维、想象力、伦理道德，以及对常遭忽视的细节的关注。

我观察到博士生和年轻教员往往学不到关于做好工作所必

需的手艺，便想：**应该有人写一本书，向青年学术工作者解释怎样开展研究，以及管理自己的职业生涯。**在5个研究型院系任教并见证了学生和同事的成功与失败之后，我决心自己来做这个人。各位读者现在所读到的内容，便是我的尝试。

这本书旨在为希望走学术事业之路的学术工作者提供指南。它的重点是研究——学术工作者怎样选择研究课题、进行分析、撰写论文并发表。不过，本书也把职业的发展与研究和发表结合起来。在本书中，我鼓励青年学术工作者把自己的每一篇论文都看成一套更宏大的研究计划的一部分。学术工作者的目标应该是构建研究，让该专业能从她收集的研究中，而非每一篇论文贡献的总和中学习到更多。

在撰写本书时，我尽量让每一章或多或少地自成一体，分别涉及学者工作的不同方面。我的想法是，要是有学术工作者偶然发现自己对工作的哪些方面不确定，便可翻阅本书相应章节的内容帮自己解决问题。比如，如果一位学术工作者正在撰写论文的导言，可以翻到第五章，阅读我对怎样写出有效导言所做的讨论。再如，要是她正在思考怎样展示自己的经验研究结果，不妨看一看第七章，我在该章描述了怎样以清晰和令人信服的方式呈现经验研究结果。

因为我的背景是经济学和金融学，所以这本书最适合在这些领域工作的青年学者使用。还有一些领域，可以视为属于更宽泛的经济学生态系统，如会计、公共政策的某些方面，以及相关社会科学，本书同样适用于这些领域的学者。我希望，我所说的大部分内容将对在其他领域工作的学者，以及从事研究并试图发表的非学术界人士同样有价值。

本书缘起

这本书大部分内容介绍了论文从构思到发表的写作过程。它描述了一个设想变成研究项目，再变成论文初稿，接着通过多次修订，提交给期刊，再通过进一步的修订，再提交，最终由期刊采纳并发表的过程。它还解释了为什么青年学术工作者应该把每一篇论文视为一个连贯的研究项目的一部分，并借由项目定义自己的职业生涯，以及她应该怎样管理这一职业，以最大化个人的福祉。在每一个步骤中，我都将介绍一些适用于该步骤的技术，青年学者可以用它来完成研究项目。

撰写本书之时，我试图把它视为一个研究项目，并把自己正在写的技术利用起来。因此，我在开始思考是否应该写它的时候，决定遵循我在第三章中提到的建议。我花了些时间写了一篇导言，看看它能否引起别人的兴趣。

我是在一个假期里开始这番尝试的，这样，我能在没有任何工作干扰的情况下写作。2017年夏天，在达尔马提亚海岸的一艘游轮上，我一连几天坐在船上的休息室里，腿上放着一台电脑，想要写一些我喜欢的东西。其他乘客经常走过来问我在做什么。一开始，我告诉他们我在工作，但旅伴们会狠狠地瞪我，因为"在游轮上工作"是一种行为"失常"。尤其这还是在公共场合，其他乘客会为此感到愧疚不安。过了几天，我开始说我在写东西，其他乘客对此没意见了。写东西可以很有趣，所以度假时写东西是可以被接受的。事实上，学术工作者越早相信写作很有趣，她的论文就能写得越好！

两年后，我最终有了自己喜欢的东西，那就是第一章的初稿。我拿给几个人看过。我在第十三章提到，我的第一批读者之一是我从前的论文导师，麻省理工学院的吉姆·波特巴（Jim Poterba）。此外，我的密友，伯克利大学的合著者本·埃尔马兰（Ben Hermalin）仔细阅读了这篇初稿，我还请其他几位合著者、学生和同事看了看。所有这些人都认为我做的这件事很值得，并鼓励我接着干下去。于是，我紧张地写了一份暂定提纲，试了试。

我决定把每一章都写成一篇多多少少独立的文章，阐述身为学者的某一个方面。写完某一章的初稿后，我采用了第十章中讨论的方法：我按顺序分发给学生和同事，而不是同时分发给所有人，希望尽量减少收到重复的建议。这一学年，我很幸运地碰到优秀的博士生海克·金（Hyeik Kim）担任我的研究助理。海克总是头一个看到一章的初稿。她纠正了很多错误，并对每章的优缺点给出了自己的看法。她似乎非常高兴地发现我违背了自己在第八章中讨论过的英语行文规则，如过度使用被动语态，或是把"this"当成名词，而不是修饰语。多亏了海克给出的意见，我在其他人看到之前或放弃了一些内容，或完全重写了几章。若没有她，我不可能完成这本书。[1]

等海克完成一章后，我会把它转发给从前的两位博士生，穆里洛·坎佩洛（Murillo Campello）和葛山（Shan Ge，音译）。穆里洛和葛山仔细地阅读了每一章，提出了详细的宝贵建议，使文章中的问题有了极大的改善。又过了一段时间，我的同事张璐（Lu Zhang，音译）和合著者特蕾西·王（Tracy Wang）也加入进来，两人阅读了完整初稿，给出了详细的评论。在此过程中，我还收到了许多朋友和同事对不同章节提出的反馈信息。对我帮助最大的是本·埃尔马兰、史蒂夫·卡普兰（Steve Kaplan）、默文·金恩（Mervyn King）、乔什·勒纳（Josh Lerner）、罗恩·马苏利斯（Ron Masulis）和吉姆·波特巴。

大约到了 2020 年年初，在这本书写完一半之后，我意识到必须找一家出版社了。我很快发现，适合这本书的恐怕是大学出版社，因为目标读者是学术界人士。与第十一章描述的期刊审阅过程类似，这些出版社都要求若干位学者审阅手稿。不过，与期刊文章不同，图书手稿通常会同时寄送给多家出版社。于是我把文章寄给了一些知名大学出版社，其中几家都给予了不错的反馈。最终，4 家著名大学出版社同意将手稿寄给审稿人。

虽然我接触的所有编辑都非常专业和乐于助人，但在整个过程中，普林斯顿大学出版社的彼得·多尔蒂（Peter Dougherty）最为出众。我经常在自己的私募股权课程上告诉学

---

[1] 写作过程临近尾声，另外两位博士生李东旭（Dongxu Li，音译）和龚瑞（Rui Gong，音译）也提供了宝贵的帮助。（如无特别说明，均为原注。）

生，最好的风险投资家甚至在签订合同之前就开始增加价值；最优秀的编辑也是这么做的。一个星期天的上午8点，我收到了彼得寄来的第一封电子邮件，其中包含了一些改进手稿的实质性建议。他要我在把书稿寄给审稿人之前先改一改书名，把重点放在经济相关学科上（我本来打算写一本对所有领域给予同等关注的书）。后来，彼得打电话给我，说普林斯顿大学出版社有意出版此书，我欣然同意，再没想过是否还有其他出版社愿意出版。[1]

　　普林斯顿大学出版社的审阅意见很有价值。他们要我重新思考本书的几个部分，并提出了一些新的主题。马悦然（Yueran Ma，音译）、史蒂夫·梅德玛（Steve Medema）、乔纳森·怀特（Jonathan Wight）和约翰·科克伦（John Cochrane）提供了特别的帮助。约翰·科克伦甚至在他的博客上写了一篇关于本书的有趣文章。如果没有各位审稿人的帮助，本书就不会是今天这般模样，对此我永远心存感激。

　　这里必须提一下，还有一些对年轻学术工作者很有帮助的资源。威廉·汤姆逊（William Thomson）写的一本书，书名跟我的有些类似，叫《青年经济学家指南》（*A Guide for the Young Economist*），[2] 但两本书之间鲜少有内容重合之处。我建议，如果

---

[1] 我的妻子艾米建议我立刻接受。要是由着我自己的性子，我肯定会愚蠢地把整个过程拖得很长。艾米在整个项目中都非常支持我，若没有她的帮助，我是不可能把书写完的。

[2] 见W. Thomson, *A Guide for the Young Economist* (MIT Press, 2001)。

序 言

各位青年学术工作者对一个主题存在疑问,我这里又没有给出让人满意的答案,不妨参考威廉的书。

当然,关于写作的精彩书籍也有很多。威廉·津瑟(William Zinsser)的《写作法宝》(*On Writing Well*)非常好。戴尔德丽·麦克洛斯基(Deirdre McCloskey)的《经济学的花言巧语》(*The Rhetoric of Economics*)是一本经典的经济学写作指南。约翰·科克伦的《博士生写作技巧》(*Writing Tips for PhD Students*)是一本极好的指南,其不仅讨论了写作,还讨论了本书中涉及的许多其他主题。[1]

最后,我想强调的是,我在本书中给出的建议仅仅代表我个人的观点,而非绝对事实。我认为,大多数读者会同意我所说的大部分内容,但在某些方面会有不同看法。从事研究工作的方法不止一种,职业生涯也非只有一条路可走。许多学者的做法虽然与我的建议"背道而驰",但同样拥有了精彩的职业生涯。

尽管如此,许多学术工作者在职业生涯中随波逐流,未曾对我所讨论的问题展开过多思考。他们从一个项目进入另一个项目,很少想过怎样用一套研究组合囊括这些工作,以及工作能否产生影响力。这些学术工作者通常认为,等他们最终得到

---

[1] W. Zinsser, *On Writing Well: The Classic Guide to Writing Nonfiction* (Harper Perennial, 2016); D. N. McCloskey, *The Rhetoric of Economics* (University of Wisconsin Press, 1998); J. H. Cochrane, "Writing Tips for PhD Students," June 8, https://static1.squarespace.com/static/5e6033a4ea02d801f37e15bb/t/5eda74919c44fa5f87452697/1591374993570/phd_paper_writing.pdf.

了一个收敛性的似然函数，或是证明了一个研究了很长时间的定理，工作就完成了。

可到了这一步，工作才刚刚开始。怎样撰写论文、怎样向观众展示、怎样向期刊推销、怎样把其他相关工作打包成一套研究组合将决定这些工作的影响，以及它们将为学术工作者的事业增添怎样的价值。如果青年学术工作者思考过我接下来要说的话，却认为我说的每一个观点都是错的，那么我其实无所谓。但如果这些学术工作者能够花时间思考这些议题，以及应对它们的最佳方式，那么这本书才算达成了我最初的创作心愿。

第一章

怎样完成学术研究

Introduction—How Academic Research Gets Done

说到开展学术研究的方式，我们可能会想到数学家安德鲁·怀尔斯（Andrew Wiles），他因证明费马大定理而在 2016 年获得了阿贝尔奖。这个"定理"最初是皮埃尔·德·费马（Pierre de Fermat）在 17 世纪提出的，但费马本人并未提供证明。[1] 三百多年来，没有人能证明费马大定理成立，也没有人能提供一个反例来证明它是错误的。费马大定理曾让世界上许多伟大的数学家感到困惑，包括莱昂哈德·欧拉（Leonhard Euler）和戴维·希尔伯特（David Hilbert），他们都曾花几年工夫试图解决它。它成了数学界乃至各个科学领域里最大的未解问题之一。19 世纪末，一位德国实业家和业余数学家试图解决这一问题，但未能成功。他创立了沃尔夫凯勒奖，为解决这一问题的学者提供一笔可观的经济奖励。一个世纪后，时任普林斯顿大学教授的怀尔斯着手证明

---

[1] 费马在一本书的页边空白处留下了一句名言："对这个命题，我有一种奇妙的证法，但空白处太窄了，写不下。"关于怀尔斯对此问题的正式论述和证明，见 A. Wiles, "Modular Elliptic Curves and Fermat's Last Theorem," *Annals of Mathematics* 141(3, 1995): 443–551。

费马大定理。但是，多年来他守口如瓶，只有他妻子知道他正在研究这个问题。可以想象，他的同事或学生在午餐时询问怀尔斯的研究时，谈话会是什么样子。1993年，怀尔斯最终公布了解决方法。人们普遍认为，这是有史以来最伟大的数学发现之一。

无论来自哪个领域，我们这些学术工作者都将怀尔斯的发现视为自己希望通过学术研究达成的成就"圣杯"。我们都想要解决一个别人提出的著名问题，尤其是一个很多人都未能成功解决的问题。这样的成就代表着对知识做出重大的贡献，解决问题的学者将成为"学术名人"。我们不少人在获得博士学位时，都梦想着做出怀尔斯般的成绩，并获得类似的赞誉。

然而，绝大多数研究人员（哪怕是最成功者）的实际经验，都跟怀尔斯的毫无相似之处。大多数研究人员不仅远没有怀尔斯成功，所采用的研究方法也非常不同。实际上，对大多数研究人员来说，怀尔斯非凡发现的最大意义在于，它说明了大多数研究不是这样做的。他的经验跟我们大多数人想成为成功的研究人员所必须采用的方法之间，有着重要的区别。至少有三处值得强调的区别。

第一，我们解决的大多数问题都不是别人提出来的，当然更不是像（300年前的）费马这样的著名历史人物提出来的。大多数时候，研究之战至少有一半的工夫要用在构思出正确的问题和正确的提问方式上。实际上，一旦把问题提出来，对它的回答往往是非常直白的。1937年，罗纳德·科斯（Ronald Coase）提出了一个从未有人问过的问题："是什么决定了企业的边界？"他的提出这一问题的论文，发展出了组织经济学领域。1991年，科斯获得诺贝尔经济学奖,这在很大程度上正是因为他远见卓识地第一个提出了这么重要的问题。科斯也解释了企业边界的原因,但他的解释相当直白。一旦问题被提出来,许多人都会得出与他相同的结论。科斯论文中最精彩的部分在于提问,而不是回答。[1]

第二,与怀尔斯的经历不同,大多数领域的研究都需要紧密合作。在科学领域,研究通常以一个实验室或一支研究小组为中心,共同研究相关问题。社会科学领域的合作不见得这么结构分明,但同样重要。大多数论文都是由多人合作撰写的,即使是单独撰写的论文,在发表之前也要根据与同事的讨论,进行多轮修改。在大多数领域,单独秘密工作的人很少会提出什么重大发现。

第三,学术界之后围绕怀尔斯的发现展开了关于他的证明是不是真的正确的讨论,因为他试图解决的问题的重要性是毫无疑问的。然而,对大多数学术论文的讨论通常集中在贡献的性质、论文提出的问题,以及分析存在的局限性上。很多时候,学术研讨会上最重要的问题是"我们为什么要在乎这篇论文?",这也是作者很多时候并不能给出很好的答案的问题。

任何研究人员都有责任解释为什么自己提出的问题很重要,以及为什么她要采用这样的做法来回答这个问题。[2] 最重要的是,

---

[1] 见Ronald Coase's "The Nature of the Firm," *Economica* 4(16, 1937): 386–405。科斯的诺贝尔奖,也是授予他所做的其他开创性贡献,尤其是"社会成本问题",*Journal of Law and Economics* 3(1960): 1–44。

[2] 为了便于阐述,我在整本书中都尽量使用代词。我用女性代词指代研究人员和作者,用男性代词指代读者。在讨论博士项目和期刊投稿时,我将顾问的代词设定为男性,编辑的代词设定为女性。我做这些选择仅仅是为了保持全文的一致性,我无意对这些行业的性别分布做任何陈述。

她应该解释为什么这些结果说明了一些关于身边世界的、我们想知道或应该知道的问题。研究人员给出这种解释的能力高低，能够而且往往决定一个具体研究项目的成败。一篇论文，如果无法解释其贡献为何重要，就很难成功发表，哪怕最终发表，也不会产生什么影响。有时，研究人员之所以拿不出充分的解释，是因为论文中没有告诉我们任何特别重要的东西。但是，更多时候，研究人员拿不出优秀的解释是因为她未能"全力以赴"地向读者解释为什么应该关心论文的结果。

我还在读博士的时候，受益于麻省理工学院经济学系提供的极佳训练。在课堂上，我学会了怎样解释模型、推导评估者的特点、评价其他人的工作，以及许多其他有用的技能。但是，对于怎样真正做研究，我却不是从课堂上学到的，而是靠每天晚上都去马萨诸塞州剑桥市的美国国家经济研究局（National Bureau of Economic Research）办事处，跟来自哈佛大学和麻省理工学院的一些最优秀的教员和博士生一起打发时间。我们会花上好几个小时来讨论什么是出色的研究，什么不是，我们认为哪些是有待解决的重要问题，以及当天听取的研讨会报告是否有意义。我们还仔细阅读对方的论文，帮助彼此成为成功的学术工作者。

多年来，我观察到一个现象：大多数博士研究生课程都倾向于让学生做好准备，去解决安德鲁·怀尔斯解决的那类问题，而不是那些他们在未来职业生涯中更有可能应对的问题。传统的博士研究生课程教学生解决已经被提出的问题，这也是他们为通过资格考试而必须要做的。解决一个众所周知的问题，正是怀尔斯证明费马大定理时所做的事情。当然，证明费马大定理跟通过博士研究生资格考试不是同一个量级的挑战。

许多博士研究生项目进行得跌跌撞撞的原因在于，它们没有为青年研究人员提供成为成功的研究人员所必需的经验和见解。它们基本上没有教给学生成为学者的手艺。尤其是，它们没有教学生怎样选择能产生持久影响的研究项目，怎样就一个项目为什么重要进行沟通，怎样妥当地处理数据，怎样以兼具恰当科学性和可读性的方式撰写研究结果，怎样以他人认为合理的方式阐释研究结果。大多数学术工作者是在博士生阶段，通过与论文导师、其他教员以及平辈同学建立学徒式关系学到这些技能的。

青年学术工作者经常向我请教研究过程中各个方面的问题。这些问题往往无关经济学科学本身，而是关于经济学的手艺。青年学术工作者想知道怎样选择研究课题，怎样寻找合著者，怎样写出可读性强且有趣的（英文）文章，怎样安排学术论文的结构，怎样展示和阐释研究结果，怎样引用其他学者的研究。最常见的是，他们对出版过程中的各个方面都有疑问。此外，各年龄段的学者都没有充分思考过自己的职业发展，也没有对人力资本进行投资，从而不能让自己在整个职业生涯中享受工作。

从历史上看，学习经济学人的手艺的过程，也就是学习怎样做研究、怎样在职业发展中继续前进，一直是一个随兴的、口口相授的过程。有些学术工作者十分幸运，遇到有人向自己传授专业手艺，而另一些人在整个职业生涯中都没有弄清楚它。一件这么重要的事情，为什么一定要以随兴的、口口相授的方式传达呢？没有任何理由非得如此。专业手艺可以且应该付诸书面形式传达。

学术研究的现状

在讨论怎样进行研究的细节之前，我们有必要先了解我们工作的市场，以及它对研究有着怎样的影响。虽然部分领域的基础研究由企业和政府部门完成，但在大多数领域，基础研究往往由大学主导。大学基本上是根据研究情况来奖励教员的，因此，教员有很大的动力开展研究，并尽可能通过最有声望的媒体渠道发表自己的研究成果。

学术市场可以用三个主要趋势来概括。第一，全球学术研究数量有了大幅增长。来自美国以及其他国家的许多大学，都认为自己应该提升研究声誉，大力鼓励旗下教员成为更活跃的学者。第二，这种增长导致了教员更加激烈地竞争研究思路。这种竞争，再加上大多数研究领域的发展日益成熟，使得教员变得越来越固守本身的专业。第三，顶级期刊数量的增长与从事研究的教员数量的增长不相匹配，因此，在顶级期刊上发表论文变得越来越困难。

学术研究的增长

不少大学为节省经费而削减了终身教职的数量，但也有一些大学试图通过增加研究力量来提高声誉。自1987年我从博士研究生院毕业后的30多年来，希望教员在顶级媒体上发表论文的大学数量急剧增加。虽然我获得的是经济学系的博士学位，但我的研究重点是金融经济学，这是经济学的一个分支领域，主要在商学院教授。博士毕业后，我观察到金融学术界的结构发生了很大变化。经济学系和会计学等其他相关领域，也发生了类似的变化。

1987年，除了美国最顶尖的20至25个院系之外，顶级期刊很少发表来自其他地方的研究。如今，美国至少有100个院系要求在顶级期刊上发表论文，以此作为教员获得终身教职的条件。放眼国际，这种期待增长幅度甚至更大。1987年，只有伦敦商学院和欧洲工商管理学院这两个欧洲金融院系一直在从事顶级金融研究。如今，至少有10至15个院系，有着与1987年的伦敦商学院和欧洲工商管理学院人数相当的活跃研究人员。在亚洲，1987年之前几乎没有严肃的金融研究，现在，新加坡就至少有三个非常好的院系，中国香港和韩国首尔也各有四五个，在中国内地，学术研究活动增长得异常迅猛，几乎必须常驻当地，才能跟踪到所有出色的院系。

博士项目的增长反映了高质量院系的增加。在20世纪80年代和20世纪90年代，除极少数例外，大多数最优秀的金融博士生都毕业于美国排名前十的院系。如今，学术就业市场上最优秀的学生来自世界各地。欧洲院系经常把学生派遣到美国排名前五的院系，而排在第15名或20名之外的美国院系，也频频培养出极为优秀的学生，并且他们在顶级院系找到了工作。来自亚洲的学生每年都在进步，和他们的欧洲同行一样，这些学生进入最高端市场也只是个时间问题。随着博士项目的发展，如今世界上活跃的研究人员，比我刚开始职业生涯时要多得多，而且这个数字还在加速增长。

研究分工专业化

学术工作者正在研究什么问题呢？在大多数领域，随着研究人员日益专业化，其所做贡献往往变得越来越狭窄。任何领域的基本问题都是一样的，因此研究人员首先要发现最基本的贡献，然后随着时间的推移加以完善。

偶尔，会出现开创性事件、研究突破或技术创新，从而激发新的研究。在我工作的领域，2008年的金融危机就是这样一起事件。虽然其对世界经济是一场巨大的灾难，但金融危机引发了一波重要的研究浪潮，研究人员试图理解其成因，新金融产品对经济将产生什么样的后果、应如何加以监管，金融危机期间政府的潜在干预措施，银行是否应该"大而不倒"，以及诸如此类的研究问题。

最近，海量的可用数据和处理这些数据的计算工具，为许多领域带来了革命性的变化。经济学不少领域近年来的研究都以新出现的大型数据库、大幅提高的计算速度、新的数据分析方法为基础，如机器学习等。这些发展推动了经济学和相关领域的应用经验研究工作。罗杰·巴克豪斯（Roger Backhouse）和贝亚特丽斯·谢里耶（Béatrice Cherrier）指出，颁发给40岁以下美国顶尖经济学家的约翰·贝茨·克拉克奖，此前的12位获奖者中有10位主要从事经验研究或应用工作。[1]这一模式与该奖项成立之初形成了鲜明对比，当时，它最常表彰的是来自理论经济学或理论计量经济学的研究成果。[2]

然而，这些"量子跳跃"式的例子，往往是特例，而非规律。一般规律是，随着时间的推移，学术领域往往会变得更加狭窄和专业化。比如，数学、生物学、心理学和经济学等领域，连分支领域也基本上划地为营、自成格局，教员们术业各有专攻，各分支领域之间有时几乎毫无互动。

比如，在我之前一代的顶尖金融学界人物，如费希尔·布莱克（Fischer Black）、尤金·法马（Eugene F. Fama，Gene Fama 是他的昵称）、迈克·詹森（Mike Jensen）、鲍勃·默顿（Bob Merton）、默顿·米勒（Merton Miller）、史蒂夫·罗斯（Steve Ross）和迈伦·斯科尔斯（Myron Scholes），都曾在金融界许多不同的领域工作过。[3]当他们开始职业生涯时，金融学尚处在襁褓阶段，所

---

1 R. E. Backhouse and B. Cherrier, "The Age of the Applied Economist: The Transformation of Economics since the 1970s," *History of Political Economy* 49 (2017): 1–33.
2 美国经济学会的约翰·贝茨·克拉克奖历任获奖者名单，可见https://www.aeaweb.org/about-aea/honors-awards/bates-clark.
3 经济学家能立即认出这些名字。不从事经济工作的读者或许也知道，这份名单上的几个人里，法马、默顿、米勒和斯科尔斯是诺贝尔经济学奖的获得者。布莱克和罗斯在获奖前不幸去世，如果他们活得更久，则无疑能拿到该奖。詹森有望在不久的将来获奖。

有这些人都在金融学的各主要分支领域做出了重要的贡献。而到了我这一代,一些最优秀的金融研究者,如安德烈·施莱费尔(Andrei Shleifer)、杰里米·斯坦(Jeremy Stein)和罗伯特·维什尼(Robert Vishny),也在主要分支领域做出了重要的贡献。然而,我们大多数人仅擅长一个分支领域,不是这个,就是那个。在我之后的一代人,学术工作者的分工更加细致了:一个典型的新博士生在毕业之后,不是成了"宏观金融学专家""动态契约学者",就是"专攻资产价格的时间序列计量经济学家"。

然而,由于专业分工过细,在金融学的一个分支领域工作出色的学者,换到其他相关分支领域,有时连基本的能力都不具备。比如,在宏观金融方面很强的人,往往无法理解与投资相关的新经验研究结果,对行为研究方面也不甚熟悉,尽管每个分支领域都有关于资产价格决定因素的重要内容。我担心金融学也重蹈了许多其他领域的旧辙——来自同一院系的学术工作者无法理解彼此的工作。

出版流程

在其他一些领域,最重要的出版物可能是书籍或会议记录,而在经济学领域,到目前为止,传播研究的最重要方法是同行审阅的期刊。这些期刊在质量和发表研究的风格倾向上有很大的不同。排名较高的期刊更有声望,许多院系只晋升在少数几种顶级期刊上发表过文章的教员。因此,在顶级期刊上发表论文的能力，是经济学学术工作者成功的一个重要因素。

自从我1987年进入这一行业以来，期刊的数量随着这一行业的规模而增长，但公认的顶级期刊却没有变化。在经济学领域，1987年的顶级大众期刊，如《政治经济学杂志》(Journal of Political Economy)、《美国经济评论》(American Economic Review)、《经济学季刊》(Quarterly Journal of Economics)、《经济研究评论》(Review of Economic Studies)和《计量经济学》(Econometrica)，至今地位不变。虽然更专业的"领域"期刊自1987年以来在数量和质量上都有所增长，但大多数研究导向型经济学院系希望，初级教员如想要获得终身职位，至少要在顶级大众期刊上发表一些研究成果。[1]

在金融学领域，3份顶级期刊也仍跟1987年一样：《金融杂志》(Journal of Finance)、《金融经济学杂志》(Journal of Financial Economics)和《金融研究评论》(Review of Financial Studies)。同样，在会计学领域，如今仍由3份跟1987年相同的期刊主导：《会计与经济学杂志》(Journal of Accounting and Economics)、《会计研究杂志》(Accounting Research)和《会计评论》(Accounting Review)。这些期刊通常每年发表的论文数量会比过去多，但远不足以跟上相应领域学者人数的增加。大多数顶级院系都希望其教员的大部分研究能够发表在这些期刊或相关领域的同等地位的期刊上。

1　见D. Card and S. DellaVigna, "Nine Facts about Top Journals in Economics," *Journal of Economic Literature* 51(1, 2013): 144–61。

不管出于什么原因，期刊声誉是个非常棘手的问题（不足为奇，这是学者很喜欢猜测的一个话题）。顶级期刊经常做出可疑的编辑决策，有时还会为作者提供蹩脚的服务。尽管如此，一份新创办或是排名较低的期刊，哪怕提供优秀的编辑服务，发表一流的论文，也几乎绝无可能在教职评定委员会成员和大学管理者眼中跻身顶级期刊的行列。

站在经济学家的角度讲，我对市场力量未能确保我们自己行业的质量感到沮丧，这与经济学原理和现实世界行业的经验截然相反。比如，20世纪70年代，美国汽车制造商生产的是油耗高、质量差的汽车，日本竞争对手随即带着更好的汽车涌入美国市场，促使美国汽车制造商提高汽车质量。这种模式经常出现在许多不同的行业，也是成功的自由市场经济的标志之一。但是，在学术界，一份期刊经常隔上一年多的时间才向作者提供反馈，而在大学管理者眼里仍属一流。教员会继续把自己的顶尖论文提交给这些期刊，不管自己得到的服务有多糟糕；而期刊在改善对作者的服务方面也不会感到有多大的市场压力。

学术界和研究流程的变化

出版环境的变化对研究流程有什么样的影响呢？投稿范围越来越狭窄、越来越专业化的后果之一，是论文的潜在审稿人越来越少。审稿人群体变小，提升了幕后政治斡旋和建立小圈子的潜力。在某些分支领域，一心想要推广该分支领域的审稿人往往比较积极；而在地盘争夺战肆虐的领域，审稿人往往过分消极。总体而言，学术研究世界的竞争之所以越来越激烈，是因为有越来越多的学者在越来越狭窄的研究课题里孜孜以求，而且所有人都在竞争同一份期刊的版面。我有充分的理由相信，未来的竞争会更加激烈。

如果你正在阅读本书，你可能是一名学者，或是正在考虑成为一名学者。因此，你兴许会认为这样的讨论令人不安，甚至叫人十分沮丧。从某些方面看，这的确令人沮丧：学术研究正成为一种越来越难于谋生的职业。然而，学术工作仍然是一份美妙的职业，可以让你在其间拥有美妙的生活。学者可以通过多种方式为社会做出贡献：教育出优秀的学生、增强人类的知识体系、提供可改善公共政策的见解。凭借终身教职，我们得以提出不受欢迎的观点，而无须担心遭到老板报复。在私营企业工作的朋友经常羡慕我们这种可以公开表达不受欢迎观点的学术自由。

应对竞争环境

学术劳动力市场日益激烈的竞争，将对我们的行为产生怎样的影响呢？换句话说，一名刚毕业的博士生或新入职的教员，怎样在这样的环境中生存甚至茁壮成长呢？

总有一些你无法控制的因素影响着你的成功，但为促进职业发展，你有很多事情可以做，它们往往看似明显，却遭到了年轻学术工作者的忽视。有点讽刺的是，在商学院，我们投入大量时间教 MBA 学生怎样改善自己的职业前景，却很少花时间思考我们自己的职业前景。

教员往往奉行随兴的研究策略。有些人一开始写的论文太多，有些人一开始写的论文太少。一些人基本上是在反反复复撰写同一篇论文，而另一些人则不断地在许多不同的分支领域着手撰写论文，但从未发表过一篇。学术工作者在管理个人研究事业时，还会犯许多其他本可避免的错误。虽然我的经验主要来自与商学院教员和经济学家的接触，但我相信，同样的问题影响着所有领域的教员。

帮助青年学术工作者在压力下生存，并帮助他们在做研究时发挥出自身的优势，是本书的首要主题。以下是我将在本书中提及的几条原则，它们可能有助于青年学术工作者建立一套成功的研究组合。

理解你的生产函数

经济学家把生产者将投入（材料、劳动力、资本等）转化为产出的方式描述为"生产函数"。将这一生产过程正规化，有助于经济学家研究企业以及企业运作的市场。

但是，生产函数的概念也可以应用得更普遍，它是学者们了解自己怎样开展研究的一种有用方式。我们每个人都有一套特定的技能，可以对研究项目做出有益的贡献。一些人单干得很好，而另一些人更喜欢成为团队一员。有些人很有创造力，能想出新颖的设想,而有些人则更擅长执行别人提议的分析。

学者们容易误解的学术生产函数的最重要方面,或许是产能的概念。一天只有 24 小时,我们大多数人喜欢把其中的一部分用来享受工作之外的生活。此外,研究是一项高强度活动,并且在任何时候,人都很难以足够的强度专注于两件以上的事情。管理工作量讲究窍门。就我个人而言,我尽量一次只写一篇论文;接着,我把它交给合著者,在合著者轮流编辑期间,我自己专注于另一篇论文。这样,我就可以同时勤奋地埋首于几篇论文的工作中。

即便如此,我们每个人在任意时间段能完成的论文数量是有限的。这个数字因人而异,但我们人人都有"产能"。我相信,了解自己的产能很重要,因为投入在超过自己产能的研究项目上,有可能是一个严重的错误。一些学者不断地开启新项目,同时撰写多篇论文,但他们经常让合著者感到沮丧,因为他们工作敷衍了事,许多研究项目最终都无法完成。当然,反过来也一样:一些学者太追求完美,他们从不动手开展任何感觉没法为自己拿下诺贝尔奖的事情。通常,这样的项目永远不会出现,但这些完美主义者却喜欢夸耀自己比其他人有更高的标准,哪怕他们拿不出研究成果。

按计划行事

在商学院,我们教导年轻的企业家要为他们的新企业制订一套思考周全的商业计划。这样的计划包括设定非常具体的目标，如客户获取、软件测试版的开发以及公司盈利的日期。可以认为，这样的计划是新企业在特定（狭窄的）经济领域成为一家成功企业的途径。企业家（成功的企业家也不例外）并不总是按照计划行事。有时，他们会发现计划太宏伟，就算公司取得了良好的发展，也往往不如企业家希望的那么发展迅速。有时，计划存在误导，公司不得不转移重心以实现盈利。尽管如此，制订一套商业计划仍很重要，主要是因为它强迫企业家始终把注意力放在最终目标上，如果他偏离最初的计划，就必须提出充分的理由。

在我看来，年轻学术工作者没有理由不采用类似的方法。假设你是一名完成考试的博士生，现在需要写一篇论文，或者你是一名年轻的助教，希望建立学术声誉，又或者，你是一名希望继续活跃在研究领域的正式教授。为什么不效仿新企业家的做法呢？确定你的兴趣在什么地方，以及你想要解决什么样的大问题，再做一份"市场地图"，说明对问题已经了解到什么程度，还有什么仍然未知，为什么还有些问题未能解决。在这一过程中，你有望想出一两个研究设想。确定你有可能从该设想中了解到什么，确保它足够重要、值得你投入时间。制订一份时间表，列出你认为自己什么时候能完成每个研究项目的草稿，尽最大努力按照时间表推进项目。你的最终产出或许与你制订的计划并不一样，但制订这样一份计划，可能会让你为所得结果感到更满意。

我意识到，采用这样系统化的方式开展研究，说起来或许比做起来要简单。我的意思并不是要让研究过程显得单调乏味或一板一眼。相反，我的目的是让学术工作者系统化地思考自己的研究将朝着什么方向发展，以及他们将如何到达目的地。许多青年学术工作者以相当随意草率的方式开展研究，只关注自己碰巧想到的主题。我很清楚这个问题，因为我在最初当教员的几年里就是这么做的。后来，我更严格地界定了自己的领域，并专注于成为这些领域的主要参与者之一，这才变成了更有成效的学术工作者。

完成项目

绝大多数学者从事这一职业是因为热爱学习。我们在学校都做得很好，着迷于自己尚未找到答案的问题。解决这些问题很有趣。研究对我们来说很自然，因为我们喜欢解决新问题、提出新设想。

启动研究项目，集中体现了我们对学术工作的热爱。一名学术工作者之所以启动一个研究项目，是因为她在思考一个自己不知道答案的问题，她希望找到办法解答它。有时，她会得到有趣的结果，学到一些东西；其他时候，分析反倒让问题变得更不清晰。但是，到了分析的某个阶段，她会从问题中学到自己想学的东西。

到了这时候，研究不再有趣，而成了工作。学者会一头走进死胡同，等发现自己的方法不起作用时，又不得不掉过头顺着脚印回去找路。她必须抽出时间撰写论文，希望这样做能帮助别人理解自己做了什么、为什么这么做，以及发现了些什么。她必需在研讨会上陈述论文，应对质疑其分析的人（有些人缺乏通常的社交礼仪）。她可能要等足足一年才能听到她投给期刊的稿件的消息，最终只收到两份价值有限的简短审稿人意见，外加编辑的简短说明，告知她要对审稿人做出回应，编辑才会重新考虑发表这篇论文。

通常，作者会假装喜欢被人质疑论文的基本前提和每一步的逻辑。有时她真的很喜欢批评，有时批评也的确有益。然而，更有可能的情况是，作者公开礼貌地感谢批评者，暗地里却想掐死他们。他们怎么可能不理解这篇论文的重点呢？为什么他们不能意识到这篇论文有多精彩，直接闭上嘴呢？更糟糕的是，由于许多领域的审稿人都是匿名的，他们常常毫不客气地苛刻评价自己审读的论文（如果他们正为自己的论文收到的审读意见大发雷霆，倒霉的作者就成了他们的出气筒）。

青年学术工作者可能忍不住想要举手投降，着手开始另一篇论文的工作。毕竟，开始写论文很有意思，但完成的过程却可能充满痛苦。**不要屈服于这种诱惑**。作者必须理解为什么人们对自己的作品给予负面回应，哪怕她认为他们这样做是受了可怕的误导。除非作者证明的是费马大定理，否则，她就不得不花费大量的精力来解释为什么她的结果很重要，读者为什么应该重视它。面对负面批评，坚持是成功的关键。作者必须学会怎样理解并清楚地阐明自己论文的贡献，让别人难以提出反对意见。

归根结底，一位学者必须发表论文。在学术界，未经发表的工作是不受重视的。在经济学和金融学等领域，虽然尚未发表但已经流传开来的论文手稿也能产生影响，但晋升和教职评定委员会也希望看到论文发表带来的"质量认证"。而且，如果一篇论文好几年都没能发表，那么作者的同行会不再认为自己有义务引用它。换句话说，论文（它有自己的生命）和作者都从发表中受益匪浅。有时，如果一篇论文得不到顶级期刊的采纳，作者就拒绝发表。我认为这种态度是错误的。期刊有很多，一篇论文发表在优秀期刊（哪怕并非顶级）上，也比从来不曾发表产生更大的影响。[1] 很多优秀论文之所以最终没能发表，是因为作者缺乏坚持到底的毅力，或是因为作者不理解论文的贡献和局限性，并试图以不恰当的态度推销论文。

在人际关系上保持专业态度

出于一些我不理解的原因，我有个好朋友走上了行政工作道路，现在是一所全国顶尖大学的副教务长。他总是告诉我，他经常在工作中惊讶地发现，一些才华横溢的学者行为不成熟，经常表现得像五岁的孩子。随着社交媒体和互联网的出现，你所犯的每一个错误都有可能广为人知，甚至难以被遗忘［一如大多数伟大的创新，谷歌（Google）既是福也是祸］。每隔几个月，似乎就会冒出一个新丑闻，引得人们全网讨论。比如，一个大人物指责另一个人趁着社交窃取了自己的创意，没过多久，就出现了一

---

[1] 这一点不是所有人都认同。我最喜欢的一位合著者评论说："哪怕期刊并非顶级，发表一篇论文通常也要花费大量时间。然而，在非顶级期刊上发表的论文不计入终身教职，也不能吸引高质量的引用。许多地方甚至认为，在低级期刊上发表论文，是一个对作者不利的信号。因此，我们经常在想，花这么多时间值不值得，我们能不能把时间投入在更有潜力的项目上。"

段不堪的电子邮件来往记录,业内人士全都看到了。又或者,一位出色的教员写了一篇论文,他人却无法复制其结果,整个行业很快就会知道这件事,这样教员的声誉必将受损。

一名大学教员,哪怕是一名博士生,都必须永远牢记一点,要做专业的学术工作者。和从事所有专业工作一样,专业人士对任何工作以及相关事宜的标准,都比业余人士的标准高得多。经济学教授在酒吧唱卡拉OK跑调没什么问题,但一盘专业歌手唱歌走调的录音带,可能会对她的职业生涯造成不良影响。

身为学者,我们随时都在进行自我展示,尤其是在我们讨论各种与自己专业相关的事情的时候。如果我们生成一个结果并公开发布,我们必须保证它是正确的,在发布之前要反复检查代码。一旦被发布在网上,它就永远存在,人们能够(而且也将会)找到它。人人都会犯无心之过,但如果我们犯错太多,哪怕都是无心之过,人们也会不再相信我们所做的一切。如果写博客或发推文,那么我们应力求明智。如果我们在社交媒体发表的言论不符合学术对话的逻辑标准,那么,当我们试图在其他背景下开展更严肃的讨论时,也不应指望人们会严肃对待。

为什么从事学术研究

你为什么要从事学术研究呢?[1] 为什么要走上这条人生道路

---

1 本小节摘自约翰·科克伦为普林斯顿大学出版社(Princeton University Press)写的本书书评(经少量编辑)。

呢？这个问题只有一个真正好的答案：**因为你热爱它**。你热爱尝试新想法，理解你从前不理解的东西，学习世界上的新东西，而且你也热爱与他人交流，教他们产生新想法，推动新想法的传播。是的，这需要一些雄心，一些谋划算计。此外，还有很多烦琐事务：清理数据，回答审阅报告，履行你的社会、个人和职业职责。

身为一名有抱负的学者，你大概也喜欢人们阅读并关注你的研究带来的荣誉。你写论文，不应该只是为了发表；你写论文，应该是为了让人们阅读它、引用它、思考它，并且改变人们的思考方式。你渴望产生影响力，而不是仅仅让人在葬礼上赞叹你活了有多久。

如果你热爱它，那么学术研究意味着解放。你有时间去探索你自己选择的想法。但是，如果你和地球上 99% 的人一样，那么当你听到有人让你"去办公室想点了不起的东西出来"时，就会满心惊恐、动弹不得。大多数人需要有人告诉自己该做什么、什么时候该工作、什么时候可以不工作、该想些什么。大多数人需要每天有人鼓励，也需要企业擅长提供的经济激励。

只有热爱学术研究（这意味着热爱琢磨各种想法，热爱提炼、书写、展示这些想法，并热爱就其与他人交流的艰难过程）的人，才能真正做出好作品。你热爱学术研究吗？那就去做吧。

第一部分
选择课题

SELECTING A TOPIC

第二章

选择研究课题

Selecting Research Topics

在启动研究项目之前，你必须首先找到一个有待研究的课题，以及这一课题下的一个有待解决的具体问题。构思出好的研究问题，通常是研究人员工作中最困难也最重要的部分。一个优秀的研究项目应该解决一个依据现有文献还无法完全理解的问题，而且研究人员有机会为这个问题做出有意义的贡献。一个优秀的研究项目还应该是一件研究人员认为有趣、好玩的事情，能很好地契合她的个人研究组合。

学术工作者经常向我请教怎样选择研究课题。我通常会回答，"你应该根据更宽泛的研究目标来选择研究项目"。构思研究课题虽说没有万能公式，但这里有一些一般性的原则，可以协助你选择一个有望成功的项目。你能够也应该系统性地思考自己所从事的研究项目。

任何研究项目的选择，都应该基于你的背景、知识和此前的研究历史。研究项目的质量因人而异：对这个学者来说是好项目，但对那个学者来说可能是坏项目，哪怕二者来自同一个领域。出于很多原因，如果研究项目属于一系列相关研究的一部分，那么它会更有价值。如果一系列项目互为补充，其整体重要性往往更大。

对每一位研究人员来说，希望在相对较长时期里探索的一系列问题和研究方法是很重要的，研究人员可以根据它们来确定个人身份。这些课题被称为"研究议程"或"研究计划"。一旦学者有了比较明确的研究议程，她就可以挑选适合这一议程的个别项目。如果她遇到了一个质量足够高的研究机会，那么，偶尔偏离研究议程也是合理的。但我稍后会详细讨论，这样的偏离应该是例外情况，你的大部分工作应该由一个连贯的研究议程来决定。

我认为选择研究项目的过程由两部分组成：首先，研究人员必须确定自己的研究议程，也就是她希望通过研究达成的长期目标集合；其次，按照研究议程的条件，选择个别研究项目。这里的每一个选择都有可能很困难，但它们最终将对研究人员的职业生涯产生巨大的影响，所以务必严肃对待。

为什么要划分专业

无论在哪个领域，博士研究生课程通常都是为了让学生接触到该领域（含主要分支领域）大部分的重要工作。优秀的学生会发现自己学的许多课题都很有趣，可能还对如何扩展一些课题下的知识有些大概的设想。还有不少学生会在一些不同的领域开始研究项目，因为他们并不确切地知道自己想要专攻什么领域。无论是哪一种方式,大多数学生就是这样被引入研究大门的。

尽管如此,出于一些原因,我们通常会建议研究人员在开展研究时集中精力专攻一组相对狭窄的问题。首先,在任何学科的文献中,通常都有很多已经写好的论文。为了推动文献进步,学术工作者需要十分熟悉这些论文。此外,每一门学科都有着从业者知道却又不容易通过阅读论文来了解的问题。有些论文发表在顶级期刊上却未被严肃对待,因为该学科的从业者知道它们有问题。有时候,看似一目了然的方法,经仔细审视后发现存在缺陷。学科里新来的研究人员可能颇吃了些苦头才会发现这一点:她所用的方法是无效的,但她并没有意识到,并且在投入了时间之后才发现。在任何学科里开展一流研究,学习曲线都很陡峭;对从事多学科工作的人来说,要跟上进度更是难上加难。

一旦学术工作者的研究获得认可,被视为对一门学科有贡献,她就更容易做出后续的相关贡献。通常,她会写出一篇论文,很自然地作为第一篇论文的"后续"。有时,她最初研究的项目很有趣,但不如她在研究时产生的第二个设想有趣。只要学者对第一篇论文进行了投资,她就会在撰写后续相关论文中占据比较优势。

研究专业化除了在产生新研究方面有优势之外,在推广、传播,甚至研究的最终影响方面也有其他优势。论文写完后,研究人员必须转而承担向领域内的其他人推广论文的重要任务。对于学术工作者来说,光是做研究还不够,她还必须与其他人交流自己所做的事情,并让他们相信这项研究的重要性。她应该在其他大学和会议上介绍论文，并想办法让从事相关工作的人注意到论文。只可惜，人们总是对特定领域知名人士的工作更为关注，对其他人的工作重视不足，哪怕后者是完成过优秀论文的高质量研究人员。在其他条件相同的情况下，一名学者在其专业领域内所做的研究可能比她在主要领域以外所做的研究获得更多的关注和引用。

最后，学术界的政治倾向于那些术业有专攻的人。我想，我们在俄亥俄州立大学的情况就很典型：我们聘用新教员来填补特定领域的需求。我们的判断标准是，他们是否有潜力成为该领域的知名学者。如果应聘者在本领域之外开展过其他研究工作，这当然很好。但是，最重要的是，她有大量相关的工作经验可向我们证明，她很可能成为本领域的重要学者。出于这个原因，第二篇论文与其主要论文相关，通常比第二篇论文完全属于不同领域的情况，对候选人更为有利。

在考虑教员的晋升和终身职位时，至少具备一定的专业性也是对候选人有利的。这个过程有一个重要环节：收取校外学者的评估信件。如果教员的研究工作相对集中，就更容易从外部学者那里得到强有力的评估信件。受邀撰写评估信件时，外部学者几乎总是喜欢在熟悉候选人的大部分工作后再坐下来写信，这通常是一项耗时且无偿的苦差事。如果写信人说自己知道候选人的某一篇论文，但无法评论其余论文，因为它们跟自己的专业领域离得很远，这就很尴尬了。考虑到写信人经常受邀撰写晋升和终身教职评估信件，有时一个学年可能就会收到十多次这样的请求，他们往往不能够或不愿意仅是为了撰写此类信件而花费太多时间了解新的研究工作。

出于所有这些原因，我通常鼓励年轻学者围绕一个连贯的研究项目组织研究工作，尤其是在项目刚启动的时候。把研究集中在一个大问题上，如"机器学习对广告的影响"，或是"欧洲各国采用欧元的原因和后果"，要比写一连串不相关的论文好得多。研究项目不一定要永远持续下去，学术工作者的兴趣会随着时间的推移而改变，特定的领域也起落有时。我们大多数人会在整个职业生涯中追逐许多不同的研究项目，有时我们只是觉得很喜欢在主要研究计划之外的项目中工作。但是，在任何时候，最好是将大部分工作集中在一组相关的项目上。

做学术猎人，而非学术农夫

一位经常在我的课堂上做客座讲座且极受欢迎的嘉宾，曾是硅谷一家最著名的风险投资公司的合伙人。这位风险投资家为一些大多数读者兴许每天都要接触到的科技公司提供融资。他总是告诉班上的学生，在他的硅谷公司（以及他创办的新公司），"我们是猎人，不是农夫"。他的意思是，这些公司会判断哪些市场有望起飞，接着积极寻找其认为将主导这些市场的企业。他和合伙人绘测出该市场的所有分支领域，判断在各个分支领域中，自己原则上会喜欢什么样的企业，之后寻找这样的企业。有时，因为这样的企业还不存在，所以他们便自己着手创办。有一次，他的公司找到了两名麻省理工学院的博士生,两人正在研究一项有望得到市场重视的技术,于是,这位风险投资家便跟这两名学生接洽,说服后者创办一家公司并为之提供资助(这样的前期资助很是有利可图)。还有一次,他和合伙人认为某项技术将彻底改变一个行业,但他现有的资金无法成功说服现有企业采用这项技术,于是便创办了一家公司运用该技术。[1]

另一种更传统的风险投资方式,这位客座讲座嘉宾称之为"耕种"。这是一种较为被动的方法,风险投资家从办公桌上的数千份商业计划中挑选出最适合投资的计划。许多风险投资家采用这种方法,并做得很成功。这些风险投资家会把投资限制在特定行业和特定年龄的公司(有些偏爱初创企业,有些偏爱更成熟的)。但是,他们并不会特别积极地寻找不曾接触过自己的公司,而且他们也更有可能会投资碰巧因私人关系而了解到的公司。

这些关于风险投资的讨论,与学术研究有什么关系呢?我认为,既然风险投资公司和学术界都是在对创新项目进行风险投资,那么必然可以用到许多相同的原则。不过,专业投资者和学者之间的一个重要区别是,专业投资者会花大量时间思考投资过程,学者却往往采取更为草率随意的方法。

几乎所有的学者都非常聪明,已经学会了学生时代所学的课程。但是,他们往往会用不同的策略来构思研究设想。有些人从在研讨会上读到或听到的论文中获得灵感。他们或许察觉这些论

---

[1] 到本书撰写之时,这家公司已经上市,估值达数十亿美元。

文存在有必要修改的错误，又或者认为有办法可以对这些论文加以扩展。有时，他们依靠与同事的午餐交谈获得灵感，或等着朋友提出双方可以合作的项目。这种方法，可以算作我的客座讲座嘉宾所说的"耕种"。然而，许多成功的研究事业都是靠着这样的策略发展起来的。

"猎人"和"农夫"之间的关键区别是，"猎人"知道自己想要完成什么，想解决什么问题，想使用什么方法。"猎人"是前瞻主动的。相反，"农夫"被动做出回应，他们的动力来自其他人的工作，他们修正这些工作中的错误或是加以扩展。又或者，他们会参加朋友的一些不相关项目，通过这种方式获得发表机会。有时这种区别并不明显，比如，与同事的一次交谈，或对一篇重要论文的回应，兴许为他们带来了终生投入的工作。尽管如此，但我认为这就是学者在思考自己研究时的重要区别。

我相信，大多数成功的学者都有一套以特定问题或研究方法为中心的明确研究计划。它通常不是对他人的研究做出的回应，相反，学者自己的动力和对答案的探索，激发了最优秀的研究。学者将会在任何能找到线索的地方"猎取"真相，并且通常会一心一意地追求该研究计划。研究本身变成了目标，不再是达到目的的手段。换句话说，最成功的研究人员做研究不是为了晋升、出名或加薪，他们开展研究是因为他们想知道自己所提问题的答案。

第二章 选择研究课题

两项成功的研究计划

许多成功的学术工作者采用的都是这种"狩猎"策略。其中有两位极为成功的研究人员,凸显了有针对性的、专业划分明确的研究策略的重要性。两人都可以被称为"猎人",因为他们都在职业生涯中主动寻找解决问题的新方法,而不是关注自己凑巧碰到的问题。

丹尼尔·卡尼曼(Daniel Kahneman)在《思考,快与慢》(Thinking, Fast and Slow)一书中介绍了自己的工作,值得来自各个领域的学术工作者阅读。[1]卡尼曼是一位心理学家,他和长期合作伙伴阿莫斯·特沃斯基(Amos Tversky)致力于研究人类怎样做出决定。[2]通过一系列有影响力的实验,卡尼曼和特沃斯基提出了令人信服的证据,证明人类的决策可以用其所提出的"前景理论"来描述,也就是人类的决策会以可预测的方式偏离理性。这项研究彻底改变了心理学和经济学,在此之前,经济学分析总是以假设个人是理性的为前提。

在阅读卡尼曼的书时,除了研究本身的精彩与意义重大之外,卡尼曼和特沃斯基怎样开展研究,给我留下了最深刻的印象。特沃斯基在卡尼曼的课堂上做了一次客座讲座之后,两人开始合作。出乎许多人的意料,卡尼曼非常讨厌特沃斯基的演讲。

---

[1] 见D. Kahneman, Tinking, Fast and Slow (Farrar, Straus and Giroux, 2011)。
[2] 关于卡尼曼和特沃斯基的生活以及两人之间的关系,迈克尔·刘易斯(Michael Lewis)写过一本有趣的读物《思维的发现》(The Undoing Project)。

两人就讲座当中的议题争论不休,最终还构思了实验,以区分他们各自不同的观点。在这些讨论中提出的有关人类怎样做决定的问题,成为这两位学者毕生的研究方向。在这一大范围的研究议程之下,卡尼曼和特沃斯基进行了许多单独的项目,不少项目还有其他合著者参与。

卡尼曼和特沃斯基的研究议程之所以产生,是因为他们彼此之间存在分歧,同时也因为他们并不认同主流的"理性"行为观。他们想知道人的行为方式是什么样的,为什么会这样。他们没有问:如今的期刊都发表些什么?什么样的议题算热门?我们可以为哪些议题找到研究资金?他们研究工作的动力来自他们想要理解人类怎样做出决定的问题,而非作者最终可以得到什么样的回报。卡尼曼和特沃斯基从一个问题着手,用当时非传统的方法"猎取"这个问题的答案,最终获得了回报。

卡尼曼的研究集中在一个特定的问题上,还有一些非常成功的研究人员则把研究集中在一种特定的方法或回答问题的风格上。劳动经济学家艾伦·克鲁格(Alan Krueger)就是遵循这种模式开展研究的一位学者,他独特的研究风格为他带来了许多重要的见解。

传统上,劳动经济学家依靠大型公开数据库来推断劳动力市场的情况。克鲁格有时采用这种方法,但更多的时候,他自己收集数据,以便解决他感兴趣的问题。克鲁格和一群志同道合、经常合著作品的劳动经济学家推广了一些可以得出因果推论的方法。怎样根据现实世界的数据进行因果推断,是经济学(实际上也是所有社会科学）的一个关键问题。他的研究项目使用多为手工收集的独特数据，对劳动力市场中的一些最重要的问题进行因果推断。

克鲁格与戴维·卡德（David Card）合著的关注最低工资影响的研究，或许是克鲁格最著名（也最有争议）的一篇论文。[1] 经济学教科书历来教导我们，最低工资会导致就业率下降，因为它提高了每一名新增工人的增量成本。卡德和克鲁格分析了1992年新泽西州提高最低工资，邻近的宾夕法尼亚州却没有提高的情况，对这种观点提出了挑战。他们发现，与标准教科书的预测相反，在新泽西州，支付最低工资的快餐店的就业人数增长得比宾夕法尼亚州更多。这一发现引起人们极大的兴趣，主要是因为卡德和克鲁格采取的策略：积极寻找能为一个重要问题提供见解的数据。[2]

经济学中有一个重要的方法论问题，叫作"不可观察变量"，即影响经济结果但外人看不到的变量。比如，如果我们有意估计教育的回报，那么，有两种看法很难区分谁是谁非：到底是教育**带来**了更好的结果，还是说，因为更有天赋的人在学校待得更

---

[1] 见D. Card and A. Krueger, "Minimum Wages and Employment: A Case Study of the Fast Food Industry in New Jersey and Pennsylvania," *American Economic Review* (84, 1994): 772–93。

[2] 卡德和克鲁格关于最低工资的调查结果，并没有得到普遍接受。对此不同的观点可参见D. Newmark and W. Wascher, "Minimum Wages and Employment: A Review of Evidence from the New Minimum Wage Research," Working Paper 12663 (National Bureau of Economic Research, 2006); D. Newmark and W. Wascher, *Minimum Wages* (MIT Press, 2008)。

久，所以更好的结果与更多的教育相关。为了解决这个问题，克鲁格和奥利·阿森费尔特（Orley Ashenfelter）收集了同卵双胞胎（DNA 完全相同）的样本。[1] 实际上，他们去参加了一个双胞胎聚会，地点在俄亥俄州的特温斯堡，就教育、生活经历和收入等问题，采访了这些双胞胎。有了这些数据，他们得以估算出学校教育的回报，并知道这些回报并不是由不可观察变量导致的。如前例所示，克鲁格积极地从新颖源头寻求新数据，为对基本问题确定因果性答案的策略产生了重要贡献。

怎样发展研究议程

在讨论研究议程的重要性时，我给出了在各自领域内最成功学者的例子，这或许有点不够公平。读者兴许会认为，这些学者显然极具才华，无论他们采用什么策略，都会取得成功。但是，在学术界，极具才华的人很多，像卡尼曼和克鲁格么成功的却很少。他们的与众不同之处在于，他们知道自己想从研究中学到些什么，由此形成了自己的风格，并能够对我们的知识做出实质性的贡献。

大多数青年学术工作者开始攻读博士研究生的时候，对自己想学的东西只有一个模糊的概念，并没有想到具体的研究议程。提出一套连贯的研究议程，有可能是年轻研究人员面临的最困难

---

[1] 见 O. Ashenfelter and A. Krueger, "Estimates of the Economic Return to Schooling from a New Sample of Twins," *American Economic Review* 84(5, 1994): 1157–83。

但也最重要的任务。学术工作者的研究议程确定了她的学者身份，这是她大部分工作时间都在聚焦的东西，也是别人一提到她的名字就会想到的东西。步入学术生涯时，学术工作者应投入大量精力思考自己的研究议程将怎样向前推进，以及她将怎样实现这一切。此外，随着年龄增长，她应该不停地针对研究议程向自己提出以下这类问题：这一研究议程仍然让自己兴奋吗？自己和别人一遍又一遍地做这件事，是不是很乏味？是否出现了自己愿意探索的新领域？如果是，为了研究这些领域，值不值得提前付出努力，掌握相关背景知识和技能呢？

我攻读经济学博士学位时，对金融知之甚少。我的本科专业是数学，我选修过很多经济学课程，并做过数学系、经济学系和金融学系许多教员的研究助理。通过在研究助理职位上从事的有关期权定价的工作，我对金融学有了一定了解，还决定日后自己的研究**不会**集中在期权定价上。

进入研究生院的时候，我对经济学很感兴趣，也具备了在这方面取得成功的技能，但是我并不真正知道我想研究些什么。受20世纪80年代公司并购浪潮（恰好也是我攻读博士的时间）激发，我的学位论文与公司治理有关，这项工作促使我对更主流的公司金融展开研究。21世纪初，我搬到伊利诺伊大学后，对私人资本市场及其为新办公司提供融资、收购现有公司的方式产生了兴趣。我的研究议程是根据我当时碰巧感兴趣的东西发展出来的，这在不少学者的职业生涯中是相当典型的情况。

你该如何开始一项研究议程呢？答案因领域而异。在一些领域，你会受到学校实验室设施的限制，或是受到系里教员知识和兴趣上的限制。在另一些领域，学生进入研究生院时可能会得到某位教授的资助，可以在其实验室中进行研究，并接受其指导。还有可能，她的专业兴趣十分明确，相当确定哪位教员将成为自己的导师。但是，在大多数以经济学为导向的院系，寻找研究项目的负担落在了学生或青年教员自己身上。有时，学术工作者的研究计划与论文顾问或导师的计划相一致。然而，独立才是一名成功学术工作者的标志：她应该尝试采用独到的、有别于导师的方法。她的目标是做出自己的贡献，并由此为人所知。

　　我历来鼓励自己的博士生利用个人独有的知识和才干，并追求符合自己天然比较优势的研究计划。用体育做个不太合适的例子，假如你身高 2.13 米，选择打棒球中的游击手位置通常不是一个好主意，而专注于篮球恐怕能带来更好的结果。说到我新近帮忙指导的博士学位论文课题，我的大多数学生受此鼓励，都借助了自己的优势。一名学生在读研之前曾在华尔街工作，对贷款证券化有深刻的认识，他就此课题写了一篇很好的学位论文，并拟定了一个聚焦于证券化的成功研究计划。另一个学生能够像大多数人学习基本代数那样轻松地学习贝叶斯统计和相关编程，最终，他利用这些技能写了一篇很好的学位论文。更近些时候，我招收了一名在房地产私募股权基金方面颇有人脉和知识的学生，他在该领域启动了一项研究计划。这些学生，还有其他许多人，都带着良好的状态开始了学术生涯，因为他们找到了符合自己技能和兴趣的研究议程。

不过，学生进入博士研究生院时，也不应觉得要受限于自己已经知道的东西。研究生院的真正目的是让学生获得刚进入校园时没有的新兴趣和技能。学生应该好好利用这个机会，了解新的领域，发展新的技能。判断要学些什么，有个很好的策略：观察最优秀的青年教员在做什么、使用什么样的技能。

有些学生（或教员）似乎无法围绕一个中心课题聚焦其研究设想，如果你是其中之一，我想要鼓励你思考以下问题：你最初为什么要读这个专业的博士？这个领域有些什么让你兴奋、激励你投身于此的事情？你仍然对这个领域感兴趣吗？你还能找到一些未解决的问题可以着手吗？归根结底，你要找到一个适当的位置，在此之中，你可以贡献一些同行还未发现的东西，最好是一些足够重要、能让同行看重的东西。

启动研究计划的方法之一是思考本学科已探索多年的经典谜题。尽管有时候，著名的研究就来自这种方法（如证明费马大定理），但我们通常很难在这类课题上取得进展。约翰·科克伦说过："论文成千上万，它们说不定早就包含了你可能想到的任何设想，你必须在发表论文之前先掌握它们。"[1] 科克伦还提醒说，不要仅仅出于概括知名论文的目的而对其加以扩展，比如，"我打算增加递归偏好，根据韩国的数据估算坎贝尔-科克伦模型（Campbell-Cochrane model）"，相反，要从中得出新的意义。

另一种方法是，把你的研究聚焦于世界上正在发生的重大事

---

[1] 见科克伦为普林斯顿大学出版社撰写的对本书的评论。

件及其对经济学（或你正在研究的任何领域）的影响上。就在我撰写本书之时，全世界都因新冠病毒而封锁，学术界涌现出大量受该病毒启发的论文。这些论文的"装配"速度非常快——有些论文利用2020年早期产生的数据，同年便获**发表**。[1] 类似地，跟进其他重大事件（如2008年金融危机、互联网泡沫的产生和破灭，苏联解体等）的论文也层出不穷。一些论文产生了持久的影响，但大多数没有。撰写当今热门话题的论文的诀窍在于，要把焦点集中于危机结束后世人注意力已经转向别处时，仍能令人产生兴趣的方面。

人人都有一套选择研究领域的独特方法，但我发现，在开展自己的研究议程时，最好是避开当下的"热门"主题。我试着去寻找有着根本重要性、在本学科中无法很好地被理解，并且很少有人在研究的主题。比如，在我职业生涯之初，我认为公司治理符合这一描述。它显然是一个重要的议题，我是当时关注公司治理的少数经济学家之一。但是，在那以后，研究公司治理的学者人数大幅增加。虽然我仍对这一课题感兴趣，但我现在把大部分研究工作放到了其他地方。不过，要是我认为自己有了研究这个问题的新方法，我仍然会就公司治理问题撰写论文。最近，我开始聚焦私人资本市场研究，它们在经济中已变得极其重要，但与之相关的学术文献仍处于早期阶段。我敢打赌，研究有助于人们更好地认识这些市场，并将产生重要的见解。

---

[1] 比如，2020年11月号的《企业财务研究评论》(*Review of Corporate Finance Studies*)，用了一整期来刊发有关新冠危机的论文。

怎样选择单项研究项目

选择要着手的研究项目，尤其是在职业生涯之初，似乎是一项艰巨的任务。一个新的研究项目必需有着为本学科做出重大贡献的潜力，并且研究人员可以通过这个项目向同行传授一些他们以前不知道的重要知识。这样的门槛很高，远远高于大多数青年学者此前所达到的水平。

然而，投身于新的研究项目可能很有趣。构思新的研究项目需要考虑大局，思考我们知道什么、不知道什么，以及为什么特定问题的答案很重要。大多数学者认为思考此类问题很有吸引力——这也是我们当初成为学者的首要原因。

遗憾的是，研究项目的启动也可能令人出奇地沮丧。如果你在一个拥挤的领域寻找研究设想，其他人也在做同样的事情，那么显而易见或容易执行的设想往往会引来激烈的竞争。很多时候，你不得不放弃过去看似大有前途的项目，因为其他人已经完成了它们。此外，许多最初合乎情理的设想，在进一步的考察下发现不可行，比如，项目需要的数据要么不存在，要么无法获取。

最优秀的研究人员似乎掌握着寻找有影响力的研究项目的诀窍。他们通常能发现他人觉得有意思的问题，从而激发进一步的研究。但是，如果你并不能毫不费力地找到有趣项目着手（我们大多数人都是这样），那么你要如何培养出参与有潜力研究项目的技能呢？虽然没有什么神奇公式，但这里有一些富有成效的研究项目搜索方法。

找到一个好的研究项目,其先决条件是对想要研究的文献有深入的了解。可以把每一份文献视为一场对话:为了对该领域做出富有成效的贡献,你需要知道已经谈过的内容。如果没有对之前发生了什么的详细认识,你就不可能评估潜在贡献在多大程度上扩充了文献。专业化和专注于特定研究计划,有助于获得必要的知识,了解特定贡献的重要性。

确定了具体研究议程之后,你应该后退一步,提出一系列问题。首先,问问你自己,这些文献尝试解决哪些宏观问题。把所有能想到的问题罗列出来。有时,文献会专注于一个特定的问题,而另一个同等重要(有时甚至更重要)的问题却未能得到解决。接下来,思考一下与这些问题相关的现有研究。我们现在知道了什么?我们还不知道什么?到目前为止使用了哪些技术?还有改进的余地吗?你能增添些什么?在回答这些问题时,你应永远牢记:最优秀的论文,并不来自学术工作者研究的她认为会给别人留下印象的课题,而是始终来自她认为重要的议题。

最近,有个聪明的博士生带着一个我很喜欢的设想来到我办公室。这个设想属于一个相对较新的有趣领域,而且,他对怎样得出新见解有整体性的方法。但是,我认为他提出的具体问题,不如其他有可能被提出的问题重要。我建议他向风险投资家学习,为这一领域的所有潜在课题绘制一幅"市场地图"。我提议他把所有可以研究的议题罗列出来,同时列出针对这些议题的所有论文,接着想象自己可以增加些什么新内容。我希望这种方法能帮他构思出一个有趣的论文课题。

第二章　选择研究课题

每一名研究人员都有必要了解自己潜在贡献的价值。她是否能为一个问题带去专业技能？带去新的技术，还是一种更有创意的方法？学生对自己正在学习的文献或体系是否已经有了更深刻的认识？青年学术工作者能为一个研究项目带去的最重要的东西，往往是他们的时间和精力，这些东西的价值不应被低估——资深教员大多时间紧迫，可能会跳过步骤，或略过数据工作。有时，青年学术工作者能够通过更彻底地思考潜在议题，或为之投入更多的时间，改善现有的研究工作。

学术工作者还应考虑自己做起来最舒服的工作风格。有时，学者会撰写论文，运用更先进的技术重新审视他人的研究。比如，2000年诺贝尔经济学奖得主詹姆斯·赫克曼（James Heckman）与史蒂文·杜尔劳夫（Steven Durlauf）共同发表过一篇论文，批评罗兰·弗赖尔（Roland Fryer）在警察过度使用武力中的种族差异效应研究中所做的分析。[1] 假设杜尔劳夫和赫克曼是正确的，他们的分析可能会对我们就警察执法存在种族差异的看法产生实质性影响，而警察对不同种族的差异执法，是当今美国面临的一个最重要也最具争议性的议题。像杜尔劳夫和赫克曼所提出的这类关于方法论的批判，是科学分析的一个重要组成部分，有助于确保专业人士正确地阐释研究。

---

[1] 见 R. G. Fryer Jr., "An Empirical Analysis of Racial Differences in Police Use of Force," *Journal of Political Economy* 127(2019): 1210–61; S. N. Durlauf and J. J. Heckman, "Comment on Roland Fryer's 'An Empirical Analysis of Racial Differences in Police Use of Force,'" *Journal of Political Economy* 128 (2020): 3998–4002。

个人而言，这种研究方法对我没有吸引力。我更喜欢研究新的问题，而不是寻找别人犯过的错误。但也有人喜欢这种方法，并通过它在事业上取得了成功。学术工作者必须找到一种适合自己的研究方法，与自己的个性和技能相契合。要不然，她就没法喜欢上研究，她的心不会放在研究上，研究的质量往往较差。

最后，在选择研究项目时，学者应始终努力提出真正重要的问题，即使这些问题不是最明显、最直接的。史蒂夫·卡普兰是我所在领域的一位著名学者，他告诉自己的学生，如果想研究大象，就要研究完整的大象，而不是只研究大象皮肤上的一个小疙瘩。他的意思是说，研究人员应该试图理解一个问题的方方面面。他通过比喻含蓄地批评了部分学者只研究一个问题中最容易着手的方面，而忽略了更大但可能也更混乱的方面。从更重大更复杂的问题着手，长期而言可能会带给读者更有趣也更有用的研究。

第三章

构建研究组合的策略问题

Strategic Issues in Constructing Research Portfolios

我刚当上助理教授时，对经济学和金融学的所有领域都很着迷，研究了很多不同但基本上互有关联的主题。但是，我从来没有一套"计划"，也从来没怎么想过研究组合——也就是研究怎样组合在一起，以及其他人又将怎样看待它。我的工作进展很顺利，但回首过去，我发现自己本可以多思考一下怎样优化研究组合，最大限度地提高它对专业知识和我的职业生涯的影响力，进而使我从中受益。

本章讨论了我在开始职业生涯、决定从事哪个研究项目时应该多加考虑的因素。我先介绍了怎样评估研究，以及评估过程对研究的进行方式有什么样的影响。接着，我讨论了怎样考虑一个研究项目的成本，以及为什么同时着手太多的项目是错的。最后，我会提供一些选择项目的指导方针，优化研究组合的影响。我特别注意了一些问题，如在不同的时间段应该推进项目的哪些阶段、该在什么时候放弃项目、怎么选择合著者。

如何评估研究

在你思考怎样优化研究组合之前，有必要先了解怎样对研究进行评估。各个领域的研究方法以及研究的传播方式都有所不同。在人文学科中，学术工作者的价值在很大程度上取决于她所出版的书籍。在科学和工程领域，学术工作者争取到的研究资金拨款极其重要。在社会科学领域，至少在以经济学为基础的领域，到目前为止，人们在评价学术工作者的研究时，最重要的因素是她在期刊上发表的文章。

大学至少要在表面上做做样子，假装在不同领域采用一套共同的标准。因此，他们常常声称，所有领域的研究都是基于其"影响"而被评估，不管这些研究是通过期刊、书籍还是会议发言传播的。然而，确定学者研究"影响"的方式，在不同的大学、院系，甚至是同一个院系内部的不同个人的评估中，都不尽相同。

有些部门只根据论文发表的期刊来判断一篇论文的影响。这些院系还告诉初级教员必须在哪些期刊上发表多少篇论文，才能获得终身教职。然而，期刊的质量只是衡量发表论文质量的一个受干扰极多的指标。审查过程并不完善，甚至带有政治因素。有时，糟糕的论文能发表在顶级期刊上，一些重要的论文在最终发表之前可能会遭到多家期刊拒稿。

在经济学领域，不少开创性论文（其中一些还帮作者获得了诺贝尔奖），最初都至少遭到过一家期刊拒稿。[1] 这些论文遭拒的原因是，审稿人或编辑不明白其观点，或对新观点持封闭态度。即便如此，所有这些论文最终都会发表在某个地方，它们的贡献得到了认可。我们无法知道，还有多少优秀的论文没能得到发表，其思想也最终散失。

出于这个原因，在评估研究质量时，排名较高的院系往往更依赖于对论文的引用和仔细阅读，不怎么看重发表研究的期刊声誉。一般来说，越是优秀的院系，它就越少强调论文数量和期刊质量的权重，越会在不考虑论文发表期刊的前提下衡量论文本身的影响。哪怕学术工作者在顶级期刊上发表了多篇论文，要是没有一篇被视为具有足够的开创性，那么最优秀的院系通常也会拒绝授予其终身教职。

学者经常就怎样衡量研究质量展开争论，而且通常无法给出一个所有人都认同的答案。尽管如此，学术工作者也很有必要了解当前所在大学以及将来可能工作的其他大学怎样衡量研究质量和影响。

经济学家研究经济中的个体如何对激励做出反应，我们也应该始终努力对自己面对的激励做出反应。如果你所在的院系要求你撰写特定数量的论文，在特定的期刊上发表，那么你应该尽最

---

1 关于此类开创性论文的清单，以及它们的来龙去脉、怎样受到粗鲁对待的有趣讨论，请参阅 J. S. Gans 和 G. B. Shephard 的 "How Are the Mighty Fallen: Rejected Classic Articles by Leading Economists," *Journal of Economic Perspectives* 8(1, 1994): 165–79. 把这份被拒稿的论文清单放在手边是个好主意，因为如果你的论文遭到拒稿，它能让你保持斗志。

大努力来满足院系的期望。但与此同时，你也应该始终记住，你的根本目标是创造出能对人们思考重要议题的方式产生持久影响的学术成果。不要让在几份特定期刊上发表一定数量论文的短期压力，分散你对这一长远目标的关注。如果你论文中的设想长出了"腿"，影响了其他人的思考，那么不管在什么地方发表，你最终都会因为撰写这篇论文而获得回报。

评估对研究过程的影响

从某种程度上讲，青年学术工作者必须迎合评估过程中的反复无常，努力开展业内所接受的研究。然而，我并不是说，你应该把论文有多大概率发表在大学重视的期刊上作为衡量潜在研究项目质量的**唯一**标准。如第二章所述，我鼓励青年学术工作者成为"猎人"，设定自己的研究议程。有时，这意味着要做一些主流之外的工作。遗憾的是，最具创新性的工作往往最难发表。

学术工作者的目标应该是开展创新研究，**并且**找个好地方发表论文。在思考启动新的研究项目时，要聚焦于一个有望推进你的研究议程，同时很可能在大学重视的期刊上发表的项目。如果你的方法有别于主流，那么你务必详细地解释为什么要采用这样的方法，这一点格外重要。尤其重要的是要说明论文与主流文献之间有怎样的联系、你在此基础上做了什么样的改进。如果不解释从论文中可以学到哪些我们之前不知道的东西，论文就无法产生影响。

任何一篇论文的影响,以及它对作者的价值,都取决于该专业的人们是否相信能从论文中学到重要的东西。学者经常抱怨,这样的信念是主观的,评估过程**应该**更为客观。我将"**应该**"加粗,是因为用它来形容评估研究的过程很有趣。虽然学者频频发出这样的抱怨,**但**对特定研究论文的重要性的评估,不可能不是主观的。对甲读者来说重要的东西,对乙读者来说显然微不足道。

绝大多数论文的影响,主要取决于作者解释论文贡献及其重要性的能力。[1] 有时候,作者本人都并不真正理解自己研究的所有意义,也不知道本专业的人们是否认为研究结果有意思。在着手研究之前理解论文潜在贡献的能力,是一项随着时间推移需要学习、掌握的重要技能。

我建议各位作者做一个练习:在开始研究项目之前,猜测一下该项目可能产生什么样的结果;再假设结果正符合预期,为论文写3至4页的导言。撰写导言的能力,有可能跟作者对论文贡献的认识相关。假设研究结果正如预期,如果她能轻松地撰写出导言,并说服朋友相信论文会很有意思,那么,这个项目大概值得跟进。反过来说,如果在她分析之前,她写不出能引起他人兴趣的导言,那么,在她进行分析之后,她恐怕也很难完成论文。就算她写完了论文,这样的论文恐怕也没多大影响力,因为读者可能很难认识到该增量贡献的重要性。

---

[1] 证明费马大定理是一种例外情况。任何读到该证明的人,都能一眼看出它的重要性。如果你能写出这样的论文,我建议你别看这本书了,赶紧回去做研究吧。

在撰写导言初稿的时候，作者应该考虑的一个议题是，论文引来的潜在兴趣的大小，在多大程度上取决于其结果。通常，适合着手的最佳项目（尤其是对尝试撰写学位论文的博士研究生而言）是那种无论结果如何都很有趣的项目。让不同理论较出个高下的论文，有可能成为优秀的学位论文，因为无论哪种理论"胜出"，这篇论文都对本学科的文献做出了贡献。然而，有些论文是靠着结果产生的方式为人所知的。卡德和克鲁格 2000 年的论文之所以出名，是因为他们发现最低工资并未提高失业率，这迥然有别于微观经济学传统课程中传授的观点。反过来说，如果卡德和克鲁格发现失业率上升，这篇论文仍将做出有价值的贡献，只是不会产生这么巨大的影响。

潜在研究项目的成本

任何研究项目的潜在收益，都必须根据相关成本加以权衡。如果研究人员管理一间实验室，必须向实验的受试者支付费用，又或者项目需要从外部供应商那里购买数据，那么这些就是研究项目的财务成本。不过，大多数时候，主要的成本是研究人员投入的时间。时间是研究人员最宝贵的资产，她必须学会审慎地分配时间。一天只有 24 小时，除了做研究，她必须睡觉、吃饭、上课、谈恋爱、锻炼，以及做其他各种事情。

对于大多数学术工作者来说，稀缺资源不是她**全部**的时间，而是**集中的研究**时间。写论文的时候，大多数人必须聚精会神地专注于此，顾不上做其他任何事。你在零散时间段的工作产出，跟在无干扰时间段的产出无法相提并论。专注的时间段非常宝贵，对许多学术工作者来说，有专注的时间段可用，是提高其生产力的一个重要因素。

人人都有不同的工作方式，但对每一位研究人员来说，了解自己工作的最佳方式很重要。她的工作习惯与她承担的其他义务相结合，带来了我所说的"**产能**"，也就是她能在同一时段内高效开展的研究项目的数量。这个数字在不同的人身上差异极大。我有一些非常成功的学术友人，他们可以同时开展10至15个项目，但我也有另一些同样成功的学术友人，他们一次只能开展一两个项目。学者的产能在职业生涯的不同阶段也会有所不同。我现在的产能其实比年轻时更高，很大程度上是因为我的合著者现在大多会帮我做耗时的数据工作，而在过去，我只能自己做这些事情。

每一名学术工作者都应该了解自己开展研究项目的产能，参与的项目不可超出自己的能力范围。如果她参与的工作超过了自己的产能，研究质量往往会受损，也不利于她与合著者的关系，因为后者会感觉自己被占了便宜。研究人员的产能决定了任何额外研究项目的机会成本，也影响着她所参与的项目。如果她远没有达到自己的产能，那么她应该努力寻找新的东西，哪怕是略带投机性的设想，或是稍微偏离了主要研究计划的项目。但是，如果她已经接近或达到产能，她就必须极度审慎地挑选她有意参与的工作。学者应该始终找到方法来为具有足够开创性的项目腾出空间，但她也应该意识到承诺超限的代价可能会很大。

构建研究组合

本书的主题之一是，只要稍作思考和规划，许多现在完成得杂乱无章的学术工作就可以得到明显改善。这一观点，在构建研究组合中体现得最为明显，研究组合指的是一系列能共同向读者传授一些重要知识的研究项目。从理想的角度看，这些项目互有关联，其综合价值大于单独价值之和。

在构建连贯的研究组合时，要考虑的问题很多。下面是一些重要的问题。

让项目处在不同阶段。研究过程可能是漫长的、费力的，有时令人沮丧。它始于学术工作者及其合著者产生设想之时。有一段时间，他们相互反复讨论这个设想，确保双方完全理解了议题。如果学者和合著者决定继续探索这个设想，分析本身可能相对迅速，但也可能需要很长时间，这取决于研究工作的性质。接着，他们撰写论文，传阅论文，获得反馈，再次传阅论文，尽量多地对论文加以展示。到了这时候，该名学者和合著者大概已准备好将论文提交给一家期刊。审查过程因领域而异，可能很慢。通常，经采纳后，论文要经过几轮实质性的修改。此外，大多数论文必须提交给几家期刊，才有望获得某一家的采纳，因此从提交到确定采纳可能要花很长时间。最后，如果她和合著者的论文很幸运地被期刊采纳，在发表之前通常也会有颇长的滞后期。整个过程从开始到结束通常需要好几年的时间。

由于研究过程过于漫长且复杂，让项目进度交错，手里总是掌握若干个处在不同阶段的项目是个好主意。为什么让项目交错推进是个很好的做法呢？原因有很多。首先，项目的不同环节需要不同的技能，比如，发起一个项目需要的是创造力，但完成出版过程的时候，毅力和对细节的关注就至关重要了。其次，经济学导向的领域习惯于在其他大学和会议上以草稿或"工作论文"（working paper）形式展示论文。如果论文已经进入发表流程很久了，再到会议或其他大学展示论文就不太可取了，因为到了这个阶段，作者已经很难采纳讨论者或观众给出的建议。从理想的角度来讲，学术工作者应该总有些作品处在适于展示的阶段，比如，一份充分润色过的完整初稿，适合当众展示，但又尚未完善到足以发表。如果学者手里没有适合展示的论文，就只能拒绝讲演机会。对于这种情况，学术工作者应大力避免。

再次，不同阶段的论文需要不同类型的工作。一位以前的学生最近告诉我，因为正在修改准备发表的求职论文，她没法太长时间从事所需的数据工作。但她发现，用阅读和思考潜在新项目来补足数据工作也是可行的，而且令人愉快。

最后，经常启动新项目，或至少经常思考启动新项目的设想，这是很好的。许多学者会被修改工作压得喘不过气，没有产能再启动新项目，因为他们避免思考新设想和解决问题的新方法，所以他们的创造力就疲软了。

保留备用产能。 决定是否启动新项目时，有必要了解与该项目相关的成本，并将之纳入考量体系。根据研究的性质，项目会花费时间和资源，并需要对参与项目的其他人做出时间承诺。此外，新的项目还有一种很重要但有时会遭到忽视的成本，那就是今天启动的新项目，有可能限制你将来启动项目的能力。如果你过度投入现有项目，无法启动任何新项目，则这会令人沮丧。身为学者，我们应不断思考自己领域的新发展、它跟我们自己的工作有什么样的联系，以及有哪些扩展的可能性。如果某个新的研究项目会耗尽你的产能，限制你执行后续设想的能力，那么在决定投入这个新的研究项目时，这就是一种应该加以考虑的真实成本。

放弃糟糕的项目。 我们人人都碰到过这样的经历：有些项目刚开始时看起来很有前途，但最终变得没我们想象的那么有趣。为了保存研究产能，必须定期重新评估进行中的项目。如果一个项目不值得继续**推进**，那么放弃它兴许是合乎情理的。倘若研究人员在一个项目中投入了大量的时间和精力，必然会受到沉没成本谬误的影响，这一谬误是指根据已经花费的成本做出的决定，跟当前的决定可能是不相关的。如果一个项目看起来不值得继续花费时间和精力来完成，那么再继续做下去恐怕不是个好主意。

然而，如果项目是多人合作的，放弃它就很困难。如果合著者受沉没成本谬误的影响，或是她的时间机会成本不高，哪怕你准备放弃它，她兴许也想继续推进该项目（或是反过来）。这类局面会很棘手，也没有简单的答案。处理合著者之间的分歧，我的建议是牢记学术界（以及其他地方）人际关系的重要性。有时，为了维系这类关系而有所牺牲是值得的。

合著者

如今，大多数研究工作都是合作完成的，找到合适的合著者在很大程度上可以决定研究项目的成功。我在职业生涯中共事过的合著者比大多数人都多，截至本书撰写时，我已经跟55位合著者共事过，而且他们每一位都在我的职业生涯中扮演着重要的角色。我非常幸运，因为我的大多数合著者都棒极了，他们非常聪明、有趣、勤奋、好相处。同样重要的是，我已经找到了一种富有成效的与他们共事的方法，事实证明，大多数时候，我们的技能互为补充。

怎样找到优秀的合著者呢？这里并没有硬性的条件，但有很多事情需要考虑。第一，合著者应该在兴趣上互有交叠，在技能上互为补充。这个项目必须是双方学者都感兴趣的，且符合各自的研究计划。此外，每一位合著者都能为项目带来一些东西，让它顺利推进。如果两位合著者都擅长编程，但拙于写作，那么他们的论文很可能程序编得很好，但写得很差。

第二，从很多相关层面上看，和睦相处很重要。合著者当然必须相处融洽，并且对研究方法有相同的世界观。但是，其他因素也很重要。有些人是"夜猫子"，在午夜到凌晨4点之间工作

第三章 构建研究组合的策略问题

得最好。我是一个早起的人,有时很难与"夜猫子"协调,但有时效果很好,因为我们可以一整天连轴转地写论文,因为两人中总有一个人醒着!此外,工作节奏也会影响合著者之间的共事。我工作时的节奏很紧张,我喜欢马上动手把事情做起来。大多数合著者喜欢我这方面的工作习惯,但有些人更喜欢干得慢一点,花更长时间来完成事情。

第三,考虑潜在合著者的年龄和声誉很重要。有声望的年长学者,可以在很多方面提供帮助——他们通常对学科文献的状态和研究可能做出的贡献有更好的视角,也善于掌控发表过程。然而,与更有声望的学者共事也需要承担成本。他们往往比年轻人更忙,及时完成工作的动力不足。因此,他们有时会花更长时间才能完成自己的那部分工作,有时会推卸工作,根本不完成。就向期刊提交论文而言,资深学者动机不同:初级教员的职业生涯取决于迅速在顶级期刊上发表文章,而资深教员希望发表有影响力的文章,不太关心时间。有时,由于初级教员想尽快在期刊上发表论文,而资深教员希望多等一会儿,双方就此会发生冲突。

更重要(往往也不公平)的是,不管工作由谁来做,较资深的学者通常会揽下更大的荣誉。人们往往会错误地认为,资深学者是最初提出设想的人。如果论文显然是资深学者研究议程的一部分,那么这种假设的存在,就让与资深学者共事的成本变得更高了,因为在这种情况下,读者会做出(可能并不正确的)推测,认为该资深学者是研究背后的推动力。青年学术工作者建立自己的研究身份很重要,而与更年长、更有声望的学者共事太多时，有可能会妨碍他们实现这一目标。

第四，你应该考虑潜在合著者是否擅长完成工作和项目。许多学术工作者都是聪明和气的人，能提出很好的想法，但他们很快就会感到无聊，转身开始其他的事情，而不是完成现有的项目。和这样的人共同启动太多项目很危险。一名青年学术工作者的职业生涯，可能与合著者投入时间完成项目、照料项目熬过痛苦的出版过程的能力和意愿捆绑在一起。如果资深同事是个喜欢启动论文但不喜欢完成的人，那么合著的论文说不定会长时间保持暂定状态，甚至可能永远写不完。有时，青年教员无法获得终身教职，是因为他们的资深合著者对发表论文的态度——他们宁愿更认真地练瑜伽或登山。

第五，或许也是最重要的一点，学者的职业生涯在许多方面都与合著者联系在一起。合著者粗心大意或违反道德规范，有可能会变成一个大问题。举例来说，你有意了解的变量的T统计量本来是"1.5"，可合著者不小心把它输入成了"2.5"。如果这个结果足够重要，那么，试图复制你的"重要"结果的外部人士很可能会失败。就算你和这个错误毫无关系，你与合著者也将遭受同等的指责。如果外部人士无法复制你的合著者的其他论文里的结果，就算你和那篇论文毫无关系，你也仍然输了。人们会推断，如果你的合著者在一篇论文上马马虎虎，那么他对所有的论文可能都同等马虎，他们会怀疑你的论文的结果也是错的。我有时会告诉学生，选择合著者有点像是选择伴侣，因为你最终会吃到对方所有失误的苦头，哪怕你与这些失误毫无关系。

尽管存在这些担忧，但合著成为许多领域中的主要研究方式，也自有原因。通常，由于人们往往有着不同的优势，强强联手可以增加价值。此外，和别人一起做研究更有趣。一些合著者是我最亲密的朋友，随着我们一起经历研究过程，我们的友谊有了发展的机会。

近年来出现的一个新现象是，与住得很远的人一起工作变得容易了。依靠 Skype 或 Zoom 远程聊天，使用 Dropbox 在云端存储文件，与其他大学的学者合著的所有不便之处都变得不值一提。从前情况并非如此，不久之前，我们还只能靠美国平邮（当时联邦快递太贵了）互相寄送软盘来共享文件。可到了今天，有时候联系我在亚洲或澳大利亚的合著者，比联系跟我同样住在俄亥俄州哥伦布市、只隔着几分钟车程的同事更容易。距离不应该成为与其他学者合著的障碍，无论他们住在哪里。

抵挡来自他人的压力

如果有朋友提出了一个不适合你现有研究计划的潜在合著项目，有时会出现尴尬的时刻。或者，有一位你想给他留下好印象的资深同事，提出了一个看似合理但与你工作不太相符的设想。还有的时候，设想很好，但你已接近自己的研究产能，担心投入新项目会妨碍你完成正在进行的项目。有时，你很喜欢一个设想，也认为提出该设想的人是个很好的合著者，这似乎是个你不想错过的大好机会；不过，在你答应与对方合著论文之前，有一些问题应该考虑清楚。

和这位潜在合著者共同启动一个项目的成本如前文所述。该项目将占用你主要研究日程中的宝贵时间，所以，不妨问问自己：我有多看重目前的研究计划？我是想扩展视野，进入一个不同的领域，还是想专注于我的主要研究领域？这两个研究领域能否通过未来的研究项目联系起来？和别人合著，能让我获得多大的资本？如果我因为不同意合著而得罪了同事，会给我带来多大的损失？我的研究产能还有多大的余量？如果你已经接近产能极限，启动项目的机会成本可能相当高。这些就是你在答应与朋友或同事共同启动新的研究项目之前，应该好好考虑的问题。

有些人认为合著就跟晚宴类似——是一种社交和改善（职业）关系的方式。动手合作一篇论文当然有构建关系的方面，但它不应该是启动研究项目的主要动机。研究并非社会义务，研究是我们赖以谋生的事情。学术界是一个竞争激烈的世界，许多人都正在寻找与我们所研究课题相关的设想。

为了竞争，你必须把自己的所有资源都投入到能使研究影响最大化的项目中。通常，最好的方法是将互有关联的研究项目构建成一套研究组合，并在一个特定的领域培养个人声誉。如果没有外界约束，推进自己的研究计划就会非常困难。如果有朋友的研究兴趣和你一致，彼此合作就可能极为美好。项目才是关键：你绝不应该只为了与某个合著者合作而牺牲最好的项目，哪怕对方是你真心想要共事的好朋友。

第二部分

撰写初稿

WRITING A DRAFT

第四章
学术研究论文写作概述

An Overview of Writing Academic Research Papers

选好课题后，真正的工作就开始了。任何研究项目都需要大量的分析，无论是做实验、解模型，还是评估方程。在本书中，我并不关注经济分析的技术细节。因为很多书都涵盖了经济理论、计量经济学等，而且比我写得好得多。我的重点在于组织好论文并以最高效方式撰写的手艺。撰写论文时手艺尤其重要，因为学者对怎样撰写论文、展示分析的选择，往往决定了一篇论文是影响力深远，还是遭到忽视。

许多学术工作者都会犯一个错误，就是对"写出来"的环节不够重视。他们经常这样说："我已经完成了所有工作，现在只需要写出来就行了。"如果你所做的贡献对所有读者来说都一目了然，如你证明了费马大定理，那么这种方法是明智的。但是，对绝大多数学者来说，他们研究的重要性在读者眼里并不那么直白。撰写学术论文工作的重要一环，就是解释为什么研究有这样大的意义，以及读者为什么应该关心它。

在竞争激烈的研究市场里撰写研究论文

我在第一章中讨论过,学术市场的竞争一年比一年激烈。顶级期刊的稿件采纳率在 10% 以下,小型区域会议会收到 200 至 300 份投稿,通常采纳 8 至 10 篇论文,而大型国际会议大多会收到 2000 份以上的投稿,通常采纳 100 至 150 篇论文。此外,如果你还没有成名,没有顶级大学的职位,那么你的论文获得采纳的难度甚至超过了这些数字所暗示的。

学术期刊的编辑决策,通常是通过所谓的"同行审阅"过程做出的,我们将在第十一章中详细讨论这一点。编辑将论文发给从事相关研究的学者,由他们撰写论文的审稿报告。这些审稿人应该向编辑提出建议,并给出有助于作者提高论文质量的建议。审稿人之间应该存在一定的对抗性,他们的一部分工作就是提出不同观点。除了监督论文质量,审稿人还帮忙保证作者恰当地阐释了研究结果、承认了论文的局限性。

然而,盲审已沦为互联网时代的一个笑话,审稿人可以通过搜索论文的标题,立即看到作者是谁。遗憾的是,哪怕审稿人理应盲审论文,但跟不认识的人比起来,他们有时会偏爱自己的朋友或敬重的名人。因此,如果你不是知名学者,那么你的论文很难排进会议日程,也很难在顶级期刊上发表。[1]

---

[1] 在这一点上,不是人人都认同我的看法。约翰·科克伦在对本书的评论中写道:"这绝对不是真的,传播它有害无益。你忽略了一个重要变量:论文质量。就算你是无名之辈,只要论文的研究质量好,写作陈述佳,就很容易进入学术会议的议程安排。"

在向期刊或会议提交论文时,哪些事情能帮你最大限度地提高论文获得采纳的机会呢?不妨从编辑、审稿人和会议主办者的角度来想想审阅过程,对你的作品做出决定的,正是这些人。投稿人应该理解,主办期刊、举办学术会议的人有自己的动机。编辑希望提高自己期刊的排名和知名度,也希望提高自己个人的声誉。因此,期刊的运营者有动机选择高质量的论文,同时也会青睐更知名的作者,因为这能给期刊带来曝光度,期刊的引用率也会更高。学术会议的情况也类似:会议主办方希望有很多人出席会议,并开展明智的讨论,因此想要采纳最优秀的论文。但是,他们同样也更青睐能为会议带来更多的知名度和可信度的知名学者。

编辑和会议主办者经常使用"分拣"法进行评估。编辑很快地看完一篇论文,接着决定是否直接拒稿。如果他们把论文送去审阅,他们会将质量更高者选送给更好的审稿人。论文经高质量审稿人审阅,对作者是很有利的,因为高质量审稿人有可能提出有见地的评论,也更有可能建议编辑要求作者修改论文,最终同意论文发表。会议主办者通常会快速浏览论文,淘汰大部分投稿,更仔细地阅读剩下的论文,做出最后的选择。如果论文无法通过初筛,就永远没人会仔细阅读它,它也得不到一个被认真审阅的机会。

在这一审阅过程中,人们迅速地阅读论文,之后便对你的研究做出重要判断。因此,给人留下良好的第一印象非常重要。无论什么论文,如果不能给人留下良好的第一印象,就会遭到多次拒稿。审阅者最有可能阅读的是论文的摘要和导言部分，因此，你的论文有多大概率得到学术会议接纳、能否发表在优秀期刊上，摘要和导言部分将起着重要的作用。

对于这套粗略审阅的制度，人们常见的反应是哀叹审阅过程不公平，作者没有得到平等对待。一些学者认为，每一篇研究论文都有某种潜在的真正"质量"，凡是未能尽最大努力揭示其真正质量的过程都不够公平，而且这也证明评估过程设计糟糕、充满政治气味。我能够理解这样的观点，我们都认为这套制度应该制定出一种更好的办法来衡量研究质量，平等地对待所有作者。然而，尽管同行审阅制度确实存在问题，但似乎找不到更好的制度。套用丘吉尔对民主所做的著名论断，同行审阅是评估研究的最糟糕的方式，但在我们用过的所有其他评估方式中，它又没那么糟糕。[1] 评价研究的内在成本，必然会让一切评估制度都有失完善。研究人员必须接受这一现实：如今评估研究的制度就是这样，而且短期内不会改变。如果学者希望拥有一段成功的职业生涯，就必须学会适应当前的同行审阅制度。

由于评估研究的方式不完善，学者有必要在展示自己的工作时吸引这些做出决定的人。展示自己的工作当然涉及良好的写作，但她还应该努力强调读者有可能认为有趣的东西，以合情合理的方式组织工作，恰如其分地阐释结果，并且正确又不过度地引用先前的文献。最重要的或许是，成功的作者必须很好地在论

---

[1] 见 W. Churchill and R. M. Langworth, *Churchill by Himself: The Life, Times, and Opinions of Winston Churchill in His Own Words* (Ebury, 2008)。

文中突出自己工作的意义和从中学到的东西。

怎样撰写研究论文

撰写学术论文的一种有用方法是不要把"研究"和"撰写"视为不同的活动。写好的论文就是研究人员的最终成果。与其说"论文描述了我的研究",我更喜欢说"论文就是我的研究"。

有些研究人员完全沉迷于自己的分析,而对论文的写作却漫不经心。比如,在论文中证明定理的学者,通常会极为谨慎地确保定理的表述正确,而且结论是根据其所做假设合乎逻辑地被推导出来的。然而,这类学者里有不少人会用长达两页的段落来描述结果,连续出现的句子里包含着三到四个不相关的观点,他们没有仔细想过怎样对结果进行连贯的解释。又或者,他们兴许根本不解释结果,认为任何够格的学者都能自己弄清这个定理的重要性。这类学者虽然大多非常聪明,但通常会感到自己不受重视,总觉得审阅制度对自己不公平。

学者看待自己的研究,应该像画家对待自己的画作,或是音乐家看待自己的音乐那样。画家在乎的不仅是绘画的主题、色彩和笔触,他还在乎画作的装裱、挂在哪里、怎样悬挂。画家之所以关心其他的这些因素,是因为它们会影响他人对自己创作的观感。同样,音乐家在乎自己的音乐会怎样呈现、表演者穿些什么、音乐录影里将拍摄些什么。音乐家之所以关心这些事情,是因为它们会影响人们对自己音乐的看法。研究同样如此:研究如果未能得到很好的呈现,就几乎无法产生影响,因为它吸引不到人们的关注,对其他研究人员没有影响力,所以得不到引用。

我特别痛心的一点是通常被称为"错别字"的粗心失误。人们常常为这类失误开脱,说它们"只是打错字罢了"。我认为,错别字同样是错误,应该给予其与其他错误同样的重视。我还在读本科的时候,向一家杂志社提交了一篇我和一位教授合著的论文。审稿人回复说,论文中错别字太多,考虑到写作部分缺乏专业性,他拿不准论文本身是否正确。出于这个原因(兴许还有其他原因),他拒绝了这篇论文。虽然我羞于承认,但审稿人拒绝我们的论文是对的。我们是专业人士,研究是我们最重要的事情之一。我们需要把**整篇**论文视为我们毕生的事业,因为它的确是!

为研究论文搭建结构

开始撰写论文时,你必需从以下假设着手:人们并不按照你可能喜欢的态度,而是按照实际阅读学术文章的态度来阅读你的作品。一些学术工作者认为,学术论文是像读小说那样读的——读者带着它们去海滩,用一两个星期从头读到尾。许多小说会为读者保持悬念,直到最后一章,有时甚至直到最后一页才告诉读者重要情节转折的结果。

用这样的方法可以写出有趣的小说,但它用来撰写学术论文不合适。编辑进行初步筛选时,看到这样撰写的论文,因为无法知道它的重点,所以很可能会直接拒稿。对一篇学术论文而言,读者应该能够通过迅速浏览,轻松地判断出论文的问题是什么,它采用了什么样的方法,得出了什么样的结论。你应该清楚地展示论文的中心事实和逻辑,好让读者容易理解你在论文里实际做了些什么。你应该尝试尽可能明晰地列出这些要点,而不是对读者遮遮掩掩。

作者的目标应该是在论文发表后,让尽量多的人阅读自己的论文。为此,她的论文必须写得能让其他学者相信值得用自己宝贵的时间来阅读它。由于市场上随时流通着大量的新论文,对读者时间的争夺异常激烈。比如,我每天都会收到不少电子邮件,里面列出新论文的清单,包括标题、作者姓名和摘要,以及可下载论文的网站链接。我还会收到许多会议发来的电子邮件(包括那些我并没有参加的会议),邮件中列出会议中将要展示的论文链接。此外,由于我有点老派,我还经常通过普通邮件接收我所在领域主要期刊的纸质版论文。

鉴于我每天接触到的论文如此之多,除开阅读与我自己工作直接相关、密友或学生所写的,或者我答应审阅的论文,我的时间和精力只够阅读寥寥可数的几篇论文而已。因此,我会迅速浏览收到的电子邮件和期刊,决定哪几篇论文应该更仔细地阅读。我只下载和阅读看起来特别有趣的论文。我的这种做法,与会议主办者和期刊编辑采用的分拣法非常相似——先初步浏览所有提交的论文,判断哪些论文足够有趣,值得更仔细地看。

考虑到大多数学术读者都遵循这套流程,那么,这带来的直接含义便是,作者应该把论文写得富有吸引力,并且论文要只需

第四章 学术研究论文写作概述

粗略一瞥就能让人理解。因此，不是所有词语在论文中的地位都是一样的。能进入电子邮件列表的词语，以及读者在迅速浏览时能看到的词语，就比其他词语更为重要。不妨用城市土地价格来打个比方。每座城市都有一些区域的土地比其他区域的更有价值。比如，在纽约市，俯瞰曼哈顿中央公园的大厦公寓，就比外围贫困区域同等面积的公寓贵很多倍。由于俯瞰中央公园的公寓既抢手又稀缺，它的价格被炒得高上了天，只有电影明星和投资银行家才住得起。

类似地，在一篇学术论文中，摘要和导言部分远比其他任何部分都有价值。由于文章的评估和阅读方式，摘要和导言部分的阅读次数比正文更多。出于这个理由，论文的摘要和导言部分远比主体部分有价值，而主体部分又比网络附录部分更有价值。

让我们来看一看，一篇在院系研讨会上提交的典型论文怎样分发。我的个人目标是，至少花部分时间阅读每周在研讨会上提交的每一篇论文。但是，我花在每篇论文上的时间长短，会根据我的初步筛选而有所不同。只要论文一通过电子邮件发到院系，我就总是会立刻看看摘要部分，有时也看导言部分。如果我觉得论文有意思，而且当时也有时间，我就会阅读论文的其余部分，或至少是我认为最重要的部分。我用于阅读一篇论文的时间长短，最终取决于我最初阅读它时所感受到的趣味性。

我相信，大多数学者的做法都与我类似。如果是这样，那么每当论文在研讨会上呈交时，大多数与会者都阅读了摘要和部分导言。一些读者会浏览论文的主体和结论，一些读者会花时间在

071

作者怎样清理数据或提供定理等技术细节上，几乎没有人会阅读附录。因此，在决定怎样搭建论文的结构时，作者应假设大多数读者都遵循此种做法。

另一个必须记住的事实是，大多数读者用来阅读论文的时间长短，与论文篇幅的长短并不成正比。如果一篇60页的论文看起来很有趣，我会试着读一部分，但如果一篇25页的论文同样有趣，我在它上面花的时间恐怕更多。也许这种做法显得有点奇怪，毕竟任何读者阅读一本1000页的小说所用的时间，都比阅读一本200页的小说要多。但是，请记住，大多数读者并不会完整地阅读整篇学术论文。他们阅读摘要和部分导言，接着略读论文的其他部分，寻找有趣的内容——也许是一张关键的表格，也许是作者对他们感到困惑的一项结果所做的阐释。论文主体部分的细节，通常只有从事紧密相关工作的学者和力争了解该领域的博士生才会阅读。

作者应该理解自己的论文就是这样被其他读者阅读的，并根据这一认识进行相应的写作。他们应该把自己最希望读者阅读的部分，放到读者真正会阅读的地方。论文中有必要但不那么有趣的部分，如证据、怎样清理数据等细节，放到读者通常不会花时间阅读的地方。**作者的目标应该是让论文尽量简短易读，但必须包括所有的信息，方便外部人员复制该项研究工作。**

作者在撰写研究论文时希望达到什么目的

作者坐下来写论文时，经常心怀恐惧，尤其是那些不喜欢写作的人。在完成了研究的"有趣"环节后，他们现在必须"写出来"。毫不奇怪，如果作者持有这种态度，写出的论文质量往往很低。

学着喜欢写作会有所帮助。如果你喜欢写作，论文质量往往会更高。当然，二者之间的因果关系并不明确。说到底，优秀的写作者大多比蹩脚的写作者更喜欢写东西。但良好的写作是可以学习的，每一位学者，不管来自什么领域，都应努力成为更好的写作者。要想更好地开始写作，方法之一是拿出正确的态度，设定正确的目标。写论文时，不要把"写出来"作为目标，而要在脑海里设定一个更小、更便于管理的目标。几乎所有学术论文的作者，都应该实现以下5个目标：

（1）清楚地陈述论文的观点，让读者认为它新颖有趣。
（2）说服读者相信分析是正确的，并设法应对其他解释。
（3）说明他人的功劳。
（4）提供研究过程的细节。
（5）得出适当的结论。

在着手撰写论文时，把这些目标记在心里。想一想怎样能最简洁、最有意思地完成每一个目标。如果一篇论文实现了上述几个目标，它就有可能成功。

清楚地陈述论文的观点，让读者认为它新颖有趣

　　这恐怕是撰写研究论文时最重要的目标了，可即便如此，有时它仍会遭到作者的忽视。如果作者毕生都致力于研究某一主题，她通常是为这个主题着迷的，在她看来，自己的论文对学科文献的贡献一目了然。但是，作者觉得论文有趣的原因，在其他人看来不一定那么明显，尤其是有些读者并未专门研究过论文的主题。要记住一点，学术会议主办者的任务通常是从200多篇提交来的论文里挑选8篇加以展示，大多数研究型教员每天都会收到包含40至50篇不同论文的电子邮件，最多下载1至2篇阅读。如果一篇论文的贡献不能立刻让人眼前一亮，就很有可能会遭到忽视。

　　论文的新颖贡献应该在摘要和导言的开头就清晰地概括出来。准确地描述自己做了什么、结果是什么、怎样阐释这些结果，始终是作者的责任。她还必须向读者解释为什么他应该看重这篇论文，而不是让读者自己去琢磨。

　　在提供这一解释时，作者必须对这篇论文的读者背景做一些假设。如果读者是论文所在分支领域的专家，阅读它兴许不需要额外的动力。然而，论文的预期读者越是一般受众，作者在论文中包含的背景信息就应该越多。专家读者大多已经了解这些背景信息，但如果作者希望所有潜在读者都能理解论文的贡献是什

么、它为什么有趣,就应该将之包括在论文当中。

　　作者应该如何确定目标读者的范围呢？这个问题没有简单的答案,但在很大程度上取决于作者希望在哪份期刊上发表该论文。比如,如果作者想以《美国经济评论》或《政治经济学杂志》等极具声望的大众期刊为目标,她应该以所有专业经济学家都能理解的方式来撰写论文。反过来说,如果作者打算在更专门的期刊上发表论文,那么她可以合理地省略一些背景信息,并假定读者有着更高的知识水平。

　　我自己会选择较为稳妥的做法,提供比绝对必要的信息更多一些的背景信息,确保所有潜在读者理解论文的贡献,以及他们为什么应该关注它。因为这样做通常只需要多加几句话作为额外解释,所以成本相对较低。面向更广泛的观众可以增加论文的读者群,提高其影响。在社会科学领域,尤其是商学院,除了影响其他学者之外,我们还经常尝试影响从业者和决策者。对社会科学研究感兴趣的人出奇地多,如果作者付出努力,解释为什么读者应该关心这项研究,并清晰易懂地呈现分析,那么对论文感兴趣的人会显著增多。

说服读者相信分析是正确的,并设法应对其他解释

　　作者在展开详细分析之前,让读者对接下来会出现些什么内容有所感觉很重要。作者应尽量简单地解释她为什么要这样做,她要分析什么,她是否使用了任何"技巧",等等。就算读者不

会花太多时间仔细阅读论文,她也必须以所有读者都能理解的方式,准确地强调论文的独特之处,如专有数据或有趣的实验。在理论论文中,作者应清楚地解释关键假设和证明所依据的设想。这样的讨论应该足以让读者大致了解论文的走向和结果。如果出于某种原因,读者在看完这些讨论之后不再往后读,他仍然应该能够在足够高的层面上理解论文的分析,能形成个人的观点,并且能够合理地向朋友进行描述。

到了这一步,讨论的一个重要部分是作者对"标准"观点的认可,即在她的论文发表之前,本专业就已经知道的东西。研究论文的目的是改变人们先前的观点。这里的讨论应该确切地说明,在作者看来,这篇论文将怎样改变读者先前的观点,以及为什么会改变。这一解释应包含一部分对作者所给证据的其他阐释,以及这些阐释在多大程度上有效。

说明他人的功劳

决定引用哪篇论文、怎样引用、在论文的哪里引用,是撰写学术论文的一个十分棘手的方面。作者有义务承认先前的所有相关工作,并诚实地说明自己的论文相对于前人工作的新颖之处。然而,用太多时间描述前人工作的细节,会让读者无法判断这篇论文的贡献是什么。这么做既无必要,又不合适。年轻的作者尤其容易犯这个错误。

引用你不完全认同的论文,或与你的结果相矛盾的论文,有可能让人尴尬。作者必须指出自己的工作和先前文献之间的区别,并让读者理解哪些方法带来了哪些结果。不过,最好以礼貌又科学的态度这么做。研究工作受到批评,作者会很敏感。毕竟这是他们一辈子的工作,对其工作的负面评价,可能会对他们的职业生涯造成巨大冲击。一旦自己的工作遭到挑战,通常而言完全明智和理性的学者,说不定会变得极端情绪化、戒备重重。在讨论前人的研究工作时,作者务必谨慎,尽量不冒犯地阐明自己的论文和先前论文的区别,以及不同方法影响各篇论文结论的原因。

提供研究过程的细节

学术论文的主体部分对研究进行详细的描述。一般而言,不认识作者的人,只依靠这篇论文和现有文献,而不靠其他东西就应该能够复制出该论文中的每一个结果。论文应完整记录下每一种清理数据的方式,描述实验设计中的每一个元素,阐明模型中的每一个假设,完全地解释所有证据,并在讨论中涉及其他所有相关细节。如果在地球另一端的一名博士生无法完全跟着论文中的分析发现相同的结果,那么,论文的作者就没能很好地描述自己的工作。

然而,讨论必须完整,并不意味着讨论必须无聊乏味。有时候,作者感觉自己需要在论文的可读性和涵盖所有必要细节的完整性之间权衡。可大多数时候,一篇论文是可以做到兼具可读性和完整性的。关键是要记住，论文的不同部分是不同的人在读。摘要、导言和结论，这些部分读的人很多，应该传达主要设想，但不必过多涉及细节。正文部分应包含尽量多的必要细节，以方便外部人员复制论文。

必须保持的可读性，对论文主体包含的细节数量起着限制作用。如果讨论的问题非常复杂，或由于数据收集或算法方面的复杂，论文主体不再具有可读性，那么把附录放到互联网上会是很好的选择。如果使用了网络附录，最好的做法是在文本中解释附录的要点，在附录中保留细节。举例来说，如果证据涉及一个有趣的设想，作者不妨在文本中解释该设想，让读者参考网络附录了解细节。尽管地球另一端的博士生必须能够使用公开的信息复制作者的研究，但要求读者下载网络附录作为已发表论文的补充，这是可以的。

有时，人们无法复制研究；因为论文在某个地方犯了一个简单的错误。许多已发表的论文都含有错误。有时，是发表的公式不正确；但更多时候，是作者忘记描述自己在构造数据时所采取的步骤、不小心删除了重要的代码，或有其他一些无心之失。另外，无法复制结果，也可能是正在复制的人做错了些什么。不管怎么说，作者必须理解为什么无法复制论文。

如果有其他学术工作者联系论文的作者，想了解论文中特定的结果是怎样获得的，从学术伦理上讲，作者必须与其合作，帮忙解决不一致的地方。然而，帮助别人复制自己的研究不仅是一个伦理问题，也是一个实践问题。如果有学术工作者试图复制论文却没能成功,论文作者花时间解释学者做错了什么,或是自己找出论文中的错误,是符合作者利益的。如果作者态度粗鲁,不肯帮忙,其他无法复制其研究的学者发表论文说她是错的,那么她的声誉便可能受损。被人知道自己的研究结果无法复制,会给一个学者的职业生涯带来极大的损害。

卡门·莱因哈特(Carmen Reinhart)和肯尼思·罗戈夫(Kenneth Rogoff)的"债务时期的增长"(Growth in a Time of Debt)就是论文不可复制的一个著名例子。这篇论文为"解决政府债务是否影响经济增长"这一极其重要的问题提供了证据,表明极高的债务与GDP之比(90%以上)的确会抑制一个国家的经济增长。这篇论文被广为引用,并用于政策辩论,强调政府债务的代价。然而,另外3名学者,托马斯·赫恩登(Thomas Herndon)、迈克尔·阿什(Michael Ash)和罗伯特·波林(Robert Pollin)无法复制莱因哈特与罗戈夫的发现,他们声称在原始分析中发现了许多错误。这一事件流传甚广,让原始论文的作者大感尴尬。要是他们在发表论文之前更仔细地复查分析,显然会有更好的结果。[1]

---

1 见C. M. Reinhart and K. S. Rogoff, "Growth in a Time of Debt," *American Economic Review Papers and Proceedings* 100(2010): 573–78; T. Herndon, M. Ash, and R. Pollin, "Does High Public Debt Consistently Stifle Economic Growth? A Critique of Reinhart and Rogoff," *Cambridge Journal of Economics* 38(2014): 257–79。

得出适当的结论

在一些领域，特别是数学和科学领域，学者从分析中得出的结论往往是事实性的，无可争辩。然而，在社会科学领域中，结论往往受制于阐释。一些社会科学家（比如我自己）喜欢本领域的这一方面，认为有了它，这个领域将变得更有趣且更令人兴奋。但是，在从经济分析中得出推论时，含混不清会带来麻烦。

不同的人可以用不同的方式解释相同的统计结果。在从可用多种方式加以阐释的数据中得出结论时，作者应努力呈现对数据的所有可能的阐释。她应该解释可从结果得出的不同推论，哪怕她的这篇论文里没有区分它们（或不能区分）。然而，如果做得到的话，作者也有责任说明自己认为哪一种阐释最有可能是真的，并解释原因。既要为所有说得通的解释给予恰如其分的信任，又要向读者解释为什么她认为某一种阐释的可能性最大，这是一种非常微妙的平衡行为。作者应该始终牢记，论文的目的是影响读者先前的观点。如果作者没有清楚地告诉读者她认为结果的真正含义是什么，读者先前的观点就不太可能有多大改变。

第五章

标题、摘要和导言

The Title, Abstract, and Introduction

一篇论文被发布在网上，潜在读者能看到的通常只有标题和摘要。接下来，如果要查阅实际的论文，他通常只会读导言。因此，论文的标题、摘要和导言不但对阅读它的人数有巨大的影响，而且能实质性地左右这篇论文对本专业的影响。出于这个原因，我用这一章来讨论作者怎样选择标题、撰写摘要和导言。

标　题

标题是读者阅读论文时看到的第一串文字，他对标题的反应通常决定了他是否会继续往下读。优秀的标题可以为读者花时间阅读论文提供动力，因此，它是论文的第一则广告，也是最重要的一则广告。不过，为研究论文想出一个合适的标题，有时很棘手。

选择标题有几种主要方法。我的首选方法，也是最常用的方法，是让标题尽量具有描述性。这样做是让读者对论文内容有大概的了解。一些描述性标题在措辞上采取了提问的形式，这个问题大多会在分析中加以解决；而另一些标题则用寥寥数语描述论

第五章 标题、摘要和导言

文的贡献。

罗伯特·席勒（Robert Shiller）著名的"过度波动"论文，就是有效使用提问式标题的一个例子。这篇论文名为："股票价格波动过大，以至于随后的股息变化不足以证明其合理性吗？"[1] 读完标题后，没有人会对论文要探讨什么还存在任何疑问（而且，读完标题后，我们都隐隐约约知道席勒会对这个问题给出"是"作为回答）。我的求职论文使用过一个"简短描述"式标题，从我个人的偏好来看，它很好地达到了目的。论文的早期传阅版还曾被我起过其他几个（更长的）标题，最终，我将这篇论文称为"外部董事和首席执行官更替"。[2] 不足为奇，在阅读了标题之后，大多数读者正确地意识到论文探讨的是外部董事对首席执行官更替的影响。或许是因为标题起得好（哪怕这只是一小部分原因），论文完成得很成功，截至本书撰写时，它在谷歌学术（Google Scholar）上已经有了 6000 多次引用。

选择标题的第二种方法是找些可爱的东西，如提及读者知道的某个典故。这样的标题有时有效，利默尔的"让我们谈一谈计量经济学的缺点"是一篇很有影响力的论文，部分原因说不定就来自它叫人过目难忘的标题。[3] 不过，这类标题虽然能吸引读者

---

[1] 见 R. J. Shiller, "Do Stock Prices Move Too Much to Be Justified by Subsequent Changes in Dividends?," *American Economic Review* 71(3, 1981): 421–36。

[2] 见 M. S. Weisbach, "Outside Directors and CEO Turnover," *Journal of Financial Economics* 20 (1, 1988): 431–60。

[3] 见 E. E. Leamer, "Let's Take the Con Out of Econometrics," *American Economic Review* 73 (1, 1983): 31–43。

的注意，但有时也会让读者拿不准论文到底要讲些什么。我曾尝试过这种方法，在一篇论文的标题中援引默顿·米勒（Merton Miller）在美国金融协会（AFA）主席致辞中的一个著名例子，结果不怎么成功。米勒在致辞中提出，财务困境的成本比债务带来的税收收益要小几个数量级，他打趣说，两者之间的权衡"疑似传说中的名菜'马兔混炖'——用料是一匹马和一只兔子"。我写了一篇研究此种权衡的论文，并愚蠢地建议叫它"马和兔子？权衡理论与资本结构"。我让合著者相信，大多数读者会立刻去看参考文献。当然了，几乎所有看过我们论文的人都不知道标题指的是什么；而且，大多数人并不觉得这是个耍小聪明的标题，反而觉得它叫人摸不着头脑。[1]

安德烈·施莱费尔喜欢效仿悬疑电影大导演阿尔弗雷德·希区柯克（Alfred Hitchcock）的做法，使用一个词作为标题。[2] 这种方法对安德烈本人效果很好，因为他是学术界的超级明星，许多经济学家都想知道他在做些什么，所以一个词的标题就充当了有效的"预告片"。经济学家看到他论文上的一个词的标题，立

---

[1] 见M. H. Miller, "Debt and Taxes," *Journal of Finance* 32(2, 1977): 261–75; N. Ju, R. Parrino, A. M. Poteshman, and M. S. Weisbach, "Horses and Rabbits? Trade-Off Theory and Optimal Capital Structure," *Journal of Financial and Quantitative Analysis* 40(2, 2005): 259–81。

[2] 见A. Shleifer and R. W. Vishny, "Corruption," *Quarterly Journal of Economics* 108(3, 1993): 599–617; S. Djankov, R. La Porta, F. Lopez-de-Silanes, and A. Shleifer, "Courts," *Quarterly Journal of Economics* 118(2, 2003): 453–517; N. Barberis, A. Shleifer, and J. Wurgler, "Comovement," *Journal of Financial Economics* 75(2, 2005): 283–317; P. Bordalo, K. Coffman, N. Gennaioli, and A. Shleifer, "Stereotypes," *Quarterly Journal of Economics* 131(4, 2016): 1753–94。

第五章 标题、摘要和导言

刻会对论文产生兴趣,好奇它讲的是什么,并通过阅读来找出答案。然而,对我们大多数人来说,使用一个词作为论文的标题,可能会让潜在读者感到困惑,让他们直接跳过论文。

一些最成功的标题能够抓住读者的注意力,让他思考问题、想要阅读更多的部分。乔治·阿克洛夫(George Akerlof)的经典论文构建了逆向选择设想,其中有一个特别有趣的标题,"'柠檬'市场:质量不确定性和市场机制"。读者第一次看到这篇论文,兴许会以为"柠檬"指的是同名的水果,他无法立刻看出我们为什么要关心这样一个市场。可一旦开始阅读该论文,知道阿克洛夫讨论的是什么样的柠檬,我们大多数人就会想到自己买过的最差劲的汽车。论文分析了二手车市场里有关这种车的不对称信息的影响,这会让我们深感着迷。一篇这样精彩的论文,哪怕起一个无聊的标题也能对付,但阿克洛夫使用的巧妙标题,让它变得独具一格。[1]

不同的学术工作者对怎样选择标题有不同的看法。我的一位合著者说她真的很喜欢短标题(当然,比一个词要长),另一位合著者建议使用一个朗朗上口的标题,再加一个描述性更强的副标题,就跟我在这本书上的尝试一样。选择标题的重要目标是说服读者继续往下读。作者值得多花些时间,想出一个能达到这一

---

[1] 其实在《经济学季刊》接受这篇论文并发表之前,它竟然也数次遭到拒稿,这让我大为惊讶。难道罪魁祸首是标题?也许真有哪个愚蠢的审稿人以为论文探讨的是水果?见 G. A. Akerlof, "The Market for 'Lemons': Quality Uncertainty and the Market Mechanism," *Quarterly Journal of Economics* 84(3, 1970): 488-500。

目标的标题，因为好的标题能有意义地改变论文的读者人数和它的最终影响。

需要注意的是，一些作者，尤其是刚开始工作的青年学术工作者，往往会把标题起得过于可爱。如果读者认为，学术工作者用来构思巧妙标题的时间，比用来解决模型或提出正确的计量经济学规范的时间还要多，这就是个不好的迹象了。

摘　要

摘要是论文开头的一段简短概要。从历史上看，摘要没那么重要，因为学者读的是纸质论文，所以，如果有人正在阅读摘要，面前一定摆着论文本身。然而，如今论文的摘要会出现在许多地方，它的质量影响着潜在读者是否会下载论文并详细阅读。

比如，美国国家经济研究局和社会科学研究网（Social Science Research Network）定期发送包含新论文摘要的电子邮件，并提供实际论文的链接。我定期阅读这些电子邮件，但每个星期最多从上面下载一两篇论文，这大概是很典型的做法。我选择下载的论文是从摘要看来特别有趣的论文。因此，作者怎样撰写摘要，确实对我下载这篇论文的概率有着实质性的影响（毫无疑问，对其他读者也是如此）。

摘要的长度各有不同。许多作者，包括我自己，已经开始在其中加入论文的细节，延长其篇幅。有些公开传阅的论文，有两三段共200多字的摘要。在研讨会上展示的旨在征求意见的早期

第五章 标题、摘要和导言

初稿,可以包含较长的摘要。然而,期刊通常将摘要严格限制在100字左右。有些期刊甚至不接受有100字以上摘要的投稿——计算机计算字数,除非摘要足够短,否则作者无法完成提交。考虑到这样的限制,作者必须谨慎对待摘要中所写的内容。

作者怎样决定在有限的篇幅内写些什么呢?她首先应该理解,摘要只是论文的广告。因此,她应该把注意力集中在论文能吸引读者多读下去的方面。让读者感兴趣的方法,不是在有限的篇幅内塞入尽量多的事实,而是让他们对论文提出的问题感兴趣,并让他们相信论文里说了一些重要的事情。

通常,我会在摘要开头解释论文提出的问题,提醒读者为什么它很有趣。比如,公司财务的一个重要问题是支付政策。即使经过多年的研究,这里仍存在一个很大的困惑:尽管有着税收上的劣势,有着更利于税收效率的方式向股东支付现金(如股票回购),但公司仍然支付股息。大多数企业财务论文的读者都能很好地理解这个问题,但有些人不能,还有些人兴许已经忘了它。因此,在摘要中提到股息的税收劣势,或"股息之谜",解释为什么企业仍然执意支付股息,很好地提醒了那些不经常思考股息问题的读者,这篇论文着眼于一个有趣的问题。

突出论文中的这些兴趣点之后,接下来用两到三句话说说这篇论文及其结果"带劲"的地方。如果这篇论文使用了一种聪明的识别策略,或采用了新的、有趣的数据,那么说出来吧。把焦点放在最重要的发现上,省略次要结果,除非它们和主要结果同样重要。对理论论文而言,可以用一两句话描述设想,但省略建

087

模细节，除非它们是论文贡献的关键所在。

如果论文中使用的方法或数据是标准的，就没有必要在摘要中浪费篇幅对其加以说明。稳健性检验也是一样。可以提到一种经常有人提出的不同解释因一项有趣的测试而被排除，但不必浪费摘要的篇幅讨论每一篇经验研究论文中都会出现的标准稳健性检验。

最后，作者应该用一两句话来结束摘要，说明论文的意义和主要影响。仅仅说 y 和 x 呈正相关是不够的，作者应该明确说明这种相关性吻合什么理论，以及这种相关性是否有着读者可能感兴趣的其他影响。通常，在我阅读的摘要中，作者过于专注地在 100 字的篇幅里包含尽可能多的论文细节，却忘记了告诉读者为什么首先应该关心这篇论文。作者务必记住，他们是在市场展开观念的竞争，只有研究结果改变了人们对重要议题的预设观点，他们才能在这样的市场里取得成功。摘要结尾很适合作者向读者解释在通读自己的论文之后能学到些什么。

既然摘要是论文的广告，作者就应该从动机和问题着手，呈现主要结果，然后阐明结果的含义以及我们为什么应该关心它们。其他所有的细节在摘要中都并非必要，可以留给论文本身展开。

导　言

除了标题和摘要部分，学术论文的导言部分比其他部分的阅读频率要高得多。对想要了解论文基本结果以判断这篇论文是否

第五章 标题、摘要和导言

与自己当前研究相关的研究人员，或是想要知道论文结果来应付即将到来的考试的学生来说，阅读导言通常就足够了。虽然导言不是论文中最重要的部分（论文最重要的部分是在后面章节中所描述的关于论文贡献的细节），但往往是最难写的部分。我和许多作者在提交论文以供发表之前，都会花很多时间苦苦思考导言怎么写。

作者之所以花这么多时间在导言上，是因为在论文的所有部分中，它能给读者留下最深刻的印象，还左右着论文的发表及其最终影响。我常常会将导言重写数次，才交给合著者阅读，之后还会在合著者的帮助下再改写数次，才付诸公开发表。我的 Dropbox 文件夹保存着导言的多篇草稿，起着类似"导言—试行版 7"的名字。通常，这样的草稿会让合著者发来电子邮件，说这么写可以，但兴许我们还能做得更好。因此，接下来的几天里我会努力孵出"导言—试行版 8"和"导言—试行版 9"。最终，我和合著者就导言的样貌达成一致，它通常比论文的其他部分花费更长的时间，需要更多的往来商榷。

为什么研究论文的导言这么难写，把它写好又这么重要呢？导言必须涵盖大量资料，同时易于阅读和理解。此外，它们还得用最短的篇幅完成这项任务。导言和摘要是论文的第一部分，通常也是读者所读的唯一部分。它们是作者让潜在读者对论文产生兴趣的最好机会。因此，作者应该试着让导言变成一幅快照，简要地介绍论文中每一件她认为重要的事情。

撰写导言的一条重要原则是，作者应假设所有读者用于阅读导言的时间是相同的，不管它具体是多久。因此，导言中包含的每一件事，都会占用其他内容的阅读时间。导言并非正文的迷你版，不必出现每一道曲折转弯。

撰写导言的时候，一定要记住"少即是多"这句话。在强调你所做研究的独特之处和深刻见解的同时，尽量简洁地把必要的内容说出来，保持可读性和趣味性。考虑到导言涵盖的内容颇多，一定要记住：导言里只应包括必要内容，没有必要的事情应放到论文主体部分。

以下简短地列出了导言中应该完成的任务：

（1）抓住读者的注意力。

（2）陈述你所提出的问题。

（3）描述你的方法。

（4）报告结果。

（5）给出你对结果的阐释。

（6）讨论结果的其他暗示。

（7）提供论文纲要，可以是正式的大纲，也可以是对论文各部分的简要概述。

用四五页纸（典型读者用一两分钟就能浏览完毕）完全涵盖这7项任务，内容其实有点太多了。因此，除了这7项任务之外，导言中不可出现其他任何内容。涵盖太多其他内容，往往会让读者漏掉论文的重点，无法理解它给出的内容。有两种元素最常被错误地放在导言里：一是对他人研究的长篇大论的讨论，二是对论文所采用的方法的详细介绍。

我将依次讨论导言的 7 个任务，解释作者怎样才能最高效地完成各项任务。

抓住读者的注意力

导言最重要的目的可能就是吸引读者关注了，可作者（尤其是经验不够丰富的作者）有时仍会忽略它。许多作者会在论文开头明确说出自己在论文里做了些什么，而不是告诉读者自己**为什么这么做**。如果论文的贡献在潜在读者眼里一目了然，那么忽略其动机也没有太大关系。举个例子，如果你的研究包含了一种让微处理器运转速度更快的方法，或是设计了一座能更好抵御飓风的桥，那么你兴许不必说明动机，因为这些贡献的重要性，大多数读者一眼就能看出。可正如我之前所说，这类论文是例外，为了争夺读者的注意力，大多数论文必须解释自己为什么重要。在竞争激烈的观念市场上，作者有义务为潜在读者提供一个把时间花在自己论文上的理由，要不然，读者根本就不会这么做。

作者吸引读者注意力的方法因领域而异，但归根结底是要说服读者认识到所讨论问题的重要性。从同事和研讨会与会人员那里得到的反馈，有助于作者了解读者对论文中哪些元素最感兴趣，在导言中突出这些元素，有可能勾起新读者的兴趣。此外，引用数字向读者凸显论文的重要性，也是开始一篇论文的好办法。如果潜在读者看到论文中提出的问题有着定量上的重要意义，会有更大可能拿出宝贵的时间阅读它。

我有时认为很管用的一种方法是，指出学术文献的假设与现实世界的假设之间存在什么样的区别。最近，我与人合作撰写了一本书的一章，论述了跨国公司如何做出财务决策。章节伊始，我和合著者先列出了一些事实，说明当今世界跨国公司占主导地位；接着指出，尽管跨国公司很多，但大多数学术性的企业财务文献都聚焦于美国国内公司而非国际公司面临的问题。在我的一篇比较出名的关于私募股权投资公司资本结构的论文中，我和合著者一开始就指出，从业者和学者对同一问题的看法大相径庭。我们用这些不同的方法来思考构建私募股权资本结构模型的问题。[1]

另一种吸引读者注意力的方法是，把正在讨论的问题放到更大的背景下。如果读者意识到黏性价格的存在是传统凯恩斯经济学的基础，那么一篇证明价格具有"黏性"的论文就更有意义了。因此，证明价格具有"黏性"，有可能是凯恩斯主义模型与新古典模型的一个重要区分因素。把论文放到一篇重要文献的背景下，有时会让读者相信你的论文值得一读，如果读者是该文献的爱好者，那就更会如此了。

一些论文为经典文献做出了贡献，这些经典文献，出自开创

---

[1] 见I. Erel, Y. Jang, and M. S. Weisbach, "The Corporate Finance of Multinational Firms," in *Multinational Corporations in a Changing Global Economy*, ed. F. Foley, J. Hines, and D. Wessel (Brookings Institution, forthcoming); U. Axelson, P. Strömberg, and M. S. Weisbach, "Why Are Buyouts Leveraged? The Financial Structure of Private Equity Firms," *Journal of Finance* 64(August 2009): 1549–82。

第五章 标题、摘要和导言

或改革了本领域的"大师"之手。如果你的论文属于此类，则有必要提及经典作品。比如，董事会怎样监督管理层的问题，可以追溯到亚当·斯密（Adam Smith）的《国富论》（*Wealth of Nations*）中的一个章节，而企业如何管理流动性的问题，是约翰·梅纳德·凯恩斯（John Maynard Keynes）首次在《通论》（*General Theory*）中提出的。[1] 我在这两个领域都工作过，并且总是在相关的时候提及经典著作。我这样做，一方面是赞扬有功之人，另一方面也是为了提醒读者，这些问题对持续多年的辩论有着基本的重要意义。

通常，尤其是在社会科学领域，促使作者撰写一篇研究论文的关键问题，是读者在阅读该论文之前自认为已经理解了的问题。作者的目标是在导言的一开始就向读者解释，某件他以为自己理解的事情比他想得更微妙，或者学科文献遗忘了这个重要议题，又或者文献中存在重要的空白。读者一旦意识到自己对问题的理解并不完善，就有更大可能花时间阅读你的论文，并更好地理解它。

应尝试让论文在一开始就吸引读者的注意力。如果你没能说服读者，让他们相信你的论文值得一读，那么深入论文的实质内容并无意义。然而，导言里吸引注意力的部分应该相对简短。有一种较好的方法是，在第一段向读者解释这个问题为什么重要，接着

---

[1] 见A. Smith, *An Inquiry into the Nature and Causes of the Wealth of Nations* (Modern Library, 1776), 700; J. M. Keynes, *The General Theory of Employment, Interest, and Money* (Palgrave Macmillan, 1936), 196。

在第二段（最迟不晚于第三段）着手解释你怎样解决这个问题。

陈述你所提出的问题

在参加研讨会或阅读研究论文时，我有时觉得自己在参加经典电视问答节目《危险边缘》(Jeopardy)。在这个节目中，主持人会给参赛者一种表达方式或名字，参赛者必须想出对应着这个答案的正确问题。换句话说，节目的前提是先给出答案，然后询问参赛者能否想出一个合适的问题。如果在一篇论文里，作者观察到一些有趣的数据或做了一些看似合理的分析，但没有告诉读者这些分析意味着什么，或者为什么读者应该对此感兴趣，那就成了《危险边缘》的学术版。读者或研讨会参与者会觉得自己在玩一场益智问答游戏，必须自己动脑筋弄清楚作者提出的问题到底是什么。这样的论文，不管是阅读还是审阅，都可能令人沮丧。如果将其提交研讨会发表，作者常常会失去对场面的控制，因为房间里的每个人对作者的目标都有不同的看法。

作者最好是不要这样和读者玩《危险边缘》游戏。一旦作者说服读者，她正在研究的全局性议题是有趣的之后，她就应该将议题收窄到自己会在论文中详加探讨的一两个具体问题上。明确说明自己提出的问题，通常会是个好主意。一些作者把论文标题本身作为要解决的问题，另一些作者则在第二段或第三段明确地陈述问题。不管作者怎么提出问题，重要的是要让读者理解，论文中要解决什么样的具体问题。不应该让读者等待太久才向他们解释问题，应尽快清楚说明，并且最好是在第一页末尾之前说明。

论文一开头就明确提出具体问题有一个好处，那就是合著者也会意识到这个问题，并可以将他们的精力集中到这上面，几人之间不存在误解。人们兴许认为，论文提出了什么问题是一目了然的，没有哪个理性的作者会不知道问题是什么，就将所有的时间和精力投入研究项目当中。但实际上，作者在推进研究项目时，脑子里不见得随时都有一个具体的问题。有时候，作者过分沉迷于建模或数据工作的细节，甚至会忘记自己想从分析中学习到什么。有时候，合著者过了一两年，才意识到每个人都想把论文的焦点放到不同的问题上。在论文的开头明确地陈述问题，把一切都说清楚，有助于确保不会出现这样的误解。

描述你的方法

让读者相信你正在研究的全局性议题是有趣的，并明确地告知他你所提出的具体问题之后，下一步是解释你将怎样回答这个问题。导言的篇幅极为宝贵，务必仔细考虑你要在这段描述中包含多少细节。在导言中进行描述的目的是向快速浏览导言的读者解释这篇论文的贡献。因此，对复制论文的结果大有必要，但并非理解论文观点必需的细节，不应该放在导言里，而应该放在论文的主体或附录部分。

导言应该聚焦于论文的新颖之处，以及为什么这一新颖之处能带来独特的贡献。记住，在撰写导言时，你的目标是让论文从编辑和会议主办方阅读的许多论文中脱颖而出。在描述所用方法的时候，要尽量让读者能感觉到这种方法新颖有趣。比如，如果你的新数据是手工收集的，或是通过设计独特的实验收集的，那就有必要强调你的数据收集方法。反过来说，如果你使用的是标准数据，但采用了不寻常的方式，那就要把讨论的焦点放在你的估计方法或其他任何与众不同的地方上。

导言的目标应该是介绍论文，方便读者快速阅读并理解。总体原则是"少即是多"。导言应该用一两句话帮助典型读者理解你的论文做了什么，以及它有什么特别之处。导言中不应出现对复制论文的结果有必要，但对从整体上理解论文贡献没有帮助的细节。比如，对一份典型的经验研究性公司财务论文而言，在导言中介绍样本由 1000 家美国上市公司构成、涵盖了从 2000 年到 2010 年这个时间段，这是合适的。但是，在导言中介绍怎样挑选出这些公司、对数据做了什么样的过滤，或者其他类似细节，就是在浪费导言宝贵的篇幅（因为这些篇幅原本可以用来做其他事情）。

报告结果

告诉读者论文提出的问题和总体方法是什么之后，你应该概述其结果。在这里，重要的是有选择地收录细节，保持导言的相对简短和可读性。遵循论文的结构是个好的策略，因此，如果论文中有形式化模型，就用一两段话解释它怎样运作。接着，如果你估计了该模型，简短地说一下你是怎么估计的，结果是什么。

第五章 标题、摘要和导言

如果论文包含一连串相互关联的测试，在导言的这一部分，你应该提及主要的测试，解释其运作原理，讨论各测试的结果。

如果论文是经验研究性的，那就必须详细地讨论其中最重要的估计。导言是个不错的地方，你可以在导言中向读者强调你认为哪些结果最为重要，并解释为什么。经验研究论文通常会提供许多不同变量的估计值，因此撰写论文的目标之一就是把读者的注意力吸引到你认为最相关的估计上。不要只说估计值是正还是负。一定要给出实际的估计值，讨论其大小，让读者了解其效应是否大到有了意义。在导言中讨论这些结果，你其实是在告诉读者，等他阅读论文的其余部分时，你认为他应该把精力集中到什么地方去。

然而，读者通常不喜欢别人告诉自己应该把精力放到什么地方。从你的分析中寻找漏洞是他们特有的权利。学者喜欢通过批评新研究来交换意见。对作者而言，预料会出现什么样的反对意见，并尝试提前给予回应，会是个好的策略。几乎每篇论文都会遇到一两个大多数读者会提出的（或是在陈述论文时经常出现的）反对意见。因为这些反对意见是可以预见的，所以你应该多花时间认真思考出最佳回应，并将这一回应写在论文的突出位置。如果这一反对意见足够重要，那么你应在导言中简短提及，之后在文章的主体部分用更长的篇幅予以回应。

许多经验研究论文纠结于因果关系的概念。通常，证明两个由真实数据构造的变量相互关联是很容易的。可要推断出是一个变量导致另一个变量运动，而不是反过来，或是第三个不可观察的变量导致前两个变量的运动,这就要困难多了。对经验研究论文的许多反对意见,就出在难于推断因果关系这一点上。通常情况下,这类论文的作者有必要在导言中讨论因果关系的可推断程度,以及她用来解决这一问题的方法。

给出你对结果的阐释

重要的是,你不仅要讨论你认为的结果**是什么**,还要讨论它们的**意义**。它们与哪些理论相一致,又对哪些理论提出了怀疑?结果的稳健性如何?你的阐释在什么程度上存在重大注意事项?

有些作者对所得结果的阐释强烈得超过了必要限度,有时候,过于强烈的阐释是一种有意为之的策略性举动,其目的是想要吸引人们的注意力。此外,作者有时不接受在自己青睐的阐释之外还存在别的说得通的阐释与其结果相吻合。如果作者总是过度阐释自己的研究结果,那么她会付出代价:人们日后不会认真对待她的论文。

对结果阐释不足,是一些作者会犯的另一个同样严重的错误。一些作者在阐释结果时过于谨慎,论文沦为罗列事实和统计发现的清单,使读者不了解结果意味着什么。这样的论文往往会让读者感到厌倦,无法理解为什么要对它感兴趣。

在寻找对结果阐释过度和阐释不足之间的微妙界限时,你很难确切地知道该对结果施加多强的推动力。比较好的做法是,清楚地说明你认为结果意味着什么,哪怕你要增加若干注意事项,讨论看似合理的其他阐释。不过，你也需要避免过度推销自己的工作，要诚实地说明你对结果所做的阐释在多大程度上与其他阐释做了区分。

讨论结果的其他暗示

作者在导言中的任务是，简短地总结论文中有些什么，以及她认为结果意味着什么、怎样增进了我们的知识。其目标应当是说服读者，尤其是审读人员，这篇论文值得花时间。在读完导言之后，读者应该想要阅读论文其余部分，了解更多分析的细节。因此，你需要指出所展示模型的辅助预测，或研究中除了你所关注的内容之外还有哪些暗示。有些读者对你提出的核心问题不感兴趣，他们更感兴趣的是你提出的其他设想。如果你在导言中提及这些额外设想，那么后一类读者可能会对论文更加重视。如果你等到论文结尾时才提出这些设想，那么这类读者恐怕永远也看不到它们，因为他们根本不会把论文读完。

提供论文纲要，可以是正式的大纲，也可以是对论文各部分的简要概述

从传统模式上讲，导言的结束段落会以这样一句话作为开头："论文的其余部分如下……"，之后对论文的每一部分都用一句话加以描述。一些期刊要求出现这样的段落，另一些则不鼓励。我

自己两种情况都碰到过：对于有些论文，编辑在接近采纳的阶段告诉我要加入一段这样的话；对于另一些论文，编辑在同一阶段让我把这段话删掉。

这样的段落几乎没人阅读，也几乎并不会为论文增添什么有价值的内容。如果能够有所选择，把它省略掉一般是个好主意。更好的解决办法是围绕论文的组织结构安排导言，把论文的大纲融入内容讨论中。举个例子，在讨论形式化模型时，可以这么写："在第三小节，我提出了一个……模型，代理人厌恶风险，而委托人风险中立。"等到讨论下一小节时，以类似的句子开头。这样，等写到导言末尾时，"大纲"段落就变得多余了。

撰写导言的常见错误

论文的导言应该是一篇概要，在撰写方式上鼓励潜在读者阅读整篇论文。导言的重点应该放到**你的论文**及其贡献上，任何有碍于此的事情都应该尽量减少。作者在导言中加入额外信息让读者分心，有两种常见情况：一是提供太多对理解论文要点并无帮助的技术细节；二是在解释自己的观点之前，花了太多时间讨论其他学者的论文。

提供太多技术细节

许多作者对自己为论文付出的努力感到自豪，这是无可非议的。他们已经理解了最新的方法，甚至还针对自己提出的问题修改了这些方法。这类作者有时会在导言中详细介绍自己是怎样完成论文中所有工作的。不过，使用新颖精致方法的作者，有时会在导言中用过多的篇幅讨论其所用方法。

如果论文提出的是一个应用问题，论文的方法只是达成目的的手段而非目的本身，那么在导言中提供太多细节，有可能让读者对论文的要点感到困惑。反过来说，如果论文的重点就是构思新方法，而不是在应用中使用这些方法，那么，导言就应该聚焦于方法。作者不应在导言中加入过多的方程式和形式体系。最好是用文字来解释这种方法怎样运作。正式讨论可以在后文展开。导言的篇幅很宝贵，不必浪费在可以在后文深入展开的细节之上。

花太多时间讨论其他学者的论文

怎样引用其他学者的研究、在什么地方引用，是很棘手的事情。学术界一贯需要向做了相关工作的人予以肯定。引用相关文献，既是为不熟悉的读者提供服务，也是以适当的礼仪对待其他论文的作者。

在自己的论文里过早地详尽引用先前的文献，是一种常见的错误。我经常阅读感兴趣但没有亲自研究过的领域的论文，这些论文的作者在开头讨论听起来很有趣的工作。但是，等读到第3页或第4页，我看到了一些自己喜欢的设想，却不太理解当前这篇论文的观点。很多时候，作者之所以没有在第 3 页或第 4 页告诉我论文的重点是什么，是因为她花了太多时间介绍别人的工作。有时候，我始终没能弄明白这篇论文的重点，放下它的时候我想得更多的是文中引用的参考文献，而非论文本身。

作者在导言中的主要目的是解释自己论文的观点，她应立刻提供相关解释。这样做通常意味着之后再讨论其他人的工作。但是，如果你的论文建立在其他人的工作之上呢？你会忽略其他相关的论文吗？在讨论自己的研究之前，你该怎样向一些读者解释你的论文，让他们掌握理解论文所需的背景，同时又不会让其他已经知道大量他人工作信息的读者感到困惑呢？

一种方法是快速清晰地解释先前文献的观点和主要结果。至于哪个作者做了些什么样的细节，可以留着在论文的主体部分阐述。又或者，在脚注中提供相关论文的清单，或是按论文的类型对其进行分类。但一般而言，在说明自己论文的设想和结果之前，不要太过详细地引用他人工作。

这条规则也有例外。有时，一篇论文是另一篇论文的延伸，或是在回应一篇作者犯了错误、误解了某事的论文。作者应在论文开头就讨论另一篇论文，说明自己希望解决的有关后者的问题。我在博士班上引用过一篇导言写得很好的论文案例，即安德烈·施莱弗尔和罗伯特·威斯尼（Robert Vishny）的"大股东与公司控制"（Large Shareholders and Corporate Control）。这篇论文以桑福德·格罗斯曼（Sanford Grossman）和奥利弗·哈特（Oliver Hart）的"收购出价、搭便车问题和公司理论"（Takeover

Bids, the Free-Rider Problem, and the Theory of the Corporation）为基础,因此,它首先简要描述了格罗斯曼和哈特的模型,接着在导言中清晰地讨论了大股东在经济中的重要作用,再描述了论文中建立的模型:大股东怎样影响收购市场。[1]

如果一篇论文是对长久以来的文献脉络做延伸,作者应该把重点放在文献的源头上,而把细节留到后面。比如,如果论文主旨是关于公司是否应该罔顾其他因素(如对环境或公司员工的关注)追求利润最大化,论文就几乎必须从米尔顿·弗里德曼(Milton Friedman)的经典论点开始讨论。[2]但如果作者在解释自己的观点之前讨论了每一篇与此问题相关的论文,恐怕很多读者都会感到困惑,并偏离对此篇论文观点的理解。

总而言之,导言既是论文的概要,又是论文的广告,撰写时要考虑的问题很多。导言最重要也最被人忽视的作用,或许是向读者解释为什么应该关心论文中讨论的问题和论文针对的具体问题。作者必须努力让导言简短易读,同时清楚地解释论文的要点。为保证导言对论文的内容做了充分概述,同时又简短易读,作者必须将很多重要信息(如文献综述和技术细节)放到文章的主体部分中。

---

[1] 见A. Shleifer and R. W. Vishny, "Large Shareholders and Corporate Control," *Journal of Political Economy* 94 (3, part 1, 1986): 461–88; S. J. Grossman and O. D. Hart, "Takeover Bids, the Free-Rider Problem, and the Theory of the Corporation," *Bell Journal of Economics* 11(1, 1980): 42–64。

[2] 见M. Friedman, "The Social Responsibility of Business Is to Increase Its Profits," *New York Times Magazine*, September 13, 1970。

第六章

论文的主体：文献综述、理论、数据描述和结论部分

The Body of the Paper: The Literature Review, Theory, Data Description, and Conclusion Sections

就我个人的口味来说，大多数学术文章都太公式化了。几乎每一篇学术论文的第一部分都叫作"导言"，接着是在第二部分必须进行的"文献综述"。在使用形式化模型的论文里，下一部分是"理论"，在经验研究论文里，是"假设建立"。之后依次是"数据描述""经验详述""结果"，最后是"结论"。

我不反对用这种方式组织论文。我想说的是，作者在使用这种方式时，并没有考虑是这种还是其他的论文组织方式更适合自己所写的论文。在撰写草稿前，作者应该向自己提出以下几类问题：真的有必要使用形式化模型吗？如果需要，它能不能放在附录里？需要回顾综述的文献有多少？能整合到文本的其他部分，还是必须单独成章？结果应该分为一个还是两个部分？经验详述应该出现在结果之前独立成章，还是应该将它放到结果的讨论之中？

有一种简单的方法可以稍微偏离这种公式化模式，让读者更容易理解，那就是给论文的各部分起一个描述性更强的标题。比如，在最近的一篇论文手稿里，我没有把一个部分叫作"文献综述",而是称之为"前人衡量私募股权基金风险和回报的工作"。再如,"结果"部分,作者可以称之为"最低工资法对就业影响的估计"(或与论文内容契合的任何描述)。

作者应该总是努力想办法让自己的论文更周到、对读者更友好,这就包括怎样组织章节内容、怎样起章节标题。如果青年学者认为论文的组织编排相较于论文的贡献很不重要,可能就对这些问题思考得不太多,只直接遵循前面概述的标准方法。但作者应该始终记住,论文是许多看似不重要的事情的总和。如果她关注了每一件相关事宜,她的论文会变得更具可读性,最终也会更具影响力。

由于学术论文是按章节组织的,每一节都包含作者需要关注的问题,下面我将依次进行讨论。由于与展示经验性结果相关的议题太过重要,我在本章暂时略过了它们,并将第七章的所有篇幅都用来讨论它们。

文献综述

学术论文中最容易遭到误解的部分是文献综述部分。对先前文献的介绍很重要,因为它把一篇论文放入了已被了解的知识的背景下,说明相较于既往文献尝试解决的问题,本篇论文处在什么样的位置。然而,作者往往并未在论文的这一部分投入足够的时间和精力。这样一来,文献综述环节往往乏味至极、写作蹩脚,读者除了看看是否引用了自己的论文,经常跳过不读。如果作者未能投入足够的精力增强文献综述的可读性、趣味性和知识性，她也就失去了提升论文影响力的机会。

文献综述部分有两个目标。首先，它必需让读者了解业内已经做了些什么，好让读者能更好地理解论文的贡献。有时，作者解释自己的论文怎样融入了文献、具体补充了哪些新内容，这样也就可以了。其次，文献综述对其他作者所做的工作给予肯定，并承认他们的贡献。给予他人适当的荣誉是科学研究过程的一部分，多次未能做到这一点，有损学者的声誉。

考虑到这两个目标，作者应该好好思考怎样才能让文献综述尽可能对读者有用。不少作者认为，引用更多的论文一定就更好，因此会为所有跟自己的论文有一些关联的论文写上一到两句话。如果这样写，文献综述部分往往缺乏像样的结构，没有把论文各部分之间彼此联系起来，也没有与作者自己的论文联系起来。这类文献综述往往只是为了显得面面俱到，而非向读者解释论文的贡献在现有文献中位置如何。

在开始进行文献综述前，你应该向自己提出若干有关先前文献性质及其与你论文的相关性的问题。初次在科学论文中撰写研究结果时，有一个重要的假设：你是在为所在领域的专业人士写作，而不是为本科生或普通大众写作。[1] 考虑到目标读者是专业人士，甚至根本没必要对文献进行综述回顾。但是，如果你决定让

---

1 我并不是说你不应该针对不同的观众来撰写研究结果。我很喜欢写与研究相关的文章，让非专业人士也能理解。我在这里的意思是，如果你写的文章打算在学术期刊上发表，那么，你应该假设读者是该领域的专业人士。

第六章 论文的主体：文献综述、理论、数据描述和结论部分

论文包括文献综述环节，你应该以何种深度涵盖哪些论文呢？你应该怎样组织讨论呢？它应该放在论文的哪个地方呢？是应该把文献综述作为单独的部分，还是整合到论文的另一部分当中？通常，将相关文献放在导言末尾或其他小节里回顾就足够了，不需要让文献综述独立成章。

如果你决定包括文献综述部分，你的目标应该是让它成为一篇独立文档，希望了解一个分支专业的学者可以将它作为背景读物。不要对背景部分敷衍了事后就直接进入结果，要把文献综述本身看成是有趣的、重要的。如果读者对你在论文中呈现的结果并不太感兴趣，但想要了解你的工作的分支领域，那么，你写的文献综述可能会派上用场。

许多作者在撰写文献综述时，似乎想给所有论文同样的篇幅，以求不冒犯任何人。我认为，对于这一部分，更好的做法是先解释文献中已经解决的主要议题和疑惑。文献是怎样处理这些议题的？文献中发现的主要结果是什么？在这一过程中，它需要克服哪些陷阱？还有哪些问题有待解决？本篇论文怎样融入现有文献？与现存最相关的论文有什么不同？

换句话说，你的文献综述部分应该围绕文献中的**议题**而非**论文**来进行组织。当然，你仍然需要讨论所有相关的论文，但你应该把它们放到所针对议题的背景之下展开讨论。根据先前论文本身采用的方法对论文进行分组，是一种有用的方法。比如："一些作者以天气为工具来进行识别（见×××）。这些论文通常发现……其他作者通过××××年发生的监管变化进行识别（见

109

×××)。"这种讨论文献的方式对读者有帮助,因为它提供了一个视角来说明作者采用特定方法的原因、不同的方法对结果有什么样的影响、哪些工作可能与理解当前论文最为相关。另一种有用的方法是根据研究工作各自的发现来进行分组,如"一些论文发现A与B呈正相关(见×××),而另一些论文则得出了相反的结论(见×××)"。

作者在撰写文献综述时,面临的最棘手的问题或许是要判断引用些什么、省略些什么,以及每一篇论文各引用多少。这里并没有硬性规则,但你必须记住,并非所有论文都"生而平等"。务必对开创性论文展开更详细的讨论,而随后的更边缘的贡献可一笔带过。读者应该能够通过你的文献综述,大致了解文献中的主要议题,而不会因为你引用了太多论文而感到不堪重负。

如果读者认为自己的论文应该被引用却没有,的确会感觉受到冒犯。在判断是否引用一篇论文时,不妨站在论文作者的角度扪心自问:如果是你的论文未能被引用,你是否会感觉受到冒犯?如果存在这样的风险,那最好是为对方着想,将其论文加入引用行列。但是,切莫做得太过火。有时,作者会引用每一篇与自己的论文有些许关联的论文,让文章变得过于烦琐,很难阅读。如果相关论文众多(但相关性并不强),可以采用的策略是添加脚注,列出相关论文,但不必细述。此类脚注既认可了相关论文的贡献,又不会影响你论文的可读性。

在判断引用哪篇论文、决定怎样引用时,秉持专业态度很重要。由于学术工作者的研究往往建立在自己此前的工作之上,很多情况下，自我引用并无不妥。但是，许多作者会做得太过头，过于频繁地自我引用，有时甚至将他人同等重要且相关的研究论文排除在外。这样的做法会给人留下自私、不专业的印象，还会引发与其他论文作者（这些人可能会审阅这篇论文，或是在会议上讨论它）的不必要的紧张关系，此外，作者往往更偏爱引用著名资深学者的论文，而排斥不太知名的年轻学者的论文。青年学术工作者，尤其是缺乏"良好人脉"者，抱怨自己的论文被引用的频率远远比不上更知名、更有影响力的学者，这是有理由的。

学术工作者还常常过度引用朋友、导师、（有意向发表论文的期刊的）期刊编辑的研究论文——这么做会显得作者心胸狭窄、有失严肃。我做论文导师的时候，常劝学生别在论文中引用我的一些研究成果。我做期刊编辑的时候，也是这么做的。引用你希望打动的人的研究论文，看起来像是个好主意，但读者一眼就能看出你在做什么，这会给他们留下不好的印象。整体而言，最好的策略是根据研究本身来做出各种引用决定，忽略被引用文献的作者的身份。

理 论

撰写论文理论部分的最佳方式，由论文的目的以及作者希望在理论部分实现的效果决定。一些论文的目的是传达一种新设想，它可以通过形式化模型或口头论证来完成。主要侧重于经验性的研究论文纳入模型，是为了提供一种形式化的结构，通过这一结构，读者可以更好地理解经验研究工作。如果论文结合了上述目的，它将提出并校准模型，或是结构化地估计模型参数。作者撰写理论部分的方式，根据其所写论文的类型会有很大的不同。

如果论文的目的是传达一种新设想或建模方法，那么理论部分便是论文的关键。如果作者认为这是一篇理论论文而非经验研究论文，那么这部分的文本应提供有关理论的更多细节（在经验研究论文里，提出理论只是为了整合经验）。但是，哪怕论文是纯理论的，也务必仔细考虑哪些细节应该包括、哪些需要省略，以及怎样向读者描述分析。

有时，论文的主要目标是证明一条硬性定理，推导出一个估计量的渐近分布，或是为一条广为人知的定理进行更简单、更直接的证明。此时，证明本身自然就是论文主题的关注点。但是，对侧重于应用的论文来说，论文的重点并非证明。读者想知道所有的命题都是真的，但通常不怎么在乎是怎么证明的。换句话说，证明对于理论的正确性至关重要，但并非是需要在文本中强调的东西。通常，最好是在附录中展示证明，或放在结尾处，也可以放到网上。将证明放到附录里，不会分散大多数读者对论文主要信息的关注，而少数有兴趣阅读证明的人也能看到。与期刊上发表的附录相比较，网络附录的优点之一在于没有篇幅限制。如果将证明放在网络附录里，作者可以为感兴趣的读者提供每一个细节，而不省略任何步骤。

如果你撰写论文的原因更侧重于应用，那么我鼓励你尽量减

第六章 论文的主体：文献综述、理论、数据描述和结论部分

少主要文本中理论的技术细节数量。不妨记住一条基本原则：不管论文的篇幅如何，大多数读者花在一篇论文上的时间是相同的。如果你的论文即将在研讨会上发表，而与会的学术教员在开会前还有半个小时的空闲时间，他能用在论文上的所有时间也就这么长了。如果他把时间用在浏览技术细节上，就没有太多时间去理解你希望他从论文的分析中学习到些什么。要记住，论文结构的安排，要始终便于读者把时间用到你希望他们花时间的地方。

撰写理论部分时，我建议先从简单的部分着手，之后再加入复杂的内容。如果可以用真实的例子来说明你的模型的设想，那就太棒了。如果一家真实企业的行为与模型的行为一致，那么，在读者看来，模型会显得更有意义。从解释一家具体的公司发生了什么入手，可以让读者与模型建立联系，让读者理解模型不仅是代数，还是一种对重要现象的描述。

作者往往以为，呈现模型最复杂的版本会给读者留下深刻的印象，事实上，这更有可能让读者感到困惑。大多数模型建立在一个设想上，接着为这一设想添加种种复杂性。因此，在描述一个模型时，应从主要设想开始，光是解释这个设想一般是相当简单的，但要是把它放到更复杂的模型里，就容易叫人摸不着头脑了。一旦你解释了模型的主要设想和驱动模型行为的机制，读者会更乐意深入研究模型的细节，甚至包括那些在不理解模型设想情况下显得错综复杂的细节。

数据描述

讨论所用数据，是任何经验研究论文中都必须包含的一环。许多作者认为，撰写数据描述仅仅是自己论文里不得不写的一个部分。不足为奇，许多论文的数据部分读起来就有着一种作者轻慢待之的感觉。读者能够轻易看出，作者撰写这些数据时只花费了最少的力气。由于数据部分写得漫不经心，读者往往会认为数据描述不重要、没意思，也时常会跳过论文的这一部分。

有一种提高论文影响力的方法，就是让论文的各个部分都尽量有趣、具有创新性，数据描述部分也不例外。只要往数据描述里加入一些思考和努力，你便可以让它变成论文中的积极元素，为读者提供价值。

撰写数据描述的最佳方式，在很大程度上取决于数据的性质。如果你使用的是所有读者都知道的标准数据，那么数据部分可以写得短些，这样能方便你把重点放在让读者确切地知道你是怎样构建数据库的——哪些观察值被收录在内，哪些被省略了（为什么）？你怎样构建变量？数据的主要模式是什么？你的数据与其他作者呈现的数据有什么不同？

现在，在很多领域可以使用新出现的、非常庞大的数据集（大多是信息技术革命带来的）。比如，最近有人基于亚马逊网站的评论和领英上发布的求职经历，进行了一些有趣的研究。这些数据本身就很有趣。但是，它们可信吗？它们在多大程度上受自我选择的影响？随着时间的推移，这些类型的数据库将在社会科

第六章 论文的主体：文献综述、理论、数据描述和结论部分

学中变得越来越重要，描述它们及它们的局限性，能让论文的数据部分变得不那么公式化，并有望在未来实现更多的创新。

如果你的数据是新的，并且与文献中的数据不同，那么，你的数据描述部分本身就可能具备重要意义。学术论文往往围绕着验证假设展开，这些假设是基于理论观点得出的。然而，读者有时对假设本身并不是特别感兴趣，而对论文的课题感兴趣。他们想要对课题做更多的了解，或是自己也有意做一些相关的研究。对于这些读者来说，数据描述部分可能是论文中最重要的部分。你的论文如果能让他们了解想知道的事实，那对他们就是有用的，哪怕他们对你所测试的假设不是特别感兴趣。

比如，我的博士论文是关于董事会及其在公司治理中的作用。从这一大选题出发，我所写的三篇已发表论文是经济及金融相关文献中与该主题相关的最早的一批论文。[1] 在我撰写博士论文时，我最感兴趣的是我所测试的假设：哪些董事施行的监督最多、董事怎样获选，以及他们对公司绩效的影响。但是，等到我撰写专题论文时，有人建议我要好好地把关于董事会的基本事实说明一番。董事会的规模有多大？按公司的"内部人士"和"外部人士"划分，董事会的构成情况是怎样的？董事们有什么样的背景？董事和首席执行官的任期有多长？首席执行官和董事之间从前就有私交的情况多不多？对这些论文的引用，大多来自对此

---

[1] 见Weisbach, "Outside Directors and CEO Turnover"; Hermalin and Weisbach, "The Determinants of Board Composition"; Hermalin and Weisbach, "The Efects of Board Composition and Direct Incentives on Firm Performance."。

类事实感兴趣的作者，但我的论文所测试的假设与此类事实无关。我的论文的数据描述显然对读者大有帮助——最终，这又对我的职业生涯产生了极大的帮助。

除了本身自带的有趣信息之外，数据描述部分在科学研究过程中也扮演着重要的角色。一段完整的描述可以让其他人确切地知道你在分析中做了什么。学术研究的规则是，必须足够详细地描述所有数据，让一个除了你的论文之外一无所知的陌生人（当然，此人需具备你所研究领域的知识）能够复制你的工作。因此，详细描述你所采用的每一个步骤十分重要，哪怕它们在你的分支领域内属于"标准"步骤。

作者在撰写数据描述部分时应该想到，在世界的另一端，有一些博士读者可能会读到她的数据，并希望复制相应的分析。如果数据描述部分写得不清楚，或者遗漏了细节，那么这位博士生可能会给作者发电子邮件——通常，那是在很久以后，作者说不定已经完全忘记自己是怎么构建数据的。万一你收到了这样的邮件（如果你的论文广为人知，那么你会收到的），在数据附录部分提供一份详细的文档以消除误解，将大有裨益。

一个常见的问题是，作者在阐述数据清理的过程时可能不够清晰。比如，作者有时会忘记描述怎样处理自己认为有可能是数据输入错误（因为这些值太过异常）的观察结果。潜在有误的观测值是被丢弃了，还是被缩尾处理了？作者怎样判断哪些观测值可能有误？通常，处理这类问题并没有唯一"正确"的程序，但作者必须向所有读者清楚地说明，自己是怎样选择所用程序的，

第六章 论文的主体：文献综述、理论、数据描述和结论部分

以及为什么这样选择。

出乎很多人的意料，复制论文的尝试经常失败。[1]试图复制知名论文的学者往往会发现有别于作者报告的结果。通常，对于这种差异会有一个并无恶意的解释。或许，作者忘了记录自己做过的事情；或许，从作者撰写原始论文到复制者下载论文的期间，数据库发生了变化；或许，复制者在分析时犯了错误。然而，如果外部人士无法复制已发表的论文的结果，他们就会对论文产生怀疑，并让论文作者感到尴尬，并且论文作者会付出高昂的职业代价。

作者应始终牢记，如果有人试图复制自己的研究并且成功，这是符合作者自身利益的。如果有人试图复制你的研究，但失败了，这会变成你的问题，**哪怕他们未能复制的原因是他们自己犯了错**。人们会议论纷纷，你的论文会变得"可疑"。在互联网时代，一旦有人发帖说你的论文有问题，它就成了你永远的问题。

因此，确保数据描述100%准确对你自己有好处。如有可能，你应当把数据发布到网上，如果原始数据不允许发布，那就发布

---

[1] 坎贝尔·哈维（Campbell Harvey）在向美国金融协会（American Finance Association）发表的主席致辞中，对复制所涉及的问题进行了精彩的讨论。有一个众所周知的研究领域存在大量无法复制的结果——被记录为"异常"的金融文献相当之多。数据的异常模式如果真正存在，有可能指向与有效市场假说不一致的有利可图的交易策略。见C. R. Harvey, "The Scientific Outlook in Financial Economics," *Journal of Finance* 72(4, 2017): 1399–1440; K. Hou, C. Xue and L. Zhang, "Replicating Anomalies," *Review of Financial Studies* 33(5, 2018): 2019–2133。

代码，各学术期刊也逐渐开始要求作者这样做。即使并非必需，为避免误解而尽可能地透明也符合你的利益。撰写论文时多花点心思描述你的数据清理过程，可以为你之后省掉很多麻烦。

数据描述之后通常紧跟着对经验研究的方法和结果的讨论。不过，我这里会直接跳到结论部分，因为下一章将全部用来讨论报告经验研究结果的问题。

结　论

在论文结尾，作者有时不知道该说什么。他们已经在导言中相对迅速地阐述了论文的要点，并在正文中更详细地阐述了这些要点。等写到最后，第3次重复这些内容，似乎显得太傻了。那么，作者应该在结论部分写些什么呢？

结论里到底应该写些什么，这个问题的答案在很大程度上取决于作者，以及她还有没有什么要说的。这里同样适用"少即是多"的原则：如果作者没有什么要说的了，用两三段话简要总结论文就很合适了。此时，我建议把最后一部分称为"总结"而非"结论"，因为至少在我看来，"结论"暗示作者除了重复之前说过的内容之外，还要传达一些更宽泛的内容。

我曾用简短的"总结"部分来结束论文，从来没碰到有人反对。但我更喜欢利用论文最后一部分来思考与论文所述相关的更宽泛的问题。比如，我在最近的一篇论文中提出了一种方法，让公司使用机器学习工具帮助实现公司治理——尤其是选择董事的

第六章 论文的主体：文献综述、理论、数据描述和结论部分

方法。[1] 在论文的末尾，我和合著者决定讨论这篇论文与更广泛的文献有什么样的相关性，即算法如何以及为什么在一些时候能比人类做出更好的决定。我感觉，以这种方式结束论文能让读者感到，我们的发现不光是出于好奇，也是想要将一个更宏大、更重要的设想付诸应用。

在结论部分，你可以做一些推测。你可以告诉读者，你认为结果真正意味着什么，并加以适当提醒。你可以谈谈怎样将论文中的设想应用到其他问题上，你是否完全充实了这些设想并不重要。读者喜欢论文在结尾提供一些可供思考的额外设想，也倾向于给作者一些自由发挥的空间展现推测性设想，而不是让论文主体部分确立的主要设想变得过于有推测性。

在结论的末尾，我喜欢加入一段展望未来研究思路的话。学术论文的目的是扩展我们的知识，任何特定的论文只是学习过程中的一个步骤。通过讨论后续工作，你可以提醒读者，你的论文是一批不断发展、令人兴奋的文献中的一部分。尽管读者很少会按照你的未来研究建议去做，但他们的确很喜欢听到有人给出这样的建议。哪怕此类建议带有推测性质，但它们强调了你的论文贡献的重要性，并以积极、前瞻式的态度结束全文。

---

[1] 见I. Erel, L. Stern, C. Tan, and M. S. Weisbach, "Selecting Directors Using Machine Learning," *Review of Financial Studies*。

第七章

报告经验性工作

Reporting Empirical Work

大量社会科学的研究都涉及数据分析。这些数据通常来自真实世界，有时也来自实验或模拟。在一个典型的研究项目中，学者会观察很多数字，做各种各样的测试，把结果展示给朋友，接着做更多的测试。等她最终撰写论文的时候，她得到的结果会远超一篇论文所能包含的。她必须判断报告哪些数字，省略哪些数字，怎样报告它们，在哪里报告它们，又怎样在文本中对它们加以描述。许多公开发表的论文报告了太多结果，却忽略了读者最想看到的结果。这样的论文读起来会让人生气，因为作者没完没了地讲着读者不关心的事情，却不曾报告读者想知道的信息。

有时，犯这种错误不能怪作者，而是得怪编辑过程。审稿人和编辑会强迫作者在对结果的阐释中加入太多无意义的稳健性检验和提醒，使论文对读者**不够**友好，也**没有**太多用处。如果审稿人和编辑逼你加入太多额外的测试，从而使论文变得冗长，读者难以读完，你会感到甚是沮丧。编辑和审稿人认为自己要求加入额外测试是尽责而仔细的，但这些额外测试对分析往往并无增益。而编辑和审稿人这么做，既降低了论文的可读性和影响力，还逼疯了作者。

作者打算怎样报告结果，极大地左右着论文的影响。然而，我们在课堂上很少讨论作者怎样做出这些决定。我们的博士课程的确会用很多时间传授恰如其分的统计技术来进行数据分析，我们的期刊也常常发表与这些技术相关的新方法学的进展。在研讨会上，我们无休止地争论标准误差的聚类、工具的有效性等问题。然而，如果作者没能按照读者认为有用的方式报告结果，就算论文采用了有效工具，进行了适当的聚类标准误差估计，也会遭到拒稿。

一篇论文的来龙去脉和撰写方式

作者对研究完成过程的描述，有可能是期刊文章存在误导性的一个方面。期刊文章大多留给人这样的印象：工作是按照文中介绍的顺序进行的，发表的论文中呈现的结果就是取得的**所有**结果，研究过程是按照论文中讨论的逻辑推进的。作者从一个问题着手，详细介绍自己在分析中采取的 3 至 4 个主要步骤，然后展示结果。这样的框架可能会让研究过程看起来相当简单，除了论文再没读过其他资料的学生会觉得做研究比实际上容易得多。

大多数时候，研究过程比发表论文所描述的要随意得多。不管是什么研究项目，作者所做的工作通常都比最终发表在论文中的要多得多，而且，论文在被公开发表之前，作者一般会多次重写、调整结构。一篇论文被私下传阅并得到反馈后，作者会重新撰写，通常会做出重大修改，之后才提交给期刊发表。之后，审阅过程也往往会带来更多修改。我曾收到（自己也写过）这样的审稿报告："表1到表4很糟糕，但如果分析彻底重做，表5和表6可能会有些意思。如果论文围绕表5和表6聚焦于以下方面……得出结果，期刊或会考虑发表。"如果论文按报告中给出的方法重新提交，几乎就成了一篇全新的论文。然而，读者绝不会知道论文的来龙去脉是怎么回事，甚至认为发表版本与作者的初稿差不多。

我会在第十一章中详细讨论审阅过程，但这里想要说明的是，一篇论文的来龙去脉可能很长，有时还颇为曲折，但作者不需要讲述研究的完整进展。一位合著者曾经对我说，我们在遭到多次退稿后，最终发表了"3篇不同的论文"。[1] 在不同的草稿中，我们改变了写作的重点、测试的假设、所用的数据和方法，我们甚至在这个过程中新增了一位合著者。在撰写该论文的最终稿时，对于它的来龙去脉、之前草稿中所做的测试，以及这些测试的阐释和含义，我们什么都**没**说。阅读论文的发表版的学术工作者无法知道存在多少份草稿、早前各版本写了些什么，也无从得知哪些结果没有进入最终版。我和合著者努力把结果按照在知识

---

[1] 如果你不信，可以看一看最初的版本，我们把它以手稿的形式放到了网上，并将它与已发表的版本做了比较。见 B. Julio, W. Kim and M. Weisbach, "What Determines the Structure of Corporate Debt Issues?," Working Paper 13706 (National Bureau of Economic Research, 2007), with I. Erel, B. Julio, W. Kim, and M. S. Weisbach, "Macroeconomic Conditions and Capital Raising," *Review of Financial Studies* 25(2, 2012): 341–76。

上合乎情理的顺序呈现出来，但我们实际进行测试的顺序，与这一决定并无关系。

撰写论文草稿的时候，每一位作者都应后退一步，思考怎样用最连贯的方式来呈现自己的分析，接着用这种方式把它写出来。该陈述是否符合作者实际分析的发展过程并不重要，也不应影响她在论文最终版中对结果的展示方式。

怎样撰写经验性结果

假设你已经完成了对研究项目的分析，进入了撰写草稿的阶段。你尝试撰写导言，但卡在了对经验性结果的描述上，因为你拿不准它们到底会是什么样子。你应该报告哪些结果？在什么地方展示它们？怎样对论文进行组织？如何最有效地利用表格或数字？怎样安排其结构以实现最佳效果？有时候，怎样组织论文的结果是一目了然的；另一些时候，作者可能要经过多次修改，才能找到满意的结构。

在大多数研究项目中，作者对报告哪些结果有着相当大的自由裁量权。因为她无法发表所做的每一项测试，所以她必须判断要在草稿中包括哪些测试、忽略哪些测试。通常，决定怎样做出选择不是顺理成章的。想象一位作者正在撰写一篇论文，内容涉及源自一种理论模型的假设，她的研究包括了对该假设的测试。举个例子，她研究了一种模型，在该模型下，与当前或下一届政府的不确定性有关的政治因素，会影响特定类型公司的资金成本。她收集了一些公司的样本，并找到了一种可以测量政治不确定性和该特定类型公司资金成本的环境。她想出了一个方法来确定因果关系，之后做了估计。在此过程中，她做了好几次选择，包括使用什么样本、怎样测量感兴趣的变量，以及怎样进行估计。到一天工作结束的时候，她想知道，数据对她所测试的理论有效性给出了什么样的结论。

作者决定在论文的经验部分包含哪些内容的时候，目标应该始终是对经验性结果及其含义给出公正的评估。她应该本着"说服持怀疑态度的读者"这一目标来选择报告哪些结果，告知这类读者经验性结果是稳健的，自己从中得出的推论是恰当的。然而，这些推论是以作者在整个研究过程中所做的选择为条件的。读者会想知道，论文的结论是否对这些选择敏感，而作者的任务是说服他们相信：她诚实地描述了自己所做的事情、有哪些因素可能影响她的阐释，以及她在实验设计中的选择对论文结论的影响有多大。

考虑到这些目标，作者应花些时间想一想报告结果的最佳方式。任何项目都有可能给出任意数量的结果供报告。有些结果必须报告，有些结果可报可不报，还有一些结果务必避免。我将依次讨论各类型的结果。

作者必须报告些什么

不管是在什么领域，几乎每一篇经验研究论文都有两个特别

第七章 报告经验性工作

重要的关注点，就是可复制性和稳健性。为满足这两个关注点所需的所有结果，就属于"必须报告"这一类。一篇论文必须包括足够的信息，以便另一位读者仅使用作者提供的信息来复制分析。复制是科学研究过程中的一个重要组成部分，近年来，在社会科学领域，无法复制的论文也带来了很大的争议。其他学术工作者尝试复制已发表论文中的研究，往往得出不同的结果，通常这是原始论文中疏忽的报告所致。作者没有说清楚（有时也不记得）自己到底做了些什么。

如今，由于编码成为数据分析的重要组成部分，许多期刊都要求作者公开分享所用源代码。这种做法很好，我鼓励作者不管期刊是否有这样的要求，都公开发表自己的源代码。在共享源代码时，作者应该努力保持源代码"干净"，并且有完备的文档记录，从而易于他人理解，更容易复制作者的结果。提供容易使用的源代码符合作者的利益，因为如果其他人试图复制其结果但未能成功，作者将面临沉重的后果。

对经验性结果进行专业报告，第二个关键因素是认真讨论其稳健性。开展经验研究时，作者必须做出许多选择——怎样构建样本、怎样处理异常值、经验规范将是怎样的、将要报告哪些结果。读者自然想知道这些选择对论文的结论有怎样的影响。浏览任何一篇经验研究论文，心存怀疑的读者恐怕都会有以下几种问题：要是作者使用不同的方法，会得到不同的答案吗？作者在排除数据库中她认为是手工输入错误的观察结果时，会不会（可能偶然地）做一些更"阴险"的事情，从而为数据创造出了伪关

127

系？论文的结论是针对特定地点/特定时期的结果，还是具有更大的普遍性？统计方法是否合适？采用不同的估计方法是否会带来不同的含义？

作者的任务是让读者相信，她已经解决了上述所有问题，并在论文成稿中对其进行了公正的说明。有时候，略显过头地进行稳健性检验工作是个好主意，因为这能打消读者心中的疑虑。务必谨慎地写明测试，强调数据中真正发生了些什么，但同时也要保持行文的可读性，以免对稳健性检验不感兴趣的读者草率略过。

作者想要报告些什么

为说服读者相信你的分析里没有错误，你要确保可复制性和稳健性是其中一环。但是，一篇好论文不仅仅是要不出错，它必须拿出一些足够有趣、足够独特的东西吸引潜在读者的关注。

作者应该在开头的时候就假设大多数读者在论文上花费的时间都是固定的，并且相对较短，因此，自己应该尽量安排好文章的结构，最大限度地提高读者的兴趣。为此采用的方法是，将论文最突出的部分围绕目标读者认为最有趣的问题集中展开。其他不太有趣的必要元素，如稳健性检验和证明，应放在论文的不那么突出的部分，如单独成章或放到附录里。

通常，除了与测试论文所考虑的特定假设相关的内容之外，论文中还包括更多有用的信息。一篇好的经验研究论文可以提供

第七章 报告经验性工作

对他人有用的制度背景和背景事实。比如，私人资本市场在经济中已变得极为重要，但在过去几年，它才刚刚成为学术研究的主要领域。私人市场的数据往往是私人的，学者无法出于研究目的接触到，因此，对此类市场的理解是相对较慢的。此外，这些市场的运转，采用了有别于学术界传统研究的制度。因此，早期研究这些市场的学者，如保罗·冈珀斯（Paul Gompers）、乔希·莱纳（Josh Lerner）和史蒂夫·卡普兰（Steve Kaplan）写了大量影响深远的论文，其影响部分源自这些学者对该市场制度环境做了清晰解释，部分也源自论文中涉及了许多他人认为有用的信息。

这些作者不遗余力地为读者提供可能有用的事实，并不再在乎这些事实是否与自己在论文中测试的假设相关。比如，在卡普兰的求职论文中，他测试了公司在经历杠杆收购时价值增加的假设，提供了许多杠杆收购的相关事实，如收购前后的所有权结构、资本结构，以及在收购中提供给管理者的激励。[1] 虽然这些事实对验证他的主要假设不一定是必需的，但它们本身很有趣，正是因为包含了这些事实，他的论文经常被引用。卡普兰明智地利用论文篇幅，尽量报告读者感兴趣的新奇事实，使论文更具影响力。

---

1 见 S. Kaplan, "The Effect of Management Buyouts on Operating Performance and Value," *Journal of Financial Economics* 24(2, 1989): 217–54。

作者不想报告些什么

对大多数的研究项目来说，某些步骤在文献中基本上是标准环节。读者已经多次看到类似这些步骤的东西，并且很可能在自己的工作中经历过这些步骤。比如，在金融学领域，我们经常估计所谓的贝塔系数，这是一种衡量证券风险的常用指标。如果金融学教授在论文中按标准方式估计贝塔系数，她必须准确地记录她自己是怎么估计的，方便他人复制自己的结果。但是，没有必要花太多时间对她论文中的估计展开讨论，因为大多数读者可能都觉得这样的讨论有点无聊，想要跳过它。

作者在论文中详加讨论的每件事，都有着可观的机会成本。如果她把读者的注意力引向一些他们从前见过的平凡事物，读者不仅会感到无聊，而且，他们会花更少的时间在作者希望他们关注的资料上。作者的目标是让自己的论文因其新颖有趣的部分为人所知。把篇幅用在众所周知的事物上，分散了读者对新颖有趣部分的内容的注意力。有些论文之所以遭到拒稿，就是因为审稿人员根本还未读到论文中有趣的部分。就算是得到发表的论文，如果读者没能清楚地看出它们的新贡献，它们的影响也会遭到削弱。

在什么地方报告结果

作者就报告经验性结果进行斟酌时，其目标是最大限度地提高论文对每一位潜在读者的有用性。但是，由于作者可能想要迎

第七章 报告经验性工作

合不同需求的读者，这个过程就变得复杂起来。绝大多数读者的随意性都很强，他们会趁着论文在研讨会、期刊或网络日志上发表之前，快速浏览一下摘要和导言。这类读者或许会看上一两张表格，但不管论文有多长，他们为它花的时间也不会超过5至10分钟。也有一些读者是因为想了解论文所属领域的相关文献，或是正在考虑将来在该领域工作，愿意深入研究论文的细节。最后，（但愿）有少数读者会十分仔细地阅读论文，浏览每一张表格。此类读者可能想要弄懂论文里的每一件事情，因为他们正从事着相关工作。作者要面对的挑战就是，怎样撰写论文去吸引上述每一类读者。

作者怎样在不同类型读者的兴趣之间寻找平衡，使论文对所有人都显得有趣呢？这有点像是一门艺术，作者不见得随时都能妥善把握。我读过一些写得洋洋洒洒的论文，细节太多，让我很难找到重要和有趣的部分。还有些论文省略了太多内容，使正在撰写相关论文的读者只能通过亲自联系作者，才能了解到她具体是怎么做的。有时，作者未能报告明显的稳健性检验（或是隐藏起来了），使得读者对论文的结论产生怀疑。要达到"中庸之道"，有时很困难。

仔细并清晰地组织论文，是帮助读者按其意愿将论文分类的一种方法。大多数经验研究论文都有一项主要发现，有时有两三项。其余经验性测试旨在说服读者相信这一结果是正确的，而非出于这样或那样的原因而站不住脚。对于这样的论文，我认为明智的做法是把主要结果与稳健性检验分开，快速展示主资料表，

131

并尽可能使之易于理解。

作者在展示了主要结果之后,也许是在单独的一个小节中,她可以对一连串的潜在反对意见展开彻底的审视。大多数读者不感兴趣的专门结果,可放到网络附录当中。普通读者可能会阅读关于主要结果的部分,跳过一些稳健性检验,更感兴趣的读者则有可能读完所有关于这些检验的讨论。关键是要让这两类读者能够轻松地看出什么是主要的检验,以及稳健性是怎样的。

选择以怎样的顺序呈现哪些结果,是作者要做的一个重要决定。对大多数论文来说,作者已经估计了许多不同的方法,但论文之中只能包括其中一小部分。她应以水平还是一阶差分的形式来呈现估计结果?她应该包括哪些控制变量?哪一个样本期?对大多数经验研究论文来说,规范中潜在变量的数量可能会不断增加,而且通常所有这些问题是没有正确答案的。因此,作者应该试着让读者大致理解哪些因素不影响结果的稳健性,哪些因素可能会改变结果。

有时,作者会使用一种我称为"悬疑小说"式的方法来安排论文的结构。在一篇悬疑小说式的论文里,作者使用一种看似可信的方法来呈现结果。接着,她向读者解释这种方法错在哪里。随着论文的推进,作者改变了规范,从方程中增减变量,提出了替代模型。到论文的最后,作者提出自己认为是正确的规范,并通常是在靠后的一两张表格里解开"悬疑"。

有些人喜欢这种论文,但我个人觉得它读起来叫人恼火。在阅读一篇学术论文时,我想迅速知道论文的论点是什么,以及结论是怎样的。比如，如果作者认为固定效应属于一种规范，那么，她应该提前说明它们为什么属于某种规范，并将之放到主要规范当中。然而，有些作者先是呈现没有固定效应的结果，接着用好几页篇幅解释为什么第一组结果不正确，因为事实上应该包括固定效应。这些作者最终会报告包含了固定效应的结果，但时间紧迫的读者很容易忽略论文的要点，在试图理解结果时查看了错误的表格。

怎样报告结果

除了报告**什么**结果，在**哪里**报告之外，作者还必须决定想要**怎样**报告自己的结果。结果是应该以表格还是图表形式呈现？这些表格和图表分别应该怎样构建？这里的基本挑战是以最佳形式呈现数据，以最具说服力的方式传递作者的信息。遗憾的是，作者们常常以过于公式化的方法来呈现数据。在经济学里，最常见的方法是构建一两张包含平均值和中位数的表格，之后进行回归计算，因变量在最上面，自变量列在最左边一列。这种呈现数据的方式并没有什么问题（我自己也经常这么做），但作者用它往往是因为懒，而非因为她认为这就是最佳方式。

来自现实世界的数据，往往是复杂、多维度的。为了对这些数据进行统计分析，研究人员必须将它们拆分到一个可管理的层面上，聚焦于一两个可以进行统计分析的变量。为此，可能会丢失许多有趣的信息。统计有时很好地传达了数据包含的基本信息，但代价是丧失部分纹理（texture）。在展示结果时，作者应该努力通过呈现尽可能多地传达读者感兴趣的东西。很多时候，图形分析能最方便地传达这些信息。

爱德华·塔夫特（Edward Tufte）所著的《量化信息的可视化显示》(*The Visual Display of Quantitative Information*)，是一本介绍数据创新展示方式的经典作品。[1]我鼓励所有学术工作者都仔细读读这本书，并认真考虑把它加入个人藏书室。塔夫特的书里包含了大量图表的例子，它们的结构与数据相适应，以标准公式做不到的方法展现了数据的纹理。

塔夫特认为"迄今为止画得最好的统计图表"描述了1812年拿破仑入侵俄国的故事，1869年由法国土木工程师查尔斯·米纳德（Charles Minard）绘制。关于该图表的翻译版，请参考图7.1所示。

如果有人不知道拿破仑入侵俄国的故事，请放下手边的论文，花几天把《战争与和平》(*War and Peace*)读完，或者找一本有关拿破仑战争的历史书籍读读看。这场入侵是有文字记录以来史上最波澜壮阔的战争故事之一，每一个受过教育的人都应当知道。[2] 1812年6月24日，拿破仑率领大军42.2万人（和18万匹马）入侵俄国。经过夏天的一系列战斗，包括在博罗季诺进行

---

[1] 见E. R. Tufte, *The Visual Display of Quantitative Information* (Graphics Press, 2001)。

[2] 安德鲁·罗伯茨（Andrew Roberts）的《拿破仑传》(*Napoleon: A Life*, Penguin Books, 2014)是很好的参考资料。不足为奇的是，罗伯茨引用了米纳德的图表来讨论1812年的俄法战争。

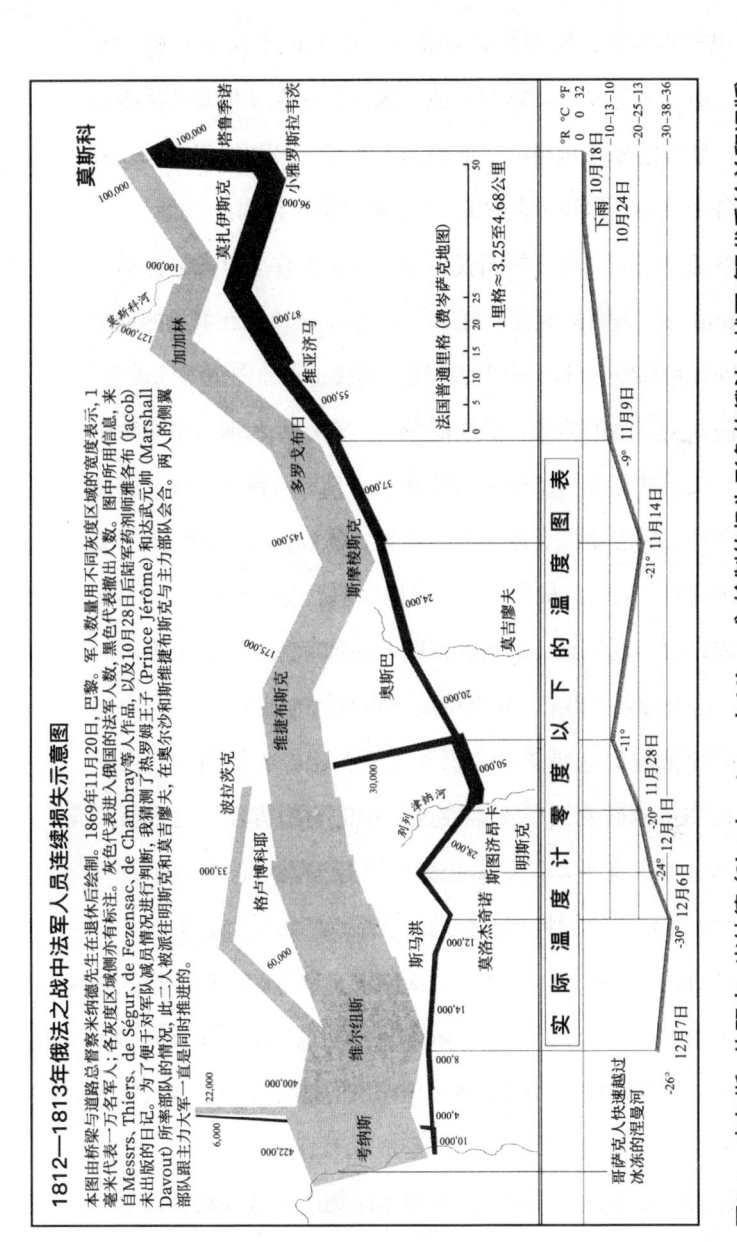

图7.1 查尔斯·约瑟夫·米纳德（Charles Joseph Minard）绘制的极为形象的俄法之战图（现代重绘并翻译版）

注：原图中的温度采用的是列氏温度，此处换算为了华氏度和摄氏度。改编自 DkEgy/https://commons.wikimedia.org/wiki/File:Minard_Update.png（CC BY-SA 4.0）。

的一场规模特别大、特别血腥的战斗，他在 9 月 14 日兵临莫斯科城下。由于城里没有食物和其他资源，拿破仑又带着部队撤回法国，在极冷的冬天里与沿途的俄国人作战。最初的部队里只有 10,000 名士兵（不到起初人数的 5%）得以逃出俄国。

米纳德的图表，用一幅图就揭示了故事的许多方面，包括主要城市和战役（斯摩棱斯克，莫斯科）。这幅图重叠在俄国的地图上，可以看到拿破仑进出俄国的路线。灰线（在原图中为棕黄色）表示他前往莫斯科的路线，黑线略偏南，表示他和部队返回法国的路线。线条的宽度与拿破仑大军在该时刻的人数成正比；线条的宽度变窄，标志拿破仑部队兵员损失。比如，法军在炮火下渡过别列津纳河，人员大量伤亡，此时黑线明显变得更窄了。最后，也许最能说明问题的是，米纳德在图表底部标注了拿破仑撤军时的气温，这一特点突出了法军在俄国冬季面临的极寒天气。

米纳德绘制的这幅图至今仍备受赞誉，因为他用一张图就出色地说明了拿破仑这场灾难性远征中的多个方面。它之所以特别，部分原因在于米纳德是根据自己想要阐述的内容来设计它的。为此，他得以捕捉到远征的地理情况、部队兵力的巨大损失、损失的具体位置，以及部队所面临的极端气温。我发现这张图制作于 1869 年，远远早于 Excel 软件的问世。或许正是因为无法依靠标准的软件包，所以米纳德创作出的这件作品，远远优于今天大多数人能做出来的东西！

尽管大多数研究人员想不出类似米纳德图表这么具有创新性的东西，但他们可以仔细思考自己试图解决的问题，相应地构建对经验性分析的展示,从而大大改进其论文。有时并不需要复杂的图表,而可以采用详细的语言描述。

比如,我的前同事迪安杰洛夫妇(Harry and Linda DeAngelo)在处理相对较小的样本时,非常擅长用附录作为论文的补充。这些附录包含简短的案例研究,描述样本中的每个观察点。[1]他们的附录提供了数据的纹理:详细说明什么人拥有该公司的证券、他们与该公司的关系,以及工会谈判的时间和细节。我一直觉得他们论文的附录特别有趣,比大多数学术论文都有趣得多。虽然可能并非发表的必要条件,但这些额外的描述为迪安杰洛夫妇的研究带来了额外的"风味",对我来说更有意义,对其他人或许也是如此。

阐释结果

最后,作者展示完工作后,必须为读者提供一种阐释。结果意味着什么?它们对更重要的理论有什么样的意义?这项工作还有什么潜在的其他意义——比如,对公共政策的意义如何?

在一篇经验研究论文中,作者通常会从一个问题着手分析,这个问题大多源于一系列不同的理论可能性,经验研究工作有助于对这些可能性加以区分。在报告了结果之后,作者应当回到最

---

[1] 比如,可见H. DeAngelo and L. DeAngelo, "Managerial Ownership of Voting Rights: A Study of Corporations with Dual Classes of Common Stock," *Journal of Financial Economics* 14(1, 1985): 33–69; "Union Negotiations and Corporate Policy: A Study of Labor Concessions in the Domestic Steel Industry in the 1980s," *Journal of Financial Economics* 30(1, 1991): 3–43。

初的问题上,向读者解释上述分析告诉了他们些什么。理想而言,她应该能够通过论文的统计测试,讲述在她眼里数据想要表达的"故事"。作者应该诚实地告诉读者,自己的结果在多大程度上排除了其他的"故事",读者应在多大程度上将这些结果视为暗示性而非结论性的。

作者在阐释结果时常犯的一个错误是,过于关注统计显著性,而对估计值的幅度不够重视。作者往往把经验研究论文写得斩钉截铁,如果一个系数的 p 值为 0.05,那么它肯定不等于零;但如果 p 值为 0.06,那么该系数几乎肯定不等于零。然而,在这两种情况中,恰当的阐释都是系数不为零的可能性大于为零的可能性,但也有极小的概率系数等于零。应用社会科学有太多的研究都是在论述结果"显著"与"不显著"之间的差异。[1]

我读论文的时候,会试图关注系数本身,而非其统计显著性水平。实际的估计值是多少?它们是否够大、够重要?如果我们用合理的量(如一个标准差)对自变量稍作改变,那么,估计值对因变量的变化有多大意义?这些是绝大多数经验研究论文的作者应该关注的问题,也是读者应该思考的问题。可恰恰相反,学者往往沉迷于系数是否在统计上与零有显著差异,而忽略了系数的大小这一重要问题,以及忽略了它们对论文解决的议题有什么样的暗示。

在我看来(但不是所有人都这么想),讨论在统计上**不具显**

---

[1] 在测量标准误差时总会有很多噪声,因此报告的p值往往存在误导。

著性的系数大小，同时忽略具有统计显著性的系数，这是完全没问题的。在规定明确的方程里，每一个估计值都代表对一个系数的无偏估计。假设你感兴趣的系数最佳估计是 2.0，t 统计量为 1。哪怕我们不能否定在传统统计水平上系数等于零的假设，系数是 2 的可能性也大于是 0 的可能性，当然更大于是 -2 的可能性。如果这个系数是读者可能感兴趣的一个数字，那么为什么不在论文中这么说呢？忽视在传统水平上没有统计显著性的估计值所包含的信息，表现得"更保守"、更具"学术姿态"，这么做误导性极强，几近不诚实。

作者阐释结果的方法各不相同。有些人在阐释结果时相当激进，喜欢从中得出关于主要理论的有力结论。如果结果证实了他们自己先前的观点，这些作者的阐释尤其激进。另一些人则更保守，对结果的阐释也更为严密。这些更保守的作者愿意接受所有可能的理论，他们有时甚至会接受一些对大多数读者来说难以相信的理论。

说到用不同方法进行阐释的论文，这里有两个来自 20 世纪 80 年代初的著名例子。1981 年，斯蒂芬·勒罗伊（Stephen LeRoy）和理查德·波特（Richard Porter）发表了一篇论文，提出了所谓的"方差界"（variance bounds）测试；同年，罗伯特·席勒就同一主题发表了一篇论文（我在前一章里提到过）。[1] 两篇论文测试的设

---

[1] 见 S. LeRoy and R. Porter, "The Present Value Relation: Tests Based on Implied Variance Bounds," *Econometrica* 49(3, 1981): 555–574; Shiller, "Do Stock Prices Move Too Much to be Justified by Subsequent Changes in Dividends?"。

想是金融学和经济学的重要理论之一："有效市场"理论。通俗地说，该理论认为，股票和其他证券的波动，只是对未来收益理性预期的函数，股票的收益表现为股息形式。而凯恩斯则提出了一种有别于有效市场理论的设想，他认为投资者心理，或是他所谓的"动物精神"，能在基本面因素之外决定股票价格。

勒罗伊和波特的论文与席勒的论文提出了类似的统计测试，记录了观测股票价格方差太大，无法通过随后的股息变化证明其正当性，这一点正如最简版有效市场理论预测的那样。但两篇论文的阐释并不一样：勒罗伊和波特相对谨慎，聚焦于统计分析，并未就研究工作对有效市场理论的影响得出强有力的结论。相比之下，席勒认为自己的测试是反对有效市场理论的重要证据。

经济学家喜欢争论哪篇论文对上述测试所做的阐释是恰当的。不少人批评席勒过度解读了其所得结果，忽视了其他可能的解释。比如，哪怕有效市场理论是正确的，席勒论文中所使用的样本在**预期**回报方面的差异，同样可能带来与他所记录的模式类似的结果。文献（基本上是由这两篇论文所引发的）对两篇论文记录的模式来来回回地加以阐释。

有时，激进地解读所得的研究结果，对作者是有好处的。正是因为席勒对结果做了这样的阐释，他得以建立一个有说服力的案例，测试不光在统计上是正确的，而且其结果对资本市场怎样运转有着宏观层面的重要含义。今天，并非所有学者都同意席勒对其研究结果的阐释。即便如此，席勒仍在2013年获得了诺贝尔经济学奖，因为他的这篇论文和后续研究质疑了有效市场假说，强调了投资心理在资本市场的重要性。

学术界一直在争论如何以适当的方式，阐释有多种可能的解释的结果。审稿人和编辑经常要求作者"放低"阐释调子，因为他们希望论文能更科学、受到更少的争议。我自己的观点介于两者之间。我认为重要的是，作者应该接受对研究结果的所有可能的解释，然而，我也觉得作者有责任让读者知道她认为结果真正意味着什么，以及最合理的解释是什么。

第八章

学术文章的通俗写作

Writing Prose for Academic Articles

如前所述，可以把学术界看成一个市场，其中研究人员主要通过文章和研讨会报告展开观点之争。学术工作者们提出与既定观点竞争的新观点，谁的观点能获得更大的影响力，谁就能在这一行获得更崇高的地位。在大多数领域，竞争用英语进行，研究人员越是能够熟练使用英语，就越有可能获得成功。不管在什么领域，最成功的学者往往是优秀的写作者、公共演说家和教师，这绝非巧合。[1]

　　有时，学术工作者认为，身为学者，我们的工作应该不言自明，无须解释。这种观点常常出现在互联网留言板上，或是学者在深夜的酒吧大声抱怨自己的工作不受重视的时候。也就是说，聪明的读者无须太多解释就应理解研究。学术工作是否能仅仅基于其价值，"非政治"地被评判？写作有多重要，能与其所描述

---

[1] 这里也有例外。一位诺贝尔经济学奖得主在公开讲演时语无伦次。历年来，我参加过三四次他的研讨班，每次都在开讲不到5分钟后就后悔出席。这位经济学家之所以演讲能力这么糟糕却不受太大的拖累，是因为他做出的贡献太重要了，哪怕他演讲技巧很蹩脚，也仍能凭借自己所做的贡献获得盛名。

第八章 学术文章的通俗写作

的贡献分开来看吗？

约翰·康韦（John Conway）和亚历山大·索伊费尔（Alexander Soifer）发表的一篇论文，简明扼要地说明了有时写作并不重要。据说，这篇论文是有史以来最短的数学论文。[1] 最初提交的论文题为："n^2+1 个单位的等边三角形能否覆盖一个边长 > n（如 n+ε）的等边三角形？"论文的主体部分仅由以下文字构成："n^2+2 能够。"此外附上了两张图表，展示了例子的构建方式。然而，未经作者同意，《美国数学月刊》（*American Mathematical Monthly*）的编辑将作者建议的标题移到了论文的主体中，新增了一个不同的标题，让发表的论文比作者预期的略长。尽管如此，作者的观点仍然很清楚：要回答他们提出的问题，图表本身就说明了一切，不必再多解释。

事有凑巧，康韦和索伊费尔的论文，并非历年来发表的最短的学术论文。1974 年，《应用行为分析杂志》（*Journal of Applied Behavioral Analysis*）发表了丹尼斯·厄珀（Dennis Upper）的一篇论文，题为"一个'写作障碍'案例失败的自我治疗"。论文的主体部分没有文字，但页脚有一段来自审稿人的幽默注释：

> 我用柠檬汁和 X 光仔细研究了这篇手稿，没有发

---

[1] 见 J. H. Conway and A. Soifer, "Covering a Triangle with Triangles," *American Mathematical Monthly* 112(1, 2005): 78，针对这篇论文及相关议题还有一篇有趣的讨论，见 A. Soifer, "Building a Bridge III: From Problems of Mathematical Olympiads to Open Problems of Mathematics," *Mathematics Competitions* 23(1, 2010): 27–38。

现任何设计或写作风格上的缺陷。我建议不必修改就发表。显然，这是我见过最简洁的手稿——但它包含了足够的细节，让其他研究人员可以复制厄珀博士的失败。与我从你们那里收到的包含了所有复杂细节的手稿相比，这篇论文看起来真令人愉快。我们当然能在这份刊物上为这篇论文找到发表之处——或许，放在空白页的边角即可。[1]

学术文章中语言的重要性

抛开这些好玩的例子来看，绝大多数学术文章的影响力关键取决于作者将它们写得有多好。毫无疑问，一篇论文中的英语必须是"正确的"。在审阅论文时，我对语法错误和错别字的容忍度逐年下降，现在我认为，不管论文的内容是什么，有太多的错别字都可以拒稿。虽然有些人会不同意，并说论文应该根据其"优点"而非陈述进行评判，但如果审稿人拒绝写得不好的论文，大多数编辑都会很高兴，哪怕这些论文有其他可取的特质。作者被视为专业人士，语法错误和错别字暗示他们缺乏专业精神、对工作不够在乎，也很可能透露出论文在其他方面的质量。

一篇写得好的论文不仅要纠正语法、避免错别字，还必须解释为什么其中提出的问题是有趣的、论文的贡献是什么、为什么

---

[1] 见D. Upper, "The Unsuccessful Self-Treatment of a Case of 'Writer's Block,'" *Journal of Applied Behavioral Analysis* 7(3, 1974): 497。

第八章 学术文章的通俗写作

读者应该关心这一贡献,以及它对我们理解更宏大的议题有些什么暗示。论文应该以浅明易读的风格来完成这些任务。

我在博士研究生时代就了解到论文要写得易读,并要仔细解释其论点的重要性。20世纪80年代,最受麻省理工学院经济学系学生欢迎的一篇论文,是我们的教授杰里·豪斯曼(Jerry Hausman)刊登在《计量经济学》(*Econometrica*)上的论文,豪斯曼设计了一种新的规范测试。[1] 该测试是一种检查模型基本假设(如自变量是否与剩余误差存在相关性)的方法,它将假定无错误指定条件下的估计系数,与无论原假定是否成立估计量均一致条件下的估计系数进行了比较。

很偶然地,我们这些博士生发现,1973年,也就是豪斯曼论文发表的5年前,另一篇同样发表在《计量经济学》上的论文提出了与豪斯曼基本相同的测试方法。[2] 我们不理解,这篇由一位吴姓计量经济学家所写的论文,为什么没能抢到豪斯曼的风头。吴的论文比豪斯曼早5年发表,何以豪斯曼的论文被认为这么重要呢?甚至,为什么它能获得发表呢?

---

[1] 在麻省理工学院,论文有两种,一种受学生欢迎,另一种不受学生欢迎,而且我们会花大量时间讨论不同研究论文的优缺点。它在一定程度上说明了麻省理工学院经济学专业学生的部分心态,他们中有很多人日后将成为世界知名的经济学家。哪怕一篇论文的贡献枯燥得就像评估模型拟合度的卡方测试,我们也可能会喜欢它。当然,论文的"受欢迎程度"也许跟我们(可能错误)的信念有关系,即认为在计量经济学论文中加入这样的测试是获得高分的必要条件。见 J. A. Hausman, "Specification Tests in Econometrics," *Econometrica* 46(6, 1978): 1251–71。

[2] 见D.-M. Wu, "Alternative Tests of Independence between Stochastic Regressors and Disturbances," *Econometrica* 41(4, 1973): 733–50。

一天，受此问题困扰，我坐下来阅读吴的论文。两篇文章形成了鲜明的对比。豪斯曼的论文写得非常漂亮（当然，是按统计学论文的标准来看，毕竟计量统计学论文不是莎士比亚式的杰作）。豪斯曼的论文解释了为什么规范测试很重要，并尽量简单地列出了测试的细节。相比之下，吴的论文列举了许多方程，却没有明说它们到底是什么意思。我并非计量经济学专业人士，我敢肯定，如果我在不了解豪斯曼的论文之前先读吴的论文，我一定无法理解它的重要性。

尽管吴的论文早5年发表，但豪斯曼的论文的影响要大得多。截至本书撰写之时，豪斯曼的论文在谷歌学术（Google scholar）上被引用了 18,342 次，而吴的论文仅有 1,173 次。[1] 此外，很多对吴论文的引用，来自像我这样的人，即完全是因为知道了豪斯曼的论文后才知道吴的论文。换句话说，如果豪斯曼从没有写过他的论文，吴的论文所产生的影响甚至比现在还要小。如今，相关测试通常被称为"豪斯曼—吴"测试，有时也叫"吴—豪斯曼"测试。吴的论文很可能受益于豪斯曼论文的发表，哪怕当时他兴许觉得有必要阻止一篇类似论文的发表。

如何提高你的写作水平

到了这时候，读者兴许会想，自己已经知道写作很重要了，

---

[1] 引用的差异大概还反映出学校声誉的差异：豪斯曼是麻省理工学院的著名教授，而吴在堪萨斯州任教。从来没人说过学术界一定是公平的。

第八章 学术文章的通俗写作

但不知道的是怎样才能写得更好。遗憾的是,没有可以提高写作水平的神奇公式。写作不是每个人与生俱来的一项技能。不过,付出努力就可以提高写作水平,对各领域的学术工作者而言,不断努力提高个人写作技巧是个好主意。大多数大学都设有旨在帮助学生写得更好的写作中心,也有许多以提高写作水平为目的的书籍。我鼓励青年学术工作者从诸多可用资源中寻求帮助,提高写作水平。

我常观察到,写作蹩脚的人往往认为写作是自己讨厌做的一件苦差事,而写得好的人往往喜欢写作。这里至少有部分原因是,人们大多喜欢做自己擅长的事情。但喜欢写作的人花在写文章上的时间更多也是事实。他们大多会反复阅读自己的论文,尽量保证文本的可读性。优秀的写作者通常认为,找到最佳方法解释论文中的一个问题,和选择最佳方法来进行统计分析(或是完成研究项目中其他任何主要组成部分)同等重要。

害怕写论文的学者喜欢把写论文叫成"写出来"(write-up)。对那些母语并非英语、撰写学术论文加倍困难的学者来说,这种恐惧尤其普遍。实际上,用"写出来"这个短语就是在削弱论文写作的重要性。这让它听起来敷衍了事,好像不是研究过程的必要组成部分似的。不喜欢写作的学者大多认为,"写出来"独立于搞研究。他们要等完成大部分分析之后,才肯逼自己写草稿。他们对草稿的校对往往也不够仔细。他们几乎从不努力修改文章,让它的可读性尽量强一些。正如吴—豪斯曼一例所示,保证你的文章易于阅读,而不仅仅是"正确",你的论文的影响力会

149

有巨大的提升。

我认为，不应把研究和撰写视为独立的两项任务，把撰写视为研究本身的一部分会更有成效。学术工作者既应为自己在实验设计和统计分析方面做得好而感到自豪，也应为能写出连贯的草稿而自豪。撰写出一份易于阅读的草稿，和研究人员做的其他每一件事一样，都是研究过程的一环。

我读博士的时候，导师吉姆·波特巴建议我花些时间，阅读那些我喜欢也想模仿的论文作者的研究。吉姆建议我从马蒂·费尔德斯坦（Marty Feldstein）和拉里·萨默斯（Larry Summers）着手，这两位知名经济学家都以写作出色著称。于是，我读了他们的一些论文。接着，我又读了自己的求职论文。然后，我又读了一遍他们写的论文。不足为奇，二者在写作质量（包括论文的结构和行文质量）上有着天壤之别，这项作业让我清晰地意识到自己写作的不足之处，以及如何改进。最终，多亏了这项作业，我的求职论文和后续的论文都写得好多了。

我经常建议学生做些类似的事情。我鼓励他们参考一位知名学者的研究工作，这位学者的研究方向要跟自己有一定相关性，而且要选自己认为能进行有趣研究并善于沟通的人。我敦促学生仔细阅读这位学者的部分论文，再重读自己的论文，接着重复此过程，直到他们将双方的论文都阅读了好几次，自己的论文和著名学者的论文之间存在的差异，在学生眼里一目了然。他们会注意到写作质量的差异，以及在分析的深度和讨论问题的重要性上的差异。这项练习可能很痛苦，但通常能帮助学生写出更好的论文。

第八章 学术文章的通俗写作

另一种写好论文的方法是多阅读自己领域以外的文章,尤其是非学术人士撰写的高质量文章。我们都从周围的世界得到刺激,无意识地效法自己接触到的东西。写作也是如此。我们往往会模仿所读内容的行文风格。因此,如果你努力阅读写得很好的非学术书籍,你自己也就更有可能写得很好。

学术写作往往过于枯燥,充斥着业内人士才看得懂的专业术语。如果你阅读的全是其他学者的文章,你的文风就会变得和他们的很相似——公式化,即读起来不是特别令人兴奋。阅读非学术写作可以激发你写出更多不是专家的读者也能理解的,同时专业人士也喜欢的有趣文章。

在很多地方都可以找到有趣的非学术读物,它们能帮助你提高写作技能。尽管你不妨以时事政治类文章作为部分读物,但大部分的读物应该是关于你感兴趣的主题的写得很好的严肃书籍。小说或者非虚构读物也同样不错。

我喜欢阅读历史类书籍,我发现它们有助于我的学术写作。非学术界出身的历史学家很多,他们能找到引人入胜的主题并写得极好。由于经济学和历史学研究的都是人类互动,我发现,从事经济学研究的人会很自然地到写得好的历史书籍里寻找灵感。有时候,我对自己的写作感到沮丧,会去重读布鲁斯·卡顿(Bruce Catton)的书,他是我最喜欢的美国内战史作家。我认为卡顿能妙趣横生、优雅简洁地描述戏剧性事件,并有一种人人都想要模仿的转换短语的技巧。[1] 读完卡顿的书之后，我会感觉自己的行文水平也提高了，哪怕这只是一种幻觉。[2]

也有许多由非学术界人士撰写的经济学书籍，非常值得一读。这些书可以为我们的领域提供有趣的视角，并告诉我们怎样有效写作。西尔维娅·娜萨（Sylvia Nasar）的经济学方面的书写得特别好。她为约翰·纳什（John Nash）所写的传记《美丽心灵》（*A Beautiful Mind*）是一部经典之作，还拍成了一部受欢迎的电影。她的另一本书《推手：改变世界的经济学天才》（*Grand Pursuit: The Story of Economic Genius*）向读者讲述了过去 200 年里，一些最重要的经济学家的个人生活和贡献。这两本书都可充当精彩的例子，可说明怎样把经济学写得清晰又有趣。[3]

博士研究生应该对自己的写作技能投资，一如她应该向数学、计算机编程、数据、建模和机构知识等技能投资。每当她阅读学术论文，除了理解论文的科学贡献，她还应该思考是什么让

---

[1] 比如："无能和冷漠的某种结合，造成的痛苦之深，几与最强烈的恶意不相上下。"("A certain combination of incompetence and indifference can cause almost as much suffering as the most acute malevolence.") Bruce Catton, *A Stillness at Appomattox*, 277. 再如："如果伯恩赛德更懦弱些，或许对他的士兵和国家会更好，可惜他没有这样的缺点。"("His soldiers and the country might have been better off if Burnside had been more of a quitter, but that was one defect which he lacked.") Bruce Catton, *Glory Road*, 77.

[2] 当然，还有很多历史作家，其作品能激励任何在社会科学领域撰写文章的人。仅举几例：芭芭拉·塔奇曼（Barbara Tuchman）、戴维·麦卡洛（David McCullough）、罗恩·切尔诺夫（Ron Chernow）、史蒂芬·安布罗斯（Stephen Ambrose）和温斯顿·丘吉尔（Winston Churchill）。

[3] S. Nasar, *A Beautiful Mind* (Simon & Schuster, 1998); S. Nasar, *Grand Pursuit: The Story of Economic Genius* (Simon & Schuster, 2011).

这篇论文读起来更容易（或更困难），以及它的写作和表述的哪些方面让它多多少少对文献做出了有价值的贡献。

有很多书籍和文章都讨论了怎样写得更好，博士研究生当然应该花些时间涉猎其中一些部分。有几本书对青年经济学家尤有帮助，分别是约翰·科克伦的《博士生写作技巧》(*Writing Tips for PhD students*)、威廉·津瑟的《写作法宝》、威廉·斯特伦克（William Strunk）与 E. B. 怀特（E. B. White）的《风格的要素》(*The Elements of Style*)，以及戴尔德丽·麦克洛斯基（Deirdre McCloskey）的《经济学的花言巧语》(*The Rhetoric of Economics*)。[1]

学术文章应使用什么样的写作风格

在动手写之前，你必须决定要使用哪种写作**风格**。我说的风格，指的是你组织句子和段落以及组织论文的方式，使用什么样的语言，等等。请注意，这里的"风格"跟语文老师通常的用法有些不同。如果你在网上搜索"写作风格"，你会看到写作风格分为 4 种：说明、叙事、描述和说服。显然，标准观点把学术写作放到了"说服"类，我认为这是完全错误的。学术研究并不是

---

[1] Cochrane, "Writing Tips for PhD students" (2005); Zinsser, *On Writing Well* (Harper Perennial, 2016); W. Strunk and E. B. White, *The Elements of Style* (Allyn & Bacon, 1999); McCloskey, *The Rhetoric of Economics* (University of Wisconsin Press, 1998).

为了说服读者，它的目标是诚实地评估数据，并从中得出合理的推论。

学术文章应该具备一定的正式性。比如，我绝不会在学术文章中使用缩写，哪怕我在说话时（以及撰写本书时）经常会用。但是，尽管学术文章是一份正式文件，作者对自己的写作风格也仍保有很大的自由裁量权。看看你最近参加的系列研讨会上发表的论文，你就明白是为什么了。有一些论文或许相对"呆板"、正式，有很多宏大、花哨的词语，以及长长的句子和总也没个完的段落。还有一些论文主要是方程，没有太多文字解释方程的意思。许多论文可能充斥着术语、莫名其妙地引用先前的论文，作者假定读者对特定的分支领域很熟悉，但其实只有专家才能真正了解。

读者大概看得出来，我对这些写作风格都不怎么看好。我认为，作者应该以对读者尽量友好的方式写论文。大多数读者发现，论文如果组织得当，使用简单的短句和段落，尽量简洁、清晰地表达观点，就更容易阅读。如果作者能像鲁斯·卡顿和西尔维娅·娜萨那样娴熟地运用英语，写出优雅有趣的散文，那就太好了。当然，大多数成功的学者没有这样的天赋，但他们仍然可以写出行文得当、易于理解的论文。

亚当·斯密是一位文章写得极为优雅的经济学家，不仅凭借《国富论》开创了经济学研究领域，而且他的文学才华，此后也罕有经济学家能及。比如，我喜欢他对公司治理方式的描述：

> 然而，（股份）公司的董事们管理的是别人的钱而

非自己的钱，不能指望他们会像（物主那样）焦虑、警惕地照看资金……因此，在管理此类公司的事务时，疏忽和浪费多多少少是普遍存在的。[1]

（The Directors of [joint stock] companies, however, being the managers of other people's money rather than their own, it cannot be expected that they should watch over it with the same anxious vigilance [as owners would]... Negligence and profusion, therefore, must always prevail, more or less, in the management of the affairs of such a company.）

《国富论》中的这些句子之所以著名，是因为它们是有关代理理论、公司治理问题的经济学文献的起源，同样也是"别人的钱"这一表述的起源。而且，它们是用今天的学术论文里见不到的优美语言所书写的。我总是在课堂上大声朗读这些段落，并开玩笑地告诉学生，只要有人在论文里使用"疏忽和浪费"（negligence and profusion）这一表述，就能自动得"优"。[2]

开始写论文

思考怎样对设想和经验性结果展开讨论有一个简单的方法，

---

[1] Smith, *An Inquiry into the Nature and Causes of the Wealth of Nations*, p. 700.
[2] 从来没有学生接受我发起的这一项挑战。

那就是问问自己："如果我是对这个主题感兴趣的非专业人士，我希望它以怎样的形式呈现在我面前？"大多数非专业人士都喜欢这样的论文：尽量少用行话术语，语言简单不花哨，句子和段落简短，清楚地解释作者做了什么、为什么这么做以及结果意味着什么。如果作者尽量减少脚注的数量，确保脚注只起辅助作用，并非理解文章所必需，那么尽量避免"to wit"（意思是"也即"）这种听起来花哨但没有内容的表达方式，也会很有帮助。[1]

写了几页之后，我总会回过头，仔细重读文章，通常至少读两到三遍。我问自己，有没有哪个句子可以截成两句。如果一个句子可以截为两句，那最好就这么做。段落也是如此。每一段话应该只包含一个主要观点。如果你能把一段话分成更短的两段话，每一段都各有一个连贯的观点，那么最好是把这段话分开。学者喜欢自我重复。尽量消除重复，让论文尽量简单明了。缩短和简化文本，可以让你的论文更容易阅读和理解。

想想你的目标读者是谁，他到底知道多少。你是否使用了他可能看不懂的缩写？大家很容易忘记别人只是第一次思考你所专精的某个主题，他们还有可能错误地理解你使用的一两个首字母缩略语。目标读者是否掌握足够的背景知识，可以理解你的分析？如果你不确定要提供多少背景资料，试着尽量偏向于多进行一些额外的解释。专业读者就算看到少量额外背景信息的句子，

---

[1] 有时，我会跟一些坚持要在论文中使用"to wit"的合著者发生争执，我不见得总能赢，因此你可以在我一些作品的少数地方看到它的身影。现在，我仍然不知道这个表述到底是什么意思。

通常也并不介意了解自己已经知道的事情。但是，要是你假设不太专业的读者具备背景知识（实际上他并不具备），他们的兴趣很可能熄灭。记住，这样的读者说不定是要审读你论文的期刊审稿人（或批准它在研讨会上发表的人）。你绝对不希望让审稿人兴趣全无，然后沮丧地建议你把论文寄到更专业的期刊去。

你希望能看懂论文的读者人数达到最多，易懂性是决定采用何种写作风格的最重要的因素。一些作者似乎认为，提供大量读者并不知道的背景信息，能够让文章显得更"精英"。我认为这种态度过于天真。提供太多知识，却并不详细解释你在做什么，是个让论文遭拒的好办法，就算它最终获得发表，它的最终影响也会因之减损。

学术论文中的常见错误

我在30多年的学术生涯中阅读了许多论文，对学术文章里喜欢和不喜欢的地方，形成了一种感觉。我喜欢对学生和同事论文里的一些文体选择加以纠正，他们本身的选择并不一定不对，但会让论文对读者不够友好。以下是部分我最喜欢做的修改。

主动语态与被动语态。在语文学习中，每个中学生都知道要使用主动语态而非被动语态。主动语态的句子既有主语也有宾语，而被动语态的句子省略了主语，只描述了对宾语做了什么，没有说明是谁或什么做了这件事。比如，"我开车去办公室"是主动语态,"车被开到办公室"则是被动语态。主动语态通常更可取,因为它更具有描述性;在本例中,它明确了是谁在开车。用主动语态写的句子通常比用被动语态写的句子显得更为鲜明生动。

然而,很多在中学就学过这一课的学者,一动手写起学术论文就立刻忘了这一点。因此,他们会写"数据被收集了"而非"我收集了数据",会写"以下阐释被评估"而非"我评估了以下阐释"。有些人认为被动语态听起来更科学、更正规。或许如此,但被动语态也让文章变得更难读,给人一种笨拙枯燥的感觉,它也不怎么具备描述性。论文说"方程(1)被估计"而非"我们估计了方程(1)",就谁做了估计一事留下了谜团。读者通常可以推测是作者做了估计,但说不定并不是;有时候,方程是其他人估计的,只是由作者进行报告。为什么要让人们对是谁做了工作产生怀疑呢?

被动语态本身没什么问题,偶尔使用也无伤大雅。但如果你尽可能多地使用主动语态,论文通常会更容易吸引读者。

"这"。我最讨厌的一种写作习惯是用"这"来指代一个大致的设想、一种观点,或是其他任何作者心里想的但没有具体说明的东西。我经常纠正这样使用"这"的学生和合著者,有时,还会在同一段里多次纠正。我认为,使用"这"来指代你刚才描述的设想是犯懒的表现。因为作者在描述自己的想法时不知该说些什么,所以才说"这"。它不需要太多思考,读者通常(但并不总是）能明白作者的意思。

简单地说，代词"这"是个修饰语，不要把它当成占位名词使用，不管有多少人这么做。一定要保证，每当你使用"这"的时候，后面都跟着一个名词。如果你想把"这"当成名词来使用，想一想你用"这"实际指代的是什么，然后换用成具体的词或术语。请努力把它当成一条严格的规则，如果你不准自己违背它，你的行文就会大有改善。

残缺句和流水句。残缺句指的是一连串并未构成完整句子的词语之集合。作者应尽量避免残缺句，在我看来，如果论文中出现了残缺句，那么暗示着作者没有足够仔细地校对。如果读者看到作者并未仔细校对自己的论文（这是她一辈子的工作），他们会想：她在分析里还有哪些马虎的地方？

大多数作者都知道自己应避免残缺句，但我经常在公开传播的论文里看到它们的身影。残缺句（往往还包含了从句）是写作粗心的表现。比如，我常常读到这样的段落："我将标准差分组。因为我担心这些误差不是独立出现的。"本例中，第二个"句子"其实就是残缺句。这两部分应该合并为一句话："我将标准差分组，因为我担心这些误差不是独立出现的。"公开传播甚至已发表的论文里出现残缺句，凸显了仔细校对论文的重要性，务必留心微软 Word 和 Grammarly（一款在线语法纠正和校对工具）等程序自动标注出的错误。

流水句比较难识别出来。虽然语文老师对流水句有标准的定义，但我喜欢用更实际的术语对它们进行分类。每个句子应该有且只有一个要点。学者喜欢描述复杂的观点，许多人都会试着在句子中塞入尽量多的内容，把句子变得又长又复杂。这样的句子很难读，因为读者读到后面，会忘记作者在开头说了什么。如果作者把长句子分成两三个短句子，读者读起来就容易多了。

有时候，作者在写流水句时，会用逗号来分隔要点（这叫"逗号拼接"）。这种做法可能会带来令人困惑的长句。把两个相关的设想用分号隔开往往会更好，但我认为，最好的做法是把不同的观点放到不同的句子里。读者常常发现，如果段落要点放在易于理解的简短组块当中，句子最多只占据一两行的篇幅，这样的段落读起来更容易。

现在时态。写论文时，你必须做出一个有点棘手的决定，它涉及你应该使用的动词时态。换句话说，你应该用现在时态（"I *estimate* the following equation"）还是过去时态（"I *estimated* the following equation"）。[1] 在你动手写草稿的时候，你已经估算了方程，所以使用过去时态似乎很自然。然而，你真正想要说的是，任何估算这一方程的人，不管什么时候这么做，都将得到你所报告的结果。换言之，你希望自己报告的结果不受时间影响。对不受时间影响的结果，采用现在时态是合适的。

这个理由告诉我，在撰写学术文章时要使用现在时态。我总

---

[1] 中文的时态在行文中表现得不太明显，故这里使用了原文的例句，翻译时保留了原版英文，未作翻译。——译者注

是教学生使用现在时态,我在自己的论文中也使用现在时态。但是,如果你更喜欢使用过去时态,它也并没有任何错误。关键是论文全篇要保持一致。有些作者无意中会在过去时态和现在时态之间来回切换,让读者大感恼火。

给非英语母语人士的建议

英语已成为当前学术界的官方语言。据我所知,所有重要的期刊都以英语出版,主要会议几乎都用英语进行,许多非英语国家的大学也采用英语教学。所有人都使用同一种语言开展工作是非常高效的,每个人都可以阅读在该领域下撰写的所有内容。不过,一切都用英语表达,确实对非英语母语人士提出了额外的要求,他们必须用外语来处理自己的专业事务。

具备用外语处理专业事务的能力,比熟练应用外语的难度要高得多。几乎所有来美国学习的外国学生都能做到流利使用英语。我几乎总能听懂他们在说什么,他们似乎也能毫不费力地理解我。我发现,所有国际学生的英语都说得非常好,让我印象非常深刻,因为我个人除了计算机语言 FORTRAN 之外,在其他任何外语上都没有指望。不过,理解英语虽已足以让人在英语国家生活,但对学者来说还远远不够。

学术写作的标准,并不因作者的国籍而有所不同。读者不应仅依靠阅读作者的论文就判断出她是否以英语为母语。无论一个学者是法国人、德国人、韩国人、中国人还是土耳其人,学术界都期待她能写得像美国人或英国人这些一辈子都在学习怎样用英语写作的人一样好。因此，如果英语并非学者的母语，她必须非常努力地提高个人英语写作技能，满足上述期待。

对非英语母语人士来说，写英语可能比说英语更难。听者会努力弄懂非英语母语人士在说些什么，哪怕后者的英语说得不够完美，听者也会宽宏以待，口语中的有些表达错误，甚至会显得颇为迷人。然而，读者期待书面英语是正确的，对语法错误的容忍度很低。即便如此，非英语母语人士也有可能成为优秀的英语作家。非英语母语人士在学术界一直表现突出，在许多领域，非英语母语人士甚至构成了学术工作者里的大多数。

如果英语不是你的母语，一定要记住：别害怕用英语写作。一些国际学生告诉我，他们非常害怕用英语写论文，甚至会一直拖到最后一分钟才动手写。然而，由于拖延太久，他们没有时间按需修改论文。等到这些青年学术工作者最终传播论文时，他们的许多文章都写得不够精雕细琢，无法打动读者。如果你不确定自己的英语写作能力，那么尽早动手至关重要，你必须多次修改，不断提高论文写作水平。

对有志从事学术工作的非英语母语人士来说，尽量多阅读非学术的高质量英语作品，是个很好的做法。在自由时间，非英语母语人士应该尽量用英语交谈，最好是与英语母语人士交谈。学者不应仅仅是"懂"英语，还应该能像说写自己母语一样自如地说写英语。

对所有青年学术工作者，尤其是非英语母语人士来说，多寻求帮助是个好主意。在自己的领域内寻找相处融洽的同事，花时间仔细阅读彼此的论文，对写作多加关注，这样做就很好。通常，以英语为母语的一方是愿意就语言相关问题出手相助的。

除了找朋友帮忙之外，咨询专业编辑也是个好主意。从事研究是学者为了职业发展主动选择去做的事。如果她能找一位职业编辑让自己的研究变得更好，那么雇用编辑就很值得。

第三部分

完成初稿之后：
讲演、分发和发表

ONCE A DRAFT IS COMPLETE: PRESENTATIONS, DISTRIBUTION AND PUBLICATION

第九章

做讲演

Making Presentations

学者的工作包括交流研究结果。其中,我们最常做的就是向听众展示论文。学者试图用自己的研究向特定观众施加影响,但这些观众有许多都不阅读她的论文,而是在研讨会或大型会议上看她本人或合著者宣讲展示。这些展示报告会对人们对于论文及其作者的印象有很大的影响。因此,学会怎样以具有说服力且有趣的方式来传达自己的动机、方法和结论,对学者来说至关重要。

在其他领域,研讨会可能会涵盖一个完整的主题,但在以经济学为基础的学科中,研讨会的例行做法是完全聚焦于报告人的一篇论文上。然而,学术工作者为研讨会报告搭建结构,最好的方式不一定是为论文再创建一个口头版本。有些作者坚持要按文本中的顺序讨论论文中的每一个结果。有时,这些作者做报告基本就是把自己的论文照着读一遍。不足为奇,这样的展示通常不能很好地向观众传达论文的信息。

论文和讲演有着根本上的不同,二者是针对不同的任务而设计的。论文是对研究的正式描述,它必须激发并解释分析,包含足够多的细节,让陌生人能够复制结果。一旦发表,论文就永久上线，成为研究公共记录的一部分。

相比之下，讲演更像是为论文打广告。这是一次性事件，作者在向不同观众展示自己的研究时，介绍可长可短。讲演期间，作者展示自己研究的时长是固定的。她可能会被在场听众的提问打断，这些问题有可能引发激烈的讨论，有时会偏离论文所解决的问题，占用她解释自己研究的时间。

出席论文展示活动的人，都意识到了主讲人面临着时间的限制这一问题。因此，他们对讲演的期待与对论文本身的期待不一样。在旁听讲演时，学术工作者的目标是了解论文的主要观点和含义，对论文是否正确和重要形成大概的看法。与会者并不期待看到论文的每一个细节，因为他知道自己随时都可以阅读论文本身，去了解作者经过了哪些步骤才得出讲演中所讨论的结论。

为讲演做规划

作者在讲演中有若干希望完成的目标。她必须说服听众相信，他们应该关心论文中提出的议题，在接下来的讲演时间内保持关注。大多数研究论文都是大规模文献中的一部分，听众中有些人熟悉，有些人不熟悉。作者必须提供足够的背景资料，方便不熟悉文献的与会者理解自己所做的工作，以及它怎样对正在进行的讨论做出贡献。此外，她还必须解释自己怎样完成工作，解决观众提出的任何有关方法的问题。最后，作者必须解释自己为什么会这样阐释结果，并讨论她的分析中隐含的其他有趣暗示。

她必须以一种有趣的方式，在规定时间内做完这些事情。

当着心存怀疑，有时甚至充满敌意的听众的面完成这些任务，可能比许多青年学术工作者料想中的要艰巨许多。如果作者除了照本宣科之外没有为讲演做太多规划，那么她有时会陷入麻烦，不能很好地向观众传达论文的信息。因此，作者应该单独为讲演做好规划。有时候，可以在宣读完论文后进行讲演；也有时候，讲演应该独立存在，不依附于论文。时间有限，一些复杂的分析可以在讲演中简化或省略（在论文中不能简化或省略），作者应希望在讲演中聚焦于一些有别于论文的东西。

作者到另一所大学宣讲论文时，应该把自己的讲演视为与当地教员进行对话的机会，牢记讲演绝不只是单向的、一刀切式展示。讲演者的目标不（只）是让观众惊叹，更是要获得关于论文的真实反馈，这将有助于改进分析。为提高获得有益建议的概率，借助当地教员的专业议题来开启讲演是个好主意。

时间管理

讲演大多有固定时长安排。在经济学和金融学领域，研讨会通常持续一个半小时，午餐讨论会持续一个小时，而学术会议报告通常只有15分钟或20分钟。研讨会的参与者可以中途提问打断讲演者，而学术会议参与者通常要等到讲演者讲完再提问。

规划讲演时，有必要牢记时间因素。作者应该根据分配时长来调整讲演中所涵盖的资料数量。有些作者在学术会议上只分配

第九章 做讲演

到了 20 分钟，却试图提高语速，发表跟在 90 分钟研讨会上相同的讲演。这种策略必定是个坏主意。更好的办法是把讲演重点放在主要结果上，删掉并非绝对必要的内容。

一如书面论文的每一部分不见得有着同等的价值，讲演过程中的不同时段的重要性也有所不同。最重要的时段是讲演刚开始的 5 至 10 分钟。在这相对较短的时间内，作者需要向听众解释为什么他们应该关注自己的论文、论文使用了什么样的方法，以及从分析中可以学到什么。学者杰西·夏皮罗（Jesse Shapiro）曾说过，如果作者没能在讲演开头很好地说服听众她的研究值得一听，"讲演就结束了，只不过你自己不知道而已"。[1]

开始讲演前，作者应大致安排好在讲演各环节上要花多少时间。她应该事先写明自己希望大概用多久完成每一环节。比如，如果讲演的总时长是一个半小时，那么，用 20 至 25 分钟来介绍研究动机、概述结果就很合适。通常，作者应该大致计划随后在各个部分花费多长时间。

做讲演时，我会提前判断哪些结果最为重要，哪些可以跳过。如果讲演按计划进行，我就可以展示所有提前准备好的幻灯片。然而，如果在前一部分碰到太多提问，花费了比预期中更长的时间来介绍材料，那么，除了最重要的结果，我可以跳过其余所有结果，保证用足够的时间来介绍最重要的结果。

无论讲演者在讲演前面部分因为讨论耽误了多久，都必须赶

---

[1] 见Jesse Shapiro, "How to Give an Applied Micro Talk: Unauthoritative Notes," https://www.brown.edu/Research/Shapiro/pdfs/applied_micro_slides.pdf。

在讲演最后几分钟之前，报告完所有重要结果。讲演快结束时，人们的注意力逐渐分散，开始琢磨午饭、下一场会议、当天晚些时候要上的课等事情。如果在讲演最后 5 分钟才呈报主要结果，研讨会的参与者就没有时间去理解论文中的议题。就算届时他们的注意力仍然集中，他们也无法就发现中自己尚未理解的地方向作者提出问题。如果研讨会的发言者未能尽早切入论文最重要的结果，那么即便是本来有望喜欢论文的观众，对本次研讨会的接受情况也可能很差。

讲演的动力

在准备讲演时，不妨从听众的视角来处理问题。身为学术工作者，我们参加过许多报告会，讲演者可能来自外部，也可能是我们的同事，甚或是我们的学生。我所在的院系跟大多数学校类似，要求所有的教员和博士生都参加本系研讨会，不管我们对主题是否感兴趣。除了本系研讨会，所有教员还要听不少学生的讲演，以及其他系的研讨会，出席大量的学术会议。我们参加学术会议，有时是因为我们想听听讲演者怎么说，但更多时候，是因为我们不得不去。如果讲演者没有给我们集中注意力的理由，我们的思想就会游离，尤其是如果讲演者所在的领域跟我们的兴趣差得很远的话。

大多数人会在讲演最初的几分钟里下意识地决定自己是否该在此后集中注意力。如果听众真的对讲演感兴趣，他会变得非常投入，努力跟上讲演者说的每一句话，尽量从中获益。然而，听众经常"调到其他的频道去"。他们从讲演一开始就感到无聊，错过讲演者最开头说的重要内容，在剩下的时间里不停地看表、偷偷看手机、走神思考其他的事情，但就是没听讲演者在说些什么。这些倍感无聊的参与者偶尔会提一两个问题，但基本上，他们正眼巴巴地盼着讲演结束。

学术工作者对待讲演时，应心怀希望，调动尽量多的听众，尽量减少走神的人。讲演的开头最为关键：在最初的几分钟让听众产生兴趣非常重要。激发听众兴趣的方法是让他们相信，你有一些有趣且重要的东西可说。对学者来说，重要的东西因领域而异，因此学术工作者应该深知什么东西在自己的领域有价值，努力提高论文的吸引力。

我的工作在应用经济学领域开展。通常，我会努力让听众相信，我的研究不仅是学术界感兴趣的，还有助于大家理解一个重要的现实世界问题。如果我说服了听众，让他们相信某个议题对理解现实经济很重要却尚未得到广泛研究，那么，学术经济学家通常会得出这样的结论：他们应该关注我接下来说的内容。数字大有帮助：很多时候，特定领域之外的学术工作者并不会意识到主题的量化重要性，除非讲演者拿出证据来。举例来说，在一场关于私人资本市场的讲演中，为了调动一群非专业人士的兴趣，我告诉他们，这些市场里存在海量的资本，它们对经济有多重要，这差不多就能很好地吸引他们的注意了。

第二种选择是将你的结果与该领域的经典文献联系起来。在经济学中，不妨从亚当·斯密、约翰·梅纳德·凯恩斯或米尔顿·弗里德曼着手，接着解释你的研究怎样以他们其中一人最初提出的问题为基础。听众很可能会欣赏你的引用，意识到你正在探讨一个重要议题。

第三种让人对你的讲演产生兴趣的方法是，指出一篇重要文献中存在空白，并解释你的论文怎样填补了这一空白。如果听众关心你所谈及的文献，他们很可能会关注。如果他们对你说的文献并不在乎，他们很可能再次玩起手机，查看电子邮件，读读报道自己最喜欢的球队头天晚上是赢还是输的体育新闻。

了解听众

与讲演具体情况相关的一些考虑因素，会对你的讲演规划造成影响。听众中会有些什么人？这是研讨会、会议报告还是博士课程？邀请你讲演的人，在考虑向你发出工作邀约吗？听众背景和技术水平如何？会有讨论的人吗？听众会在讲演过程中提问吗？还是说，你能不受干扰地陈述论文？你希望听众或讨论者提出什么样的问题？

听众的背景会影响到你所涉及的背景资料的数量，以及你讨论论文中提出的问题的方式。一般而言，听众越专业，所需背景信息就越少。美国国家经济研究局会在经济学的大多数分支领域举办业内知名的学术会议，与会者都是在相关领域工作的顶尖学者。在这些会议上，作者不需要调动听众的兴趣，可以直接进入讲演内容。如果参加院系研讨会的人来自各个领域,那么,包含足够的背景信息非常重要,这样才能方便非专业人士认识到研究工作的重要性。如果是课堂环境,有时需要先铺垫好非常基本的资料,再进入研究中更复杂、更有趣的部分。在金融学和其他一些领域,不少从业者都从事着与我们研究相关的工作,有时,我们有机会向这些人解释自己的研究,在这类讲演中,我们通常不需要提供太多有关制度的背景信息。不过,向从业者多解释一下学者一般都了解的事情(如怎样阐释回归系数),通常会是个好主意。

一场暗含"求职面试"意味的讲演,有着与常规研讨会讲演不同的观众。对所议学科不感兴趣的教员会觉得自己应该出席,并努力理解论文。有时,其他院系的系主任和教员也会参加。这些教员感兴趣的不是讲演者所做的研究,而更看重的是其讲演技巧和个性。如果事关工作邀约,教员在乎的是讲演者受聘后,作为教师和同事的表现会怎样。因此,在求职讲演中,必须始终惦记着那些非专业人士,保证你的讲演既专业又有趣。

幻灯片的作用

如今,幻灯片成了任何讲演的核心。作者会围绕所用幻灯片来规划讲演,并在整个讲演过程中遵循幻灯片设定好的方向。一套高质量的幻灯片可以提高讲演质量,并在许多方面给予有价值的辅助作用。

幻灯片最重要的作用是为讲演提供视觉辅助。讲演者可以把公式、结果摘要、图表和研究的其他要素放进幻灯片，好让听众轻松地看到。此外，作者还可以在幻灯片里收录逻辑论证的要点，甚至能让听众轻松一笑的漫画或图片。如果听众听不懂讲演者所说的一切，幻灯片通常可以帮助他们理解她的观点。幻灯片还可以提醒研讨会参与者，作者在陈述中所持的立场，它们还可以包含观众应该知道的基本信息。如果讲演内容事关理论论文，幻灯片可以包含正在讨论的方程、变量定义，以及有助于听众理解模型的其他任何信息。对经验论文来说，幻灯片中最好包含关于样本周期、样本规模、估计过程等细节。把这些信息显示在屏幕上，能让讲演者不必把时间浪费在关于基本信息和干扰讲演流畅度的问题上，从而为实质性问题留出更多时间。

一套优秀的幻灯片，可以帮助讲演者将听众的注意力集中到自己想要讨论的主题上。展示幻灯片，告诉听众当下应该关注些什么，有助于讲演者维持对讨论的控制。在学术研讨会上维持控制，恐怕比你想象中的要难。讨论学术工作，有可能偏离讲演者想要聚焦的议题，甚至偏离她正在陈述的论文。有一个技巧能帮讲演者在研讨会上维持对会议的控制，那就是趁着讨论的间隙朝幻灯片看，并播放下一张。听众有可能会抬头望向投影墙，看下一张幻灯片，将焦点转移到幻灯片在说的内容上。而这正是讲演者想要他们做的事！

讲演者制作幻灯片的目的，应该是让听众的注意力集中到自己讲演中想要强调的问题上，而不是落在那些可能出现的旁枝末节的问题上。比如，在经济学领域，估算包含很多解释变量的方程很常见，很多时候，这样的变量多得甚至无法用一张幻灯片清楚地显示出来。学术工作者应该在论文里展示完整的方程，包含所有的变量及其系数。然而，在幻灯片里，最好只包含与作者有意测试的假设相关的主要变量。这样，讲演者就可以让听众把注意力放到自己想要强调的问题上，而不会跑偏到与自己假设不相关的其他变量上。

幻灯片也可以提供来自讲演的有用要点。和大多数教员一样，在我执教的所有班级，我都会把幻灯片分发给学生。幻灯片为学生提供了方向指南，告诉他们我认为材料的哪些方面最重要、将在课堂上涉及。对研究论文来说，幻灯片是很有用的文档。一位在我的研究领域工作的从业者告诉我，他不喜欢阅读原始论文，而是更喜欢通过浏览我的幻灯片来了解我的研究。一些教员甚至把论文的演示文稿发布在网上，因为幻灯片总结了作者想说的内容，提供了易于阅读的摘要。

制作幻灯片

作者在制作幻灯片时应该考虑到以下目标：展示论文的结果；为听众提供指导；把人们的注意力集中到作者想要涉及的问题上；充当一份文档，提炼出作者论述的要点，方便人们直接带走。这些就是作者制作幻灯片时应该随时注意的目标。

然而，许多作者试图在幻灯片里做太多事情。作者常犯的一个错误是用幻灯片来展示自己的 PowerPoint（或其他任何幻灯片制作程序）使用技巧。

我们都曾观看过这样的讲演：图片、图表变着花样在屏幕上飞来飞去，我们为作者的 PowerPoint 使用技巧大感惊讶。这些讲演可能相当富有吸引力，可惜它们的问题在于，事后观看讲演的人往往会谈论幻灯片，而非讲演的内容。如果听众的注意力集中到了幻灯片而非讨论主题上，那么幻灯片就成了让人分心的东西。幻灯片的目的是帮助听众理解作者的设想，而不是成为听众关注的对象。

另一个常见的问题是，作者试图在每张幻灯片里塞入太多的资料。每张幻灯片上的资料太多，会让听众花太多时间阅读幻灯片，而无法专心听取讲演者要说的东西。还有一种更糟糕的情况，作者使用的字体太小，听众很难看清幻灯片上的内容。如果听众看不清幻灯片，他们就会打断讲演者，询问幻灯片上到底写了什么，这就干扰了讲演的进度。如此一来，原本意在让听众集中注意力的幻灯片，反而让听众分心了。

字体太小的问题，听起来或许微不足道，但事实上，坐在会议室后面的人看不清讲演者的幻灯片，更看不清直接复制到幻灯片里的表格，这是非常普遍的现象。如果你拿不准幻灯片的演示清晰度，可以到空教室把它投放到屏幕上，之后，你走到房间后面，看看文本和数字有多小。如果它们难以看清，你就碰到问题了。你必须加大字体，让幻灯片读起来容易，有必要的话，可以删除表格中的一些数字，去掉一些文本。没人会反对让幻灯片易于阅读，但不是所有人都会费心确保**自己**的幻灯片易于阅读。

讲演中另一个常见的问题是作者试图在一场讲演中播放大量的幻灯片。我在第七章中讨论过，大多数论文都有几个主要结果，以及若干应对潜在不同意见或特殊情况的附带结果。在那一章中，我鼓励作者把论文重点放到主要结果上，尽量把其他资料放到附录中。讲演也适用于同样的原则。讲演者只有固定的时长，必须合理分配时间来有效传达资料。几乎每一篇论文所包含的结果，都不是在短短一场讲演的时间里能够有效讨论的，因此，务必专注于只展示最重要的结果。

通常，针对结果提出的反对意见，应该正面应对，但一些偶尔出现的意见通常可以忽略，除非听众中有人提出才进行讨论。有些学术工作者会在演示文稿中加入链接，这些链接通往一些可选的幻灯片，用以解决一些不太常有人提出的反对意见。如果讲演中碰巧有人提到，作者就可以把它们用起来。我认为这种做法是个好主意，但它的主要作用是让讲演者感到安心——讲演者在讲演过程中需要点击这些链接的情况少之又少。

学术工作者（尤其是年轻的学术工作者）存在一个问题，那就是过于担心用来制作幻灯片的软件。在我写这段话的时候，最流行的软件叫作 Latex，尽管过上几年，它可能就变成别的某款软件。如果学术工作者喜欢 Latex，这很好——它是一款十分优秀的软件，很适合用来做方程。然而，学者没必要认为自己**非得**用 Latex 不可，用 PowerPoint 或她熟悉的其他任何程序也都可以。幻灯片的目的是帮助讲演者说服人们相信，自己的研究有趣而重要，幻灯片本身不应该是人们的兴趣点。讲演者的目标是保持幻灯片简单易懂，对讲演起到支持作用，不可让它本身变成讨论的主题。

一场出色讲演的关键：回答问题，保持控制

作者的幻灯片质量，仅仅是诸多决定讲演效果的因素之一。基础分析的质量，自然是最大的影响因素。但是，到了作者为讲演做准备的时候，论文已经写好了。她必须着眼于有待陈述的论文中的优缺点，仔细考虑怎样才能给人留下最好的印象。

在准备和发表讲演时，这里有几件作者应该考虑的事情。作者发言时应该清晰、响亮，并且面向听众。一些研讨室的音响效果很差，我们系很不幸有一台转起来嘎吱作响的风扇，坐在房间另一边，听众很难听到讲演者的声音，讲演者也很难听到听众提问的声音。如果讲演者说话声音很小，听众必须很使劲才能理解她在说什么，他们走神的可能性会更大。此外，有些讲演者，尤其是在紧张的时候，会说一些枯燥无聊、毫无生气的话，因为他们喜欢对着幻灯片照本宣科，而不是与听众交谈。讲演者应该努力与听众直接对话，与之进行眼神交流，用清晰易懂的语言解释问题。

哪怕讲演者是圈外人士，或是一位比部分资深教员听众年轻得多、知名度低得多的学术工作者，她也应该尽其所能地让听众知道自己在掌控全局。做法也很简单：讲演者可以擦干净黑板、关上门，确保房间里不会传来走廊上的噪声。我参加过许多大学

的研讨会，开会的房间黑板上写着金融俱乐部的广告，甚至还留着之前被用作教室时写上的微积分问题。很多时候，讲演者会觉得自己是外来的客人，不太适合擦黑板，但黑板上残留的多余资料会分散听众的注意力，而作者希望听众把注意力放到自己的论文上。讲演者造访另一所大学时，在她的行程的大部分时间里，她都是客人。但是，在研讨会发言期间，这就是她的舞台、她的演出，她应努力在整个讲演过程中保持控制力。

用一些个人的、轻松的、事先计划好的小笑话来开始讲演，会是个好主意。有趣的笑话能让听众放松。每当我造访其他大学，我喜欢谈论当地特色和主办方对我的款待，甚至讲一个关于这里某位教员的有趣（但不会让人太尴尬）的笑话。

跟许多事情一样，学术工作者的讲演能力要依靠练习来提高。第一次在研讨会上讲演，学术工作者往往很紧张，回答问题时可能会有些机械、呆板。随着时间的推移，她将越来越熟悉研讨会，更善于向听众进行解释，更好地回答其问题。因此，对我们所有人，尤其是刚刚进入这一行业的年轻学者来说，不妨当着尽量多的听众尽量多地发表讲演。

可供求教的优秀讲演教练很多。如果年轻的学术工作者在听众面前过于胆怯，或出于任何原因觉得自己需要他人帮助，聘请教练或许是一项有价值的投资。当着听众侃侃而谈，是一名学者最重要的技能之一，为提高这项技能而投资，往往是很值得的。

在讲演中，讲演者明智地利用时间很重要，因为时长有限，如果不能迅速切入主题，听众可能很快就走神了。把时间浪费在文献综述上是个常见的错误，切莫在讲演最开始的阶段这么做，因为这是时间最宝贵的时候。有时，需要花些时间提及先前的文献，因为论文的部分动机可能来自他人的研究。但讲演者仍然必须把焦点放在讨论自己的工作上，而不应放在讨论前人的论文上。如果研讨会开始讨论别人几年前写的一篇争议性论文，事情很快就会偏离轨道。这些讨论分散了讲演者的信息，听众的注意力跑到了争议性论文上，而忽视了讲演人在她自己的论文中的贡献。

讲演者怎样回答提问，是学者评价研讨会讲演的一个关键指标。讲演者的回答可以传达出她的知识的深度、她思考问题的方式，以及研究面对不同的合理假设或研究设计时的稳健程度。讲演者的回答也传达了有关她本人的很多信息：她的思路有多开放，她可能会是个什么类型的同事，以及她站在教室的讲台上表现会怎么样。

如果讲演者并不知道问题的答案，照实回答完全没问题。关键是要显得深思熟虑：听众想要听到讲演者对论文中的问题进行了深入的思考，哪怕她并不知道听众所提的每一个问题的答案。有时，讲演者之所以让人觉得傲慢，是因为他们显得没有认真对待听众的提问。如果讲演者未能清晰、尊敬地回答问题，可能会让一场成功的讲演败兴收场。

学术工作者在任何研究项目的推进过程中，都会做许多选择。等到她展示自己的工作时，已经做过了很多此类选择。人们会质疑她所做的选择，有时甚至咄咄逼人。她最好是已经思考过人们提出的大多数方法论问题，并且比提问者想得更详细。这样一来，他们提出问题时，她就能够清楚地解释自己为什么用这样的方式处理相关问题。没必要害羞，也没必要心存戒备。作者展示自己的工作时，应该已经考虑过各种可能的技术参数，并确定了合适的参数。大多数时候，她能相当直截了当地向听众解释在研究过程中她为什么做出了这样或那样的选择。

如果有人问及其他可能的方法选择，不妨讨论一下使用该方法会带来什么样的结果，这些结果对她在研究过程中所做的选择的敏感度如何，以及她为什么认为自己选用的方法优于提问中涉及的方法。用自信、学术性的语气给出答案，要让提问者知道，讲演者对他们提出的这些问题很有把握。

讲演者回答问题时有一个常见的问题：未能足够认真地听取问题。有时，有人提的是简单的解释性问题，但作者却未能准确理解对方问的到底是什么，以为这是自己最担心的问题，结果给出了一个防备心太重的回答。如果讲演者拿不准提问者问的到底是什么，完全可以让对方重复问题，或对问题进行重新表述。这里有一个很好的做法：回答完一个棘手的问题后，讲演者询问提问方，自己是否真正回答了他的问题。把问题放到讲演后期再作回答，也是一个很好的做法。但是，如果讲演者这么做了，她就必须保证在某个环节回答这个问题；如果讲演者没有回答问题，提问者会认为讲演者忽视了自己。我推迟回答问题时，总会强调最后一定回答。等到回答时，我也会把答案指向提问者，看着他，保证他意识到我是在回答他先前所提的问题。

在研讨会讲演中，有时听众试图主导讨论，提出一连串咄咄逼人的问题。这个人可能觉得受了论文中某些内容的冒犯，也可能只是与作者的观点不同。不管出于什么原因，不断被咄咄逼人的提问者打断，对讲演者来说都是一种折磨。方法之一是说："我现在只剩 x 分钟了，我真的很想和你讨论这个问题。或许，我们可以在讲演结束后接着讨论。"或者说："这绝对是一个重要而有趣的主题，但现在请让我继续讲演、展示模型。希望随着我更详细地解释自己正在做的事情，你问题的答案也越来越清晰。"

重要的是保持对讲演的控制。我们的目标始终应该是避免研讨会演变成争吵与论战。因此，不管提问者的语气多么咄咄逼人，讲演者都应该冷静、礼貌地回答问题。如有可能，她应推迟提问，提议在讲演结束后再和提问者私下讨论这个棘手的问题。然而，不管讲演者怎么做，总是有些学者令人讨厌，喜欢冲着研讨会的讲演者发泄自己的挫败情绪。

任何学者在职业生涯中都会经历几场令人难忘的研讨会，大多涉及在场听众行为失检。我有个朋友，在担任助理教授的第二年冒犯了系主任，系主任对我朋友恶语相加。系主任根本没有听朋友到底说了些什么，而是似乎从折磨新的助理教授中获得了很多乐趣。我朋友尽管有着出色的研究成绩，但最终还是离开了那所学校，到其他地方另谋高就，获得了事业的成功。

我曾经在一位著名教员面前做过讲演，他是我的朋友，但也出了名地喜欢在别人的讲演上自说自话。讲演中，他滔滔不绝地提起各种事情，让我在自己的研讨会上几乎插不进嘴。我并不认为他对我的论文有什么意见——他就是喜欢说话，而且，我也肯定他无意让我难堪。只不过，他这个人就是这样。尽管他并不想刁难我，但他还是让我在那个下午感到不太愉快，他的同事从我论文中获取的信息或许比预期的要少。

在学术会议上讨论其他人的论文

在学术会议上讲演论文后，通常会有一个10至15分钟的环节，一名讨论者要给出自己对论文的观点。青年学术工作者最初几次受邀在学术会议上发表意见时，往往不知道该说些什么。在一场备受瞩目的学术会议上讨论一篇论文，并不是一件太容易的事情：讨论者必须试着对论文给出公正的评价，不能过分冒犯作者，同时让听众感到愉快。应该怎样为这样的讨论做准备呢？

碰到在公共论坛上有几分钟时间可对一篇论文展开讨论的时候，学术工作者应该记住以下几个目标：一是，她理应是该领域的专家，并花了时间研究过这篇论文；二是，听众期待她帮忙理解论文是否正确、可以从中学到些什么，以及它在更大规模的文献中能处于什么样的地位；三是，她应该尽力帮助作者把论文写得更好，在提出批评意见时不应贬低作者或让作者难堪。

有一种常见的方法，我称之为"公式化讨论"。在这种讨论中，讨论者会播放几张幻灯片，概述论文的发现。接着，她告诉听众，这是一篇"很棒的论文"，建议所有人都读一读。[1] 讨论者

---

[1] 有时，充当讨论者的学者，随后会为期刊审读论文。同一个人在公开场合宣称论文"很棒"，随后又在私下告诉编辑，论文有点糟糕，建议拒稿，这种情况并非没有。

会总结对作者的一些建议,大多涉及听众并不在乎的琐碎事情。比如,讨论者可能建议作者使用三阶段最小二乘法,而不是两阶段最小二乘法,或是可以用不同的方法来聚类标准误差。

读者大概看得出来,我不喜欢公式化讨论。概述论文能占去讨论者一半的时间,这种情况大多是在浪费听众的时间,因为它重复了作者刚刚在陈述中所说的内容。讨论者对作者的恭维往往显得很虚假,他们的建议虽然有时对作者有帮助,但房间里的其他人大多不感兴趣。

我推荐讨论者尽量做一段听众会感兴趣的简短讲演,而不是套用公式。他们应该就论文所述议题提出自己的观点,解释论文怎样融入更广泛的文献,并对论文的增量贡献给出诚实的评估。在讨论前几分钟谈一谈论文涉及的议题,是一种很适合我自己的方法。我开始时会像在课堂上执教,或像在向学生解释文献是关于什么的。接着我会讨论论文的结果:它们贡献了什么新东西,哪些证实了其他人已经发现的东西。不必再次宣讲论文,作者几乎总是已经很好地解释了自己做了些什么。我的讨论会集中在我认为我们可以从论文中学到些什么、它对文献有什么样的补充、它有哪些不足之处,以及它有什么样的含义。重要的是要告诉听众我自己对论文所述议题的观点,而不是重复作者的话。

最近,我受邀讨论一篇关于私募股权基础设施基金的论文。在讨论这篇论文之前,我先解释了这类基金是什么,给出了一些真实的例子说明怎样投资这类基金,还解释了它们怎样运作。我有朋友曾管理过基础设施基金,我向听众介绍了他对此类基金运作方式的看法。接着，我援引论文结果，并将论文的观点和朋友的观点进行比较。讨论进行得非常顺利，因为听众似乎很欣赏我说的话，并告诉我他们从讨论中学到了一些东西。

讨论者常常想知道，对自己不喜欢的论文，可以提出何种程度的批评。如果讨论者持否定态度，大多数听众会相对较快地忘记这次讨论，但作者会记一辈子。然而，观众大多能一目了然地看出论文的缺点，讨论者要是不指出这些缺点的话，会显得很不明智。明智的策略是指出论文的缺点，但态度要尽量友善。如果作者能够从论文中挽回一些东西，那么试着把她温柔地推到适当的方向。在讨论一篇糟糕的论文时，目标是向观众指出其缺点，但又不让作者感到太尴尬，也不要让她太生你的气。

讨论者提出自己的观点后，作者有机会进行回应。作者大多会趁机长篇大论地讲述讨论者为什么是错的。虽然作者很可能是对的，讨论者错了，但这并不重要。这时已经没人在听了。与会者已经对这篇论文做出了判断，拿定了主意，急着去喝杯咖啡休息一下，或是赶着去听下一篇论文。听到负面评价之后，任何人都想还击，但问题在于，在讨论者发言完毕后，就很少有观众会听了。因此，我认为作者应该向讨论者表示感谢，迅速指出讨论者犯的错误，留出时间让观众提建议。有时，这么做非常有用。

然而，对于任何讨论，尤其是批评性质的讨论，最重要的回应是花时间消化讨论者的评论，并在此基础上修改论文。讨论者持否定意见，大多是有原因的。或许是他不理解作者做了什么，又或许是他忽视了作者的分析中的一个关键元素。如果是这样，那么作者大概并没有清晰地解释自己做了些什么，或是把解释放到了讨论者没注意到的地方。还有一种可能是，讨论者的反对意见比作者想得更严重。不管讨论者的反应是什么，作者应始终努力理解对方这么做的原因，怀着在下一次陈述时获得更佳反应的目标，对论文加以修改。

第十章

研究的分发、修改和公开

Distributing, Revising, and Publicizing Research

等作者完成了论文的初稿,她必须决定接下来要做些什么。她应怎样分发论文?分发给什么人?按什么顺序分发?在什么时候向同事展示?在什么时候放到网上?在什么时候提交给学术会议和期刊?提交给哪些会议,哪些期刊?按照什么顺序提交?

对青年学术工作者来说,这些问题的答案往往并非一目了然,他们倾向于漫无计划地分发自己的作品。但是,向公众分发论文的过程会实质性地左右论文的影响,因为这个过程决定了谁将首先读到论文,以及每一名读者读到的具体是哪一个版本。分发过程还会影响作者在修改论文期间所收到的反馈。最终,这种反馈可能会成为影响最终发表的论文质量的一个主要因素。和研究过程中的其他所有事情一样,研究报告的传播分发方式,应该经过深思熟虑,并且系统性地推进。

为新论文征求反馈

许多论文发表时的样子,已经与最初动笔时大相径庭。这些

第十章 研究的分发、修改和公开

变动大多来自作者从朋友和同事那里得到的反馈,通常(但并不总是)对论文起到了改进作用。大多数成功的学者都擅长利用收集到的建议来改进分析,扩大论文的影响力。然而,如果学术工作者希望妥善利用对论文的反馈,她首先必须收到反馈,并且最好是在反馈最有用的阶段收到。

作者在考虑自己可能收到的论文评论时,应该记住,读者分为许多不同的类型。如果作者友好地提出请求,会有为数不多的人提供有关她论文的周密思考后的反馈意见,这些人通常是亲密的朋友、同事或学生,以及在相关主题开展工作的学者。

然而,大多数阅读作者论文的人,只会读一次。虽然少数人会给作者提供详细的反馈,但大多数人可能只会给她一个大致的反应。绝大多数读者仅仅是浏览论文,试图理解论文的目标、一般方法和结果。因此,愿意为作者提供有用反馈的人,是值得珍视的宝贵资源。

作者还应该记住,读者对一篇论文的观点往往是相互关联的。站在作者的角度,我们试图预测人们的反应:我们认为读者会对什么东西感兴趣,觉得什么东西无聊乏味,认为哪些潜在问题很严重、哪些是没什么大不了的。有时,事实证明这些预测是对的,但很多时候它们并不对。总会有一两个我在撰写论文初稿时认为没什么大不了的问题,几乎所有读者都会提到它们。通常,读者会对我分析表示担忧,虽然偶尔也有人会告诉我他们喜欢我的论文的什么地方,并认为我应该再对这些地方做更多强调。

作者分发传播论文时,她的目标是了解人们对这篇论文的普

191

遍反应，并不是要尽量多地收集所有反馈。把论文发给你认识的每个人，让你所有的朋友都提出同样的建议，这么做效率很低。按顺序分发论文更为可取。先把它发给一两个有可能阅读并做出评论的亲密朋友。针对他们指出的重要问题进行修改后，再分发给更多的人。如此往复继续，收到每一轮评论后立刻解决。不断将论文发给其他人，直到你最终把它发给了每一个可能感兴趣的人。这种方法虽然比一次性发送论文需要更长的时间，但有助于你更高效地利用可能收到的反馈。

我最近读了一篇有趣的论文，在这篇论文诞生之初，作者还没有从其他人那里收到很多反馈之前，我就拿到了一份抄件。这篇论文有两组主要的结果。在我看来，作者首先报告的内容似乎没有问题：我认为它们无疑是正确的，但并不特别出人意料。然而，第二组结果相当新颖：他们使用了一种新技术，解决了之前的文献没有解决的问题。我给作者写了一封电子邮件，告诉他们我对这篇论文的反馈。我在信中鼓励他们减少强调第一组结果，把重点更多地放在第二组结果上。如果作者能够认同，他们应该在把它发送给其他人之前尝试做出调整。这样，他们收到的下一轮评论，可能包含与我的评论不同的问题，对作者更有价值。否则，下一个阅读论文的人有可能重复我已经告诉了他的事，浪费双方的时间和精力。

出于这样的例子，我总是鼓励合著者把我们的论文按顺序分发来获得反馈。在让其他人看到论文之前，我和合著者通常会反复讨论怎样撰写论文。我们通常会就论文的结构进行一番争论，

第十章 研究的分发、修改和公开

但最终会统一意见，达成一个我们认为最为理想的论文版本。与合著者达成共识后，我通常会让自己的研究助理仔细阅读这篇论文。在俄亥俄州立大学，我们有幸拥有优秀的博士生担任研究助理。通常，我的研究助理不仅会找出错字、错句，还会给出实质性的评论，有时甚至让我和合著者对论文涉及的分析重新思考。等我和合著者消化了这些评论后，我会试着把论文交给一两个我认为有可能仔细阅读它的朋友。我和合著者会整合这些评论，接着尽量多地重复上述过程。我感觉在我敢于到公共论坛上发表论文，或是将论文放到网上让世界各地的任何人都可轻易读取之前，对论文多修改几轮大有必要。

按顺序分发论文要付出的成本是额外花费很多时间。作者往往希望尽快传播论文，原因有很多。首先，研究是一个竞争激烈的市场，你的论文发表得越早，就越能证明你是第一个做这项研究的。其次，作者大多会出于人力资本的原因，想尽量加快研究过程。如果已经建立起有望很快发表的研究，博士生的就业市场前景就会大幅改善，初级教员就能在预先规定的时间点锁定终身教职。哪怕是资深教员，其绩效评审也会与其及时完成重要研究的能力相关。最后，也许最重要的一点是，我们为研究投入了时间和精力，并期待以此为荣。我们都喜欢与朋友分享自己的研究，并尽快与他们讨论。

这些加快分发论文过程的原因很重要。但是，作者应该记住，大多数读者只阅读论文一次。如果分发的这版论文存在错误，如果它强调了错误的东西，如果写作平庸，又或者没能涵盖

193

后续版本里将要包含的一些有趣结果，那么作者有可能未能给读者留下最佳印象。过早传阅论文的后果是，作者得到的评价情况，说不定比多等些时候再传阅论文的情况差。

　　本处的讨论强调拥有朋友和同事人际网络的重要性，这些人愿意为你的论文提供诚实、有建设性和快速的反馈。你应在整个职业生涯中努力培养这类关系。与同一领域的学者培养工作关系，方法之一是为其他人的论文提供有用的反馈作为回报。如果有人给你读一篇论文，你应该认真努力，尽量为作者提供详细、有建设性的评论。这种努力或许不仅仅是对朋友的一种友好姿态——它也是一种投资，在朋友以帮助你改进工作作为回报时，它将产生巨大的收益。

展示论文

　　作者私下在她的朋友圈中分发论文、并利用收到的建议让论文尽可能完善之后，应该尽量到更大的范围里公开自己的论文。到了这时候，分析中不应再有逻辑错误，写作应该是高质量的，提交这篇论文的原因应该一目了然，能一眼看出的替代性解释问题也得到了解决。这篇论文应该已经成为作者感到自豪、希望与整个行业分享的东西。但愿本行业能理解它，欣赏它，看见它的辉煌！

　　作者应该花时间花精力公开自己的作品，原因很多。首先，研究必须影响他人，才能产生影响。如果全行业都不知道某篇论文，那么它就很难有影响力。其次，一篇强有力的论文会增强人们对作

第十章 研究的分发、修改和公开

者本人的印象，有助于提高她的专业声誉。最后，看到研究的人越多，作者收到的反馈也越多，从而获得更多的机会改进论文。

在朋友圈之外公开自己的作品时，作者应继续沿用这里讨论的按顺序分发的过程。她应该首先向最有可能给出有用反馈的群体展示论文。接着，她应该修改论文、整合反馈，并尽量频繁地展示论文。此外，她还应通过社交媒体和个人关系吸引人们对其工作的关注。

大多数院系每周午餐时都会有一场"棕色纸袋"研讨会，主要为内部讲演者举办。[1]这大多是非正式活动，人们在会上展示论文相对早期的版本。我在修改论文时，发现"棕色纸袋"研讨会极为有用。不管人们在讲演中对论文发表了什么意见，事先花些时间准备讲演很有价值。思考讲演的结构、哪些内容重要、哪些内容需要强调，以及人们可能提出什么样的反对意见，让我以一种新视角审视自己的论文，其有别于撰写论文时的视角。此外，我可以信赖同事一定会对我展示的论文提出最强有力的反对意见。解决过同事的异议后，我从其他大学和审稿人那里收到的反馈问题，通常就会显得很简单。由于经过"棕色纸袋"探讨会的讨论之后，我的论文往往大有改进，我总会在发表新论文前试着将其在此类研讨会上进行展示。

---

[1] "棕色纸袋"一词源于参与者自带午餐的时代，这些午餐大多装在棕色纸袋里。但我已经有好些年没在"棕色纸袋"研讨会上见到一个真正的棕色纸袋了。在我所在的系，举办这些活动时我们提供比萨。我想，现在的博士生已经不知道这个奇怪的词是怎么来的了。

195

在内部研讨会上讨论完论文后，我会试着到其他大学的研讨会上展示论文。我在业内还算有名，收到的邀请经常多得根本没空去。对刚刚开始职业生涯的人来说，安排外部讲演比较困难。但是，总有一些办法可以创造机会，让没那么出名的学术工作者到其他大学展示自己的工作。多和亲密朋友保持联系，如果你有论文要发表，不妨告诉这些朋友，说不定就能为你带来邀请。如果你出于其他原因造访外校所在城市，该校大多会邀请你参加他们的研讨会，因为校方不会因接待你而产生任何额外费用。因此，安排讲演的一种策略是，在因其他事由拜访外地大学时，可以趁着停留期间进行讲演。

就国际而言，邀请往往会发送给以前去过相应地区的学者。比如，中国的大学更愿意邀请经常到访亚洲的人，而不是不经常出国旅行的人。一旦你出访海外，到国际学者的祖国与他们会晤，那么，随后再次访问的机会大多很快就会出现。

学术会议是学者展示研究成果的另一个地方。近年来，大多数领域的学术会议数量都大幅增加。很可惜，虽然会议数量增加，但在高质量学术会议上发表项目的难度也更大了，因为每一场学术会议收到的投稿数量比会议数量增长得更快。比如，金融学领域主要协会举办的大型学术会议，稿件采纳率约为10%或更低。哪怕是个别院系举办的小型学术会议，也至少会收到200至300份投稿，一般只采纳8至10篇论文。考虑到学术会议的主办方通常更喜欢来自知名学术工作者和与自己有私交者的论文，要是既不出名，也不认识会议主办方的投稿人，想在学术会议上发表论文尤其困难。

哪怕成功的概率不大，我仍鼓励青年学术工作者经常向学术会议提交自己的论文。明智的策略是把论文发到多个不同的学术会议，希望它们总有一两次能获得采纳。一些学术会议专业性较强，投稿仅限于特定主题，让论文获得这类会议的采纳会更容易。对作者来说，专注于一个主题的学术会议可能比一般性主题的学术会议更有价值，因为在前一种会议里，论文通常互有关联，不同的作者也能为彼此的论文提供更好的反馈。

就算论文并未获得采纳，也尽可能地参加你所在领域的主要会议，是个不错的策略。学术会议是建立人脉、听取有趣论文的良好途径。不过，也有人做得过了头，参加了太多会议。此类活动可能会花费大量的时间，费用也高。务必记住，时间是学术工作者最宝贵的资源。一些青年学术工作者没能充分守护好自己的时间，花了太多工夫出差去参加过多的学术会议。

邮件群发研究

有一种公开你的研究的简单做法，那就是把论文副本寄给在本领域从事研究的人。就连我也会在发布并对外公开论文之前，将副本通过电子邮件发送给那些与我的工作最密切相关的人。我会附上一段简短说明，概述论文的贡献，告知收件人我很乐意收到他们对论文的任何反馈。通过这种方式寄出论文后，我很可能会收到一些有关怎样改进论文的建议。这些人收到我寄送的论文后，在修改自己的论文时会有更大可能想起我的论文，如果他们主办与论文主题相关的学术会议，也更有可能邀请我展示自己的论文。

请记住这两件关键的事情：首先，一定要完全确定论文已经准备好了再寄出；其次，一旦论文准备好了，就不要羞于接触他人，要向他们介绍关于论文的事。

在线公开研究

如果你到其他大学展示论文，该校的教员和学生当然可以看到论文，但它的曝光程度仍然有限，除非你把论文发布到网上。如果在研讨会上发现论文存在重大问题，你希望对它进行实质性的修改，那么，这一版包含错误的早期论文不太可能时隔几年后又流传出去。就算是在大学做公开发表，论文的公开程度也跟放到网上难以相提并论。

然而，一旦你把论文发布到了网上，它就完全被公之于众了。世界各地的人们都可以下载并保存论文的电子版。如果分析中存在错误，或是你后来对结果的阐释改变了想法，重写了论文的相应部分，论文的早期版本也可能在将来某个时候被人们发现。以下情况时有发生：读者指出旧版本存在的问题，而你那时早已解决了该问题。这样的话，这些版本兴许会给你造成困扰。

在网上发布论文还有一种风险：相关领域的其他人可能会窃取论文中的一些设想，放到自己的论文里。我自己从未碰到这样

第十章 研究的分发、修改和公开

的问题，但我听说其他教员遇到过类似的事。很多教员要等到论文即将发表时才把它放到网上，以防有人窃取自己的设想。

有时，一篇论文发布到网上之后，作者会收到令人不快的反馈。比如，读者写信给作者，声称自己无法复制网上发布的结果，或者论文的推导或数据工作存在错误。如果批评是正确的，那么，对作者来说，最重要的是尽快改正错误，重新发布修改过的新版论文。只可惜，此类批评往往是错误的，是写信给作者的人有所误解或出了错。

不管作者认为批评正确与否，务必要与来信者接触。来信者**相信**自己是正确的，如果作者不严肃认真地对待他，他一定不满意。因此，任何作者收到有人指出论文存在潜在错误的消息，都必须立即判断批评是否正确，接着向来信者解释是怎么回事。如果作者忽略了问题，这个人可能会将批评公之于众，让作者陷入尴尬境地，并且损害作者的声誉。

出于这些原因，作者应该仔细斟酌准备什么时候在网上发布论文。我通常会等到第二稿或第三稿的时候才愿意公开发布论文。如果我到其他大学展示论文的早期版本，我通常会请求院系通过电子邮件将论文分发给教员，而不是公开发布到院系的网站上，这样，我就可以限制论文在还没准备好时的公开传播范围。有些教员的做法比我更谨慎，他们在研讨会上展示自己的论文早期版本时，不会通过电子邮件寄送，而是坚持要求分发纸质版，以免其流传到大学之外。

等我已经对论文做了数次展示，确信它短期内不会有太大变

199

动之后，我会把它发布到网上。这时，我会全力以赴，将它发布到尽量多的地方。我们院系有独立的工作论文系列，会收录本学院教员的新论文。每当我的论文成熟到可以发布在网上时，我就会将它加入该系列。进入本院系工作论文系列的论文，将被自动发布到公共网站"社会科学研究网"（Social Science Research Network）上，这是一个被广泛使用的工作论文网站，涵盖了社会科学各个领域。此外，由于我是美国国家经济研究局的研究员，我还会把论文提交到经济研究局网站的工作论文系列中。

公开研究的其他途径

除了发布到网上，作者还应该利用其他机会来公开自己的研究。学术工作者所在的大学来了别处的访问学者，就属于此类机会。大多数院系都有系列研讨会，教员大多能在校园里跟讲演者会面。教员，尤其是青年教员，应把这样的会面利用起来，如有可能，不妨借机征求对方对自己工作的反馈。

另一条公开研究、建立人脉的途径是依靠社交媒体。我没有推特账户，也不写博客，但我有些同事会在这些媒体上发布自己的论文和讨论。我在脸书上很活跃，让我颇感惊奇的是，通过每天阅读其他大学教员的帖子，我们就建立起了联系。还有许多教员经常在推特上发帖，借助该平台来公开个人研究，与世界各地的其他学者建立联系。社交媒体在我们生活的方方面面都变得越来越重要，我强烈鼓励年轻的教员在社交媒体上对此进行投资，以增加自己在专业领域的知名度和人脉。

你不应该在别人的研讨会上,或是在学术会议上讨论别人的论文时,公布自己的论文(至少不能做得太过分)。如果有人在研讨会上提了一个长长的问题,而这个问题基本上是在概述提问者自己最近的论文,又或是在讨论环节,讨论者忽视应该讨论的论文,借机展示自己的论文,那么不管是讲演者还是听众都会大感恼火。在别人讲演时,时间属于讲演者,除非你提出的问题极为切题,否则,分散其注意力很不礼貌。

维护自己的网站,保持更新

凡是我的成熟到可以发布上网的论文,我都会立刻把它发布到自己的网站上。我一直在我的网站上更新我的论文的最新版。如果我修改完论文并准备公布新版本,我会很快更新网站。更新完成后的 5 至 10 分钟内,新版本就会上线,而旧版本不能再下载。既然我的论文有了新版本,干吗还让人下载旧版本?

在 21 世纪,不管是教员还是博士生,网站已经成为所有学术工作者的必备之物。我不明白为什么有人居然没有网站,又或是为什么他们会怠慢自己的网站,不及时更新。一旦网站架设起来,更新是不怎么费时间的。学者经常浏览彼此的网站,既然更新信息这么容易,没理由让他们看到过时的信息。

不及时更新网站会叫人付出高昂的代价。几年前,我们系有一个空缺职位。我举荐了一位我认为很合适的候选人。此人应该会接受我们的邀约，也会喜欢这份工作。但是，我的同事到谷歌上搜索她的名字，竟然没找到她的个人网站。于是，我们开始讨论起其他学术工作者来，最终招聘了其中一位就任此职。

何时向期刊投稿

什么时候把论文提交给期刊最合适，是青年学术工作者经常困惑的一个问题。有些人提交了未经充分润色的早期草稿，通常这样的投稿很快就会遭到拒绝；还有一些人拖了太久才提交，等编辑收到其论文时，他们的论文已经不再新颖，因此遭到拒稿。你要怎样判断向期刊提交论文的正确时间呢？

按照大多数学术领域奉行的惯例，学者不得同时向两份期刊投稿，也不得再次向同一期刊提交已遭拒绝的论文。这使得上述问题变得更复杂了。[1]

此外，大多数领域都只有少数期刊跻身顶级期刊之列，而一篇论文不可能适合所有的顶级期刊。比如，经济学顶级期刊之一《计量经济学》历来基本上仅发表在方法论上做出了新突破的论文。因此，如果一名作者写的是在方法论上并不复杂的应用论文，她恐怕不愿浪费时间向《计量经济学》投稿。

作者应将投稿视为修订过程的延续。在撰写新的手稿时，她最先把它发给亲密朋友，接着根据他们的评论进行修改。等论文

---

[1] 不过，法律领域是这条规律的例外。法律领域的期刊多为学生主办的法律评论。法律评论投稿可以同时投给多份期刊（但不得投给同行审阅的法律期刊）。

达到了她能达到的最佳水平,她会在内部研讨会上加以展示,接着再次修改。接下来,她到外面的研讨会展示论文,根据收到的评论进行修改。在此过程中,她把论文发给其他在本领域开展工作的学者,从他们那里收到更多的评论。在上述的每一步中,她都在修改论文,让它尽可能地变得更好。最终,她采纳了所有有用的建议。只有到了这时候,论文才算做好了提交给期刊的准备。

有一些因素可以加快或减缓上述过程。举例来说,该学者所聚焦的领域有多拥挤,竞争有多激烈?如果有其他人也在研究类似问题,她应尽可能地加快修改过程,因为针对同一问题提交的第一篇论文,往往比后来者有更大的发表概率。当然,如果作者的修改速度过快,论文在编辑和审稿人看来显得"太早",那么论文可能也会遭到拒稿。一些在竞争激烈的领域工作的学者喜欢过早提交论文,碰到审稿人不认可时,他们会倍感沮丧。

也有人会出于职业相关的原因,试图加快投稿过程。即将获得终身教职的学术工作者,自然希望尽快提交自己的研究成果。不过,他们应该记住,编辑在处理其论文的时候,并不负责考虑其终身教职的决定。因此,如果这些学术工作者在修改过程中太过草率、提交得太早导致论文遭拒,长期而言恐对其不利,远不如审慎打磨稿件后再提交,兴许会有更大的发表概率。

期刊投稿策略

一旦论文准备提交,学者必须决定要把论文提交给哪份刊物。这是个远比你想象中要困难得多的选择。期刊在很多维度上都有所不同。在像经济学这样的大领域里，一些期刊是大众兴趣型（如《美国经济评论》），另一些则专注于一个特定的主题［如《劳动经济学杂志》(Journal of Labor Economics)］。虽然所有刊物都采用审稿方式，但所用的审稿过程很不一样。有些期刊采用较为官僚化的程序，涉及多名审稿人和副编辑，也有的期刊几乎只依赖一名审稿人的意见。一些编辑会仔细阅读论文，为作者提供详细的评论，推翻自己不认同的审稿人意见；另一些编辑仅仅简单地将审稿人的报告转发给作者，不管审稿人意见怎样，都一概采纳。

因此，作者应对不同期刊时可能会收获极为不同的经验。有些经验相对直接，如必须迎合某一位审稿人；还有一些则比较复杂，如必须安抚多名审稿人和编辑，而这些人有时会意见不一。

选择期刊时，要考虑的因素有很多。首先，也是最重要的一点，是杂志的声誉。每个领域都有几份公认的顶级期刊。这些期刊通常发表最知名的论文，具有最高的"影响因子"，大学在做晋升决定时对它们也极为重视。[1]许多院系（包括我所在的院系）的晋升决策，主要关注的是教员在公认的顶级期刊上发表论文的情况。

然而，并不是每一篇论文都适合顶级期刊。顶级期刊想要发表的是大多数专业人士都感兴趣的大众兴趣型论文。一些专业论文，哪怕写得很好，有意义地增补了我们的知识，但其所提出的

---

[1] 学术期刊的影响因子，是衡量期刊质量的一种常用指标，该指标反映的是该期刊过去两年中发表的文章每年平均被引用的次数。

第十章 研究的分发、修改和公开

问题对于顶级期刊来说过于狭窄了。向大众兴趣型期刊提交一篇非常专业的论文，通常会遭到拒稿，这会浪费所有人——作者、编辑、审稿人——的时间。

时间因素也很重要。一些经济学杂志会时隔一年多才回复作者。等一年才收到期刊的回复，对作者来说成本很高，更何况，回复中拒稿通知占绝大多数，请求作者修改的概率很低。在这一年里，其他人可能会写出能与之抗衡的论文，作者兴许对其他主题产生了兴趣，通往终身教职的时钟也不停地嘀嗒走动着。我博士生时期的一些同学把论文寄给了极有声望的大众兴趣型经济学杂志，如《政治经济学杂志》或《计量经济学》。尽管有些人的论文获得采纳，但更多的人最终浪费了一年甚至更长时间，才找到同意采纳论文的更专业的刊物。我有些同学写的论文，对大众兴趣型杂志有一定的吸引力，他们尝试这些期刊是有意义的。但撰写出高质量专业论文的人，或许应该把论文提交给更合适的渠道。在一定程度上，正是因为投稿给了排名更高的期刊，浪费了宝贵的时间，所以我的有些同学的论文从未得到发表。

投稿的最大成本是整个过程所花的时间。[1]因等待期刊回复而延迟发表的代价是可观的，不应低估。如果一篇论文投稿后很长一段时间才得到明确的拒稿消息，那么作者就不得不花时间对其

---

[1] 大多数期刊都有投稿费，但绝大多数投稿费相对较低。历来投稿费用最高的期刊是《金融经济学杂志》(*Journal of Financial Economics*)，截至本文撰写之时，该杂志对非订阅用户会收取1000美元的投稿费。虽然这笔费用听起来很高，但该期刊的编辑一直认为，与在该刊物上发表文章给学者的人力资本带来的影响相比，这笔钱微不足道。

进行修改，无法着手开展新的研究。此外，等了一年之后才遭到拒稿，还有着情感上的代价。诚然，如果你不经常向顶级期刊提交作品，就永远无法在此类刊物上发表论文。但我建议，只提交你觉得有机会获得采纳的论文，因为长时间等待又被拒稿的代价太大了。

在判断把论文投给哪家刊物时，重要的是考虑期刊与论文的契合度。该期刊最近是否发表了与你的论文风格类似的论文？考虑到编委会的变动，特定期刊的**现任**编辑是否喜欢你正考虑投稿的论文的风格？比如，许多经济学家始终对行为学研究心存敌意。好在这种态度如今有所松动，但在此前很长一段时间内，把一篇行为学论文提交给一份编辑敌视行为学研究的期刊毫无意义，因为他们不会认真对待这篇论文。要是论文能让某位编辑感兴趣，在审阅过程获得其指点，实在是再好不过了。有时候，如果能碰到这样的编辑，投稿给没那么出名的杂志也是值得的。

最后，作者应该记住，期刊投稿过程是修改论文的最后机会。修改的过程可能会让人感到紧张疲惫，但最终，大多数论文都会变得更好。哪怕论文遭拒稿，作者从期刊收到的建议也可以帮她改进论文，提高论文在另一份期刊发表的概率。

等论文最终准备就绪，就没有理由浪费时间了：作者应该迅速向期刊投稿。不管该期刊是否有意发表，她都应尽快将收到的所有反馈整合到初稿之中。论文只要在修改过程中不断完善，最终就会在优秀的渠道上发表。

第十一章

期刊审阅过程

The Journal Review Process

如果你在一场挤满了学者的鸡尾酒会上闲逛，随意听些对话，或迟或早，你大概就会在无意中听到一些关于期刊审阅过程的讨论。说话人一概用缩写词称呼期刊（如"政经 JPE""美经 AER"等），讨论则涉及编辑（和审稿人）做了一些离谱的不公平之事。按照说话人的看法，编辑要么是存心偏袒，接受了一篇（说话人不喜欢的人）的平庸作品，要么是拒绝了一篇（说话人眼里的）精彩论文。可不管人们对审阅过程有多少抱怨，它一般都运作得相当优秀。大多数时候，审稿人的报告对论文质量做了合理评估，而考虑到期刊的质量和目标，编辑的决定通常也合情合理。

学者对期刊审阅论文的方式、所用的程序、涉及的政治因素，以及或许最重要的是，他们的哪些朋友的论文得到了顶级期刊的采纳，都非常感兴趣。他们有充分的理由如此看重这些方面。期刊用来判断发表哪些论文的制度是学者职业生活里的一个重要得令人难以置信的元素，但它不透明，有时还效率低下。有能力驾驭审阅过程，历来是成功的学术生涯里不可或缺的因素。

每个学者都曾这样那样地在审阅过程中投入过多的精力。他们的大部分职业生涯都用来准备提交论文、根据审稿人的评论修改论文，以及为他人的论文撰写报告。这些活动加在一起，占据了教员大部分的教学之外时间。通常，一位学术工作者要是职业生涯获得成功，受邀成为期刊编辑可以算是附加的"奖励"。这份工作的内容是监督审阅过程、听取申诉，通常还要处理期刊管理事务，如选择助理编辑或决定期刊政策。对活跃的研究人员来说，即便除去花在自己论文上的时间，采用各种形式与期刊互动，**每月**也至少需要他花上几天时间。

因此，多探讨一下审阅过程，以及期刊怎样评估投稿，是有意义的。理解审阅过程的运转原理，能帮助青年学术工作者最大限度地提高在最优秀期刊上发表作品的机会。

本章中，我讨论了投稿从怎样开始，到怎样结束，试图强调不同期刊之间的做法有什么差异。在每一步，我都试着为作者提供建议，来说明可以做些什么来提高论文获得采纳的概率。

准备论文

我在上一章中强调，一篇提交给期刊的论文应经过多次修改，直到作者已经想不出对它还有任何实质性的改进措施。不过，有些也会把修改工作做得太过头。我认识一些助理教授，一想到要把论文提交给期刊就紧张，浪费大量的时间对论文进行毫无意义的修改。比如，有些人花费宝贵的时间编写计算机程序，每当他们向某份期刊提交论文时，计算机程序就会重新设置论文的格式，使之与期刊上的文章一致，使用相同的字体、页码等。但是，这类努力并不会改善论文的分析，也不能提高获得采纳的概率。

还有些作者把每项测试重新运行 5 次，然后做一处小小的改动，再重新测试几次。尽管重做分析以确保无误是件好事，但过了一段时间，作者就会来到一个转折点：重做的回报被时间和延误的成本所抵消。在提交论文之前，她必须确保分析是正确的，但仅为了做出改变而进行细微修改毫无意义，也不太可能影响编辑和审稿人的意见。

不过，这里有一些事情确实很重要，可以实质性地影响作者从期刊收到的回复：写作非常重要，尤其是摘要和导言。作者应该保证，只要读完前几页，读者就能确切地知道这篇论文做了些什么、为什么它很重要，以及研究结果和反对意见是什么。我在第五章中强调过，导言是论文中最重要的部分，因为许多看到论文的人只读这一部分。审稿人按理说应该仔细审读整篇论文，但有时，他们连导言也读不完，尤其是导言给人印象不深的时候。因此，作者，尤其是没有经验的作者，应该多花时间润色论文的导言，再将论文提交给期刊。

作者在向期刊投稿前还应多加考虑的一件事是论文的长度。发表一篇正文内容 25 页、内含 7 张表格的论文，要比发表一篇正文内容 40 页、内含 14 张表格（不包括附录）的论文容易得多。编辑经常说，由于期刊篇幅稀缺，更偏爱短论文，但我不确定这是不是真的。我担任《金融研究评论》(Review of Financial Studies)的编辑时,其出版商牛津大学出版社对每期杂志的页数没有限制。我认为,牛津大学出版社实际上喜欢让刊物每期都内容充实、厚度可观。

我不知道其他期刊是否真的有页数限制,还是只对外宣称有。至于为什么发表长论文这么困难,在我看来,是它们审阅起来往往比短论文更痛苦,审稿人更有可能做出负面反应。编辑也喜欢较短的论文,因为如果论文短,他们的工作就会更轻松,而且,读者大多也觉得短论文更易读。

不管原因是什么,发表短论文肯定比发表长论文更容易。因此,在投稿之前,作者应该通读论文,删去一切不必要的内容,比如,对不同假说(大多数读者并不真正关心)的测试,对模型的概括(徒增复杂性,且并未提出新设想),以及论文行文中的啰唆之处。这些非必要的资料可用文本描述,并放到附录,甚至网络附录中。判断资料是应该放在正文,还是放到附录里,关键的因素是典型读者会认为它有意思还是多余。如果论文中的一项发现并未推动论文的要旨,并且可能被大多数读者视为毫无必要,那么作者应该考虑把它放到附录中。万一审稿人属于少数几个真正关心该发现的人之一,作者也随时可以把它放回正文。

几年前,我有学生写了一篇求职论文,我很喜欢。[1] 等她的求职过程结束后,她花了一些时间整合她造访的各校的反馈信息,

---

1 我现在仍然喜欢。每年的博士班我都会将它作为授课材料。

想要发表它。我确信审稿人会认为这篇论文非常好，它能被排名前三的财经期刊采纳。遗憾的是，也出乎我的意料，这3家刊物都拒绝了她的论文。在被拒稿之后，这名学生请我再看一遍论文，帮她判断下一步该怎么做。我读到她提交的论文才意识到，一如世界各地的学生受到的教导，她勤奋地采纳了她从求职研讨会上得到的每一条建议。可这么做了以后，她的论文从可读性强、有趣的30页篇幅，变成了有不少无聊内容的45页篇幅，或许这就是顶级期刊审稿人退稿的原因。我帮她把论文里不必要的内容砍掉，重新缩短至30页以内。她投稿的下一份刊物采纳了这篇论文。

这个故事突显出听取导师建议的重要性，哪怕是在博士毕业之后。我真希望我的这位前学生能在最初投稿前就让我看看她的论文。我多年来遭遇过多次拒稿，能一眼看出这篇论文存在过于冗长的问题，但一个刚刚获得博士学位的人或许不太看得出来。在决定向期刊投稿（包括何时投稿、向哪家刊物投稿、投稿前怎样修改论文等）时，向论文导师或其他经验丰富的学术工作者咨询，通常是个好主意。

确定投稿策略

一篇论文一次只能提交给一份期刊，这是大多数学术领域通行的规则。编辑和审稿人用来审稿的时间成本很高，除非能选择发表自己喜欢的论文，否则，期刊无法负担此类成本。[1]此外，论文如果遭到拒绝，就不能再提交给同一份期刊。一些作者试图对论文做一些小幅改动，称为新的论文，并再次尝试提交给同一份期刊。这样的策略一般并不明智，因为编辑大多会注意到这样的投稿，并很快拒稿，最终对作者产生不好的印象，甚至不再考虑采纳其日后的投稿。

既然作者一次只能向一份期刊投稿，该怎样决定先尝试哪份期刊呢？为什么不总是从本领域最优秀的期刊开始呢？在许多情况下，首先尝试顶级期刊是合乎情理的。只要论文执行得当，遭到拒稿也不是耻辱。除了遭到拒稿带来的情感成本，这种投稿的主要成本是等待回应所需要的时间。

如前所述，许多学术工作者大大低估了等待时间的价值。期刊需要长达一年的时间才为作者提供编辑的回复，与此同时，其他人继续埋首于同类论文的研究工作，这或许会降低作者论文的新颖性，以及她开展新工作的能力。她可能会浪费宝贵的时间思考怎样修改论文、审稿人可能做出什么样的反应，等等。

我认为，作者应该尽量先对论文有多大概率获得采纳抱有现实的预期，再向期刊投稿。形成这种预期可能很困难，因为这需要作者接受自己论文存在的局限性。如果作者认为论文具有宽泛的吸引力，也在讲演中得到了顾问和同事的积极反馈，那么，她

---

[1] 由于法律评论由学生编辑，审稿人的时间机会成本较低。或许正是出于这个原因，法律评论愿意考虑发表同时提交给其他法律评论的手稿。如果论文得到多份法律评论采纳，作者可自行选择在哪份刊物上发表论文。

不妨去试试顶级期刊。在顶级期刊上发表文章极有价值，尤其是对那些即将获得终身教职的年轻教员来说。但是，所有作者都应该意识到投稿过程所耗用的时间和精力。如果论文难以在顶级期刊上发表，而一份排名较低的期刊很可能不需要作者付出太多努力就可以采纳论文，那么合理的做法是在后一份期刊上发表，投身下一篇论文的工作。

初次投稿

如今，大多数期刊都使用名为"Editorial Express"的程序或类似的软件，让投稿者能够将论文和其他相关信息直接上传到期刊网站。有了这类程序，期刊的工作变得轻松了，它会将期刊需要的所有信息计算机化，再加入一个处理投稿费用的支付系统链接。

初次投稿时，作者有时必须做出一个重要的决定：选择哪位编辑来处理论文（有些期刊当时就会让作者挑选编辑）。这些期刊并不保证作者选择了哪位编辑，最终就由哪位编辑负责处理她的论文，但从我的经验看，超过一半的时候，作者自选的编辑确实经手了相关论文。[1] 大多数期刊都有多名编辑，他们对研究的口味各不相同，因此选择处理论文的编辑极为重要。

如果有机会自选编辑，作者应该提议她眼里会对论文及其传

---

[1] 期刊之所以有时不使用作者提议的编辑，是因为总编辑希望平衡各编辑之间的工作量，也可能是因为存在冲突，作者提议的编辑无法处理投稿。

达的信息赞同的编辑，通常是与作者的研究论文的相关基础研究最接近的编辑。但是，如果作者担心与自己研究最接近的编辑可能倾向于反对投稿论文（或许是因为众人都知道编辑的观点与论文中表达的观点相悖，或编辑的学生的论文与作者的论文存在竞争关系，或其他任何原因）时，就应回避这位编辑。有时，不选择这样的编辑还有一个原因，即有其他编辑已经表示对论文感兴趣，选择后者更为明智。

我做编辑的时候，几乎从来不读稿件附带的自荐信。我会直接跳到论文，迅速地读一遍，并决定让谁来做审稿人。不过，其他正在当编辑或从前当过编辑的人告诉我，他们会仔细阅读自荐信，并以作者在信中提供的摘要为线索来选择审稿人。自荐信为作者提供一个吸引编辑注意力的机会，解释为什么这篇论文适合该刊物，让编辑了解论文的来龙去脉。

期刊对新稿件的处理方法

一篇新论文提交给期刊后，第一个看它的人通常是确保论文符合期刊要求的工作人员。比如，一些期刊对最大篇幅或其他方面有限制，如最小字号。[1]如果论文符合规范并支付了投稿费，负责分配稿件的编辑（通常称为"总编辑"）就会简单地浏览论文。

---

1 《金融研究评论》就规定了最小字号的大小，因为有一位作者每年提交4至5篇论文，似乎总是使用非常小的字体，全文接近100页。不用说，没有一个编辑希望接手处理这个人的论文。

如果论文明显不适合本刊，总编辑这时便可以拒稿（"直接退稿"）。更常见的情况是，总编辑会把论文交给期刊的其他编辑来处理，也可以决定亲自处理。

到了这一点，不同期刊的处理就各有不同了。在《金融研究评论》，我们有一位博士后阅读每一篇投稿论文，并向负责每篇论文的编辑推荐几位可行的审稿人。其他期刊将每篇论文分配给一位副编辑，由他向编辑提出对论文的意见，并提议潜在的审稿人。不管怎么说，论文最终来到了编辑的办公桌上。编辑做出定夺：论文是应该获得审阅，还是直接被退稿；如果需要审阅，请谁来审阅。就个人而言，我讨厌直接退稿，也很少这样做。如果我经常直接退稿，我兴许能省下审稿人和作者的时间，但我讨厌那些被退稿的作者后来在学术会议上看到我时脸上的表情。不过，别的编辑经常会对那些发表概率极小的论文直接退稿，这恐怕是个好做法。一些期刊，如《经济学季刊》，超过一半的投稿都是被直接退稿的。[1]

如果论文未被直接退稿，编辑必须决定找多少名审稿人、找哪些审稿人。大多数期刊如今都转向每篇论文采用多名审稿人的政策，也有少数期刊大多数时候仍只使用一名审稿人。编辑通常会选择从事与投稿论文相关研究的审稿人，因为他们能够更好地评估论文相对于现有文献的增量贡献。编辑如果使用多名审稿人，就会尝试挑选有着不同背景和技能的人。比如，如果一篇论

---

[1] 我的论文并非如此。我每次给《经济学季刊》投稿，编辑都是先发给审稿人，之后再退稿。

文同时描述了理论和经验研究,编辑可能会让一位擅长理论的学者做审稿人,再找另一位擅长经验研究的学者做另一名审稿人。或者,她可能会找资深学者写一份审阅报告,再找年轻学者写另一份审阅报告(年轻的审稿人往往有更大可能通读全文,并为作者提供详细的建议)。

编辑将审稿人视为宝贵的资源,尤其是自己最信任的审稿人。出于这个原因,他们大多只在自己认为真正有机会发表的论文上使用他们最喜欢的审稿人。遗憾的是,这意味着,较资深的知名研究人员的论文,更有可能分派到更受编辑信任的审稿人手上。这些值得信赖的审稿人往往是对研究有更好视角的资深学者。相较于年轻的学者,他们不太可能因为次要的方法论问题拒绝论文;他们更可能关注从一篇论文中能学到什么东西,而不是它犯了些什么错误。

审阅报告

编辑决定为投稿采用哪位审稿人之后,她会给审稿人发一封电子邮件,请求其对论文进行审阅。电子邮件里将包含论文的副本,编辑想要收到审阅报告的截止日期,以及有关付款(少量)的细节(如果审稿人按时完成审阅,会收到审阅费用)。传统上,论文是"双盲"审阅,即审稿人和论文作者不知道彼此的身份。然而,如今,盲审已经变成了一个笑话,因为审稿人几乎总是可以通过谷歌搜索论文标题找出作者姓名。尽管如此,一些期刊仍然保持着双盲审阅的假象，另一些期刊则采用了单盲审阅制度，即把作者姓名告诉审稿人，而作者不知道谁是审稿人。

活跃从事研究工作的学术工作者，受邀做审稿人的次数远远超过他们自己愿意做的次数。他们同意撰写审阅报告是出于职业义务，也是为了帮编辑的忙，而并不是因为他们想做这份工作。如果一位学术工作者希望在某一特定期刊上发表自己的研究成果，那么除非有特殊情况，她通常会接受邀请成为该期刊的审稿人。但是，撰写审阅报告是一件痛苦的事情，要投入大量时间，报酬微不足道。对大多数学者来说，审阅论文和批改考卷、参加教员会议一样，都是他们极力想要避免的工作内容。

也就是说，一旦审稿人答应审阅一篇论文（尽管不太情愿），他们大多都会努力把工作做好。[1] 审稿人希望帮助编辑做出更好的编辑决策，帮助作者改进论文。因此，他们会仔细阅读论文，试图为作者提供有用的建议。但是，要是碰到一个繁忙的月份，审稿人连续撰写了三四份审阅报告，就会脾气暴躁。审稿人一点儿也不喜欢评论一篇难读难懂、存在明显错误、论证有疏漏，或者包含太多无关资料的论文。作者为提高论文可读性所付出的努力，确实会影响审稿人对论文的反应，也能极大地增加论文获得采纳的可能性。

---

[1] 这里有一篇优秀的论文，探讨了审阅过程和学者应该怎样撰写审阅报告：J. B. Berk, C. R. Harvey, and D. Hirshleifer, "How to Write an Effective Referee Report and Improve the Scientific Review Process," *Journal of Economic Perspectives* 31 (1, 2017): 231–44.

审稿人会为编辑提供怎样处理论文的建议。这篇论文能否为文献做出足够大的贡献，从而保证能在期刊上发表？作者需要对论文做些什么方可使其发表？有什么改进分析的方法是编辑应该鼓励作者采用的吗？这些问题的答案，尤其是第一个问题，可能因期刊而异。通常，一篇在《美国经济评论》眼里看来贡献不够大的论文，转投更专业的期刊，或可为后者增光添彩。

审稿人会在私下相当坦率地向编辑传达个人意见，此外通常还会在报告中重复这些意见，告知作者。有时，如果报告是负面的，审稿人会稍微粉饰一下。比如，如果审稿人对编辑说"这篇论文真是糟糕"，他可能会在写给作者的审阅报告中说："以我看来，增量贡献太小，不足以保证在本刊发表。"不过，并非所有审稿人都这么友善，也有人经常写一些带有不必要的伤人语句的负面报告。

除了给编辑写的说明外，审稿人还要撰写一份正式报告转寄给作者。审阅报告中通常会先提供论文摘要，接着就论文的发表给出全面的评价和建议。审阅报告也包含帮助作者改进论文的建议。不同审稿人给出的建议，在质量和数量上差异很大。有时，审稿人会写上五六页密密麻麻的详细评论，对作者修改论文极有价值。也有的审稿人只写一到两段评论，而且聚焦于整体，忽略细节。

如果审稿人认为自己最终会建议采纳论文，他们大都希望在论文发表前与作者合作，尽量让这篇论文变得更好。如果他们想要拒绝论文，他们仍希望帮助作者加以改进，只是不太可能为此花太多时间。因此，审稿人在建议作者重新提交修改后的版本时，通常会写得尽量详尽，给出他们认为所有可以改进文章的建议。要是建议退稿，他们大多会撰写简短的报告，解释为什么论文不适合特定的期刊，并很少花时间给出有用的建议。

编辑从审稿人那里收到反馈之后

虽然有时所需时间比编辑（和作者）期望的要长，但审稿人最终还是会把报告发送给编辑。[1]这时候，编辑必须决定怎样处理这篇论文：她可以退稿、要求修改或接受稿件（这种情况极少）。大多数时候很容易做出决定。对优秀的期刊来说，大多数投稿论文都被明确退稿了。在快速阅读论文之后，或在收到审阅报告之后，编辑通常便可做出明确的退稿判断。遭到退稿的论文通常分析并未出错，也就是说，作者在证明时并没有出错，也没有使用不恰当的统计技术。大多数投稿论文之所以遭到拒绝，原因在于它们没有做出足够的增量贡献来足以保证在期刊上发表。期刊之间彼此角力，希望发表影响力最大的论文，因此编辑总是争取发表能够提升期刊声誉的论文。大多数论文遭到拒绝，是因为编辑和审稿人认为它们太普通，不大可能产生提高期刊声誉的影响。

编辑退稿时，她通常会给作者写一张简短的便条，并附上审

---

[1] 如果一切进展顺利，审稿人只需一两个月就可以提交报告。也有时审稿人速度很慢，论文会在办公桌上摆上半年甚至一年。有时，编辑不得不放弃一个特别不称职的审稿人，根据返还的报告做出决定，或者另外找人撰写报告。

阅报告。有些编辑对退稿的所有论文都使用统一格式的函件。我以前做编辑的时候,更喜欢亲自撰写退稿信。我本人的论文也曾多次遭到退稿,因此我觉得应该多说几句话,解释清楚为什么这篇论文的贡献还不足以发表。收到我的退稿信时,作者仍会感到沮丧,但我希望他们中的大多数人能感觉自己受到了公平的对待,并从投稿过程中获得了有用的反馈。

有些论文,其质量很接近发表;还有些论文,期刊很可能会发表,对于这类作品,编辑的工作会更困难。她通常会仔细阅读自己认真考虑发表的论文及其审阅报告。审阅报告提供建议,但发表的最终决定权属于编辑。优秀的编辑有时会推翻审稿人的意见:她既可能拒绝审稿人喜欢的论文,也可能向审稿人建议拒稿的论文发出二次投稿的邀约。

编辑对待二次投稿过程的态度各异。有些人不愿意邀请二次投稿,除非他们相当确定论文最终有望发表。有些人在第一轮时态度宽容,但会在二次或三次投稿的时候拒绝大量论文。[1] 喜欢为作者提供第二次机会的编辑会告诉相当一部分作者,他们的论文是"退稿重投",即这篇论文遭到了拒绝,但与大多数被拒稿的情况不同,作者有权对论文进行充分修改,作为一篇新论文二次投稿。

要求修改时,编辑会向作者解释为什么目前的版本无法获得采纳,以及编辑希望作者把论文往什么方向发展。通常,这些说

---

[1] 这种经历可能会让作者非常难受,对于那些刚刚走上学术生涯的人尤其如此。我从前有个学生写了一篇求职论文,投稿4次,最终还是被一家顶级经济学杂志退稿了。他非常沮丧,离开了学术界,在资金管理行业找到了一份很好的工作。

明都非常详细。比如，编辑会告诉作者，她应该删掉表3到表5中介绍的第一组测试，扩充论文后面讨论的第二组测试。她可以告诉作者，要大幅增加样本量，完全改变计量经济学，拿出一套有效的工具，或是进行其他任何的调整。不同的修改请求带来的额外工作量会有极大的不同：有些修改建议很简单，几天就能完成；有些建议基本上等于重写一篇新论文，有可能要花上一年多时间方可完成。

我做编辑的时候，希望尽量减少到了后面的几轮再退稿的情况；因此，我会非常谨慎地判断哪些论文在作者修改后有望发表。只要论文通过了第一轮筛选，我就很少退稿，几乎所有我要求修改的论文最终都发表了。话虽然这么说，但每次我写信请求修改的时候，我并不知道这篇论文最终能否获得采纳。因此，我总是很坚定，清楚地说明作者必须怎么做才能让论文获得采纳。我还会进一步强调，我有权利在未来拒绝这篇论文。不过，我接触过的作者几乎都极为勤奋，通常都能顺利地完成我请求他们做的事情。

作者收到编辑来信和审阅报告后

如今，作者收到期刊发来题为"有关贵稿件的决定"（Decision on Your Submission）的电子邮件，就可得知自己投稿的音信了。作者一看到这样的电子邮件题目，心脏就会跳得更快，她会努力做好迎接打击的心理准备，因为她知道，电子邮件里大多数时候都是叫人不快的消息。大多数提交给优秀期刊的稿件都遭到了退稿。无论学者在这一领域干了多久，被退稿仍然是件叫人难受的事。实际上，我以前有个同学甚至这么说过："如果你不再在乎退稿的那一天真的来了，你就应该退休了。"[1] 即使信里传来好消息，得到的回应是要求"修改并重新提交"论文，阅读审阅报告可能也很痛苦。报告往往聚焦于论文中审稿人不喜欢的地方，读起来令人不快。哪怕批评是建设性的，也很少有学者喜欢读对自己工作批评的报告。

阅读期刊编辑的电子邮件时要记住，它（几乎）总是看起来比实际情况更糟糕。如果论文遭到退稿，报告中可能会提到一些有用的东西，作者最终可以将改进后的论文提交给另一份期刊。如果编辑允许作者重新提交论文，那么哪怕信中包含了许多对论文分析的负面评论，这仍然是个好消息。作者收获了有用的建议：可以做些什么让论文发表、按照哪个方向调整可改善论文。以积极态度接受负面反馈，利用它来改进研究，是作者必须洞察的奥妙。接受批评是学术生活中不可缺少的一环，以积极的态度妥善利用令人不愉快的反馈，这种能力是学者学术成功必需的技能。

退　稿

如今，大多数领域的顶级期刊会拒绝 90% 以上的投稿。作

---

[1] 也许，这位同学对自己的建议很上心——他去年当上了系主任！

者收到退稿通知时，可能会非常痛苦。他们为论文投入了大量心血，而且大多数时候也真心相信论文值得被发表。作者如果感觉自己的论文被编辑和审稿人轻率地拒绝，可能十分难以接受。不过，以富有成效的方式接受坏消息，是成功学者必须掌握的一种技能。

为什么会有这么多论文遭到退稿呢？简单地说，期刊收到的投稿比它能发表的要多得多。但是，这个回答回避了一个问题：为什么有这么多明知道自己会遭到退稿的作者会投稿给期刊？一些被拒的论文的确有望获得采纳，但大多数稿件在编辑眼里都是明显不合格的。《经济学季刊》会在收到投稿的几个小时内直接拒绝一半以上的稿件，因为编辑一眼就能看出这些论文不适合这份期刊。另一些期刊不会这么咄咄逼人地直接退稿，但它们的编辑在把论文寄给审稿人之前，仍然知道哪些论文有可能获得采纳，哪些没有可能。

这么多明显不合格的论文投稿，原因之一与作者面临的激励结构有关。一篇论文发表在顶级期刊上带来的收益很大，而尝试的成本却很低。投稿费用通常微不足道，通常还由基金或研究预算支付，如果作者运气好，无非损失几个月的时间罢了。那为什么不试试呢？兴许论文能碰到一个能与其共情的审稿人或编辑。这种逻辑驱使从事研究的教员会先向至少一到两份顶级期刊投稿，再尝试更专业的期刊。但是，叫我颇感困惑的是，既然作者明知自己的论文不大可能获得采纳而仍向顶级期刊投稿，那么为什么论文遭拒却还是经常令她感到沮丧？

许多论文遭拒是因为作者高估了自己的工作,把论文提交给了一份其他人认为明显不合适的期刊。一位学术工作者,在同事和编辑眼中或许是可信赖的,但对自己工作的评价,却可能不切实际。坚持不懈和高度自信是帮助人们成为成功学术工作者的两大品质,但高估自己工作的倾向会使学术工作者把论文投给与其研究贡献并不相称的排名更高的期刊。

论文被拒该怎么办

听到别人不喜欢你花费了多年心血写成的论文,你会感到很不舒服。作者收到退稿信后,第一反应往往是对审阅过程起疑心,并向所有愿意倾听的人发牢骚。许多人会联系编辑,要求他给出比拒稿信中更合理的解释。

从作者的角度来看,编辑犯了错误。作者很自然地认为,编辑应该意识到自己的错误并改变主意。然而,不管作者多么想联系编辑,她都不应该这么做(除非通过我稍后讨论的正式申诉程序)。抱怨不会改变编辑的决定,反而可能会让编辑对作者留下不好的印象。

通常,遭到退稿后,作者最好是花上几个星期时间,跟合著者、密友和顾问一起仔细分析遭拒的原因。亲密朋友能在作者遭到退稿时体现出宝贵价值。有时,作者尽可以(私下)对密友大吼大叫,发泄沮丧情绪,日后,如果朋友的论文被拒,也可以反过来对她大吼大叫。但是,在公共场合,尤其是与资深同事和编辑交流时，她应该尽量保持冷静、沉着和镇定。她应该尽量表现得像个专业人士。她的同事也曾遭到过拒稿，也知道这会有多么难受；因此，如果她的反应很专业，他们会对她更为敬重。

审稿人当然也会犯错，但他们的观点总归有一定的正确性。也许论文的某一节写得不像作者想得那么清楚，或是相较于其他工作，某一个结果不像在论文中说的那样令人惊讶，又或是一些遗漏变量也可以解释论文的发现。给审稿人一次公平的机会——哪怕你认为他们在阅读你的论文时并没有对你做同样的事情。还要记住，从观点而言，有可能其他读者也认同审稿人的意见（如论文太长，导言难于理解，等等）。简而言之，如果审稿人勤勉地阅读了你的论文，那么审阅报告中很可能有一些东西可供借鉴，不妨整合到论文当中。

当然，与收到"修改并重新提交"邀请的论文不同，作者不需要按照审阅意见逐一修改。如果她认为审稿人的观点愚蠢，可以不予理会。但是，如果她真的这么做了，也要自己承担后果。她下一次投稿的期刊，有一定概率邀请同一位审稿人审阅。[1] 如果审稿人花了很多时间撰写报告帮助作者，但却发现作者对自己的

---

1 有些审稿人有自己的"一罪不二审"规则——也就是说，他们不会为其他期刊第二次审阅同一篇论文。然而，如果审稿人告诉编辑他不做审阅是出于这个原因，编辑大多会要求看看提交给上一份期刊的审阅报告。我曾在这样的情况下犯过一个错误，把之前的报告发给了编辑，编辑把审阅报告转发给了作者，并据此拒绝了论文。结果，那篇论文的作者之一是某院系的负责人。在他收到审阅报告后不久，我到他所在的院系参加求职研讨会。在我拜访时，他跟我发生了不当的对峙，还告诉我，他认为我就是拒绝了他两次的审稿人。我撒谎说我不是，但我认为他并不相信。最后，我没有得到那份工作。

建议置之不理，他肯定不高兴。

然而，更有可能的是，这种负面报告准确地指出了论文的错误，要么是形式分析，要么是作者对结果的解释和说明。即使审稿人误解了某些东西，作者也应修改论文，确保下一位审稿人不会做出类似回应。否则，新的审稿人很可能会基于跟第一位审稿人同样的理由拒绝这篇论文。

不妨把负面审阅报告视为审稿人对作者在构建论文时做的选择的反应。作者报告了哪些规范，又遗漏了哪些？她是按什么顺序来安排这些规范的？她怎样解释结果？作者要做的决定必然是无穷无尽的。审阅报告可以帮助作者就怎样撰写论文做出更好的决定。自己的工作最重要的问题是什么，论文最有趣的地方是什么，对结果的恰当阐释是什么，作者有时对上述这些问题有着有别于他人的看法。负面的审阅报告为作者提供了一个机会，去重新思考这些看法，并借助他人的观点来指导论文的结构。但愿经过重新评估的结果，能让将来的读者对这篇论文更感兴趣。

修改并重新提交

就算编辑喜欢一篇论文，也很少会直接采纳。审稿人几乎总是会提出一些建议，编辑自己阅读后也经常想到改进论文的方法。因此，编辑通常不希望论文完全按照原样发表，而是认为，论文经过大幅修改后可以发表。此时，编辑会将论文交还给作者，并邀请他们修改后重新提交。

这样的结果一般就叫作"修改并重新提交"或"修改重投"。对于"修改重投"的论文，编辑通常会非常明确地说明希望论文怎样修改。编辑会具体说明自己认为作者应该怎样调整论文的结构，她认为审稿人的哪些意见最为重要，以及她认为作者从分析中得出的适当推论是什么。在这类信函里，编辑实际上就是在说，如果作者按照她的要求去做，论文就很有可能获得采纳并发表。

编辑也可能在"修改重投"信函里说得更为含糊，比如："如果你的论文能够解决这个（或这些）问题，那就太好了。我不知道我提出的这些要求是否可行，但如果可以的话，我愿意考虑你的再次投稿。"这种开放式的回复在暗示，作者应该先解决编辑在信中提出的问题再投稿。在这类信函中，编辑指出的问题往往是作者不能解决的基本问题。比如，编辑可以要求作者通过封闭解而不是模拟来处理模型，又或是为因变量提出一种更好的工具。

编辑信函中的目的是向作者指明一个推进论文的方向，以便修改后的论文能够发表。我个人认为编辑的"修改重投"信函，究其本质是一种契约：如果作者按照要求做了，编辑最终将采纳论文予以发表。话虽如此，并不是所有编辑都把修改请求视为契约。编辑可以要求大幅修改，但哪怕作者忠实地按照其要求行事后，编辑仍然有可能拒绝该论文。站在公平的角度来说，这些编辑屡屡明确表示，他们不认为"修改重投"信函是契约，也明确表示自己的修改要求是论文发表的必要条件，并非充分条件。此外，站在公平的角度说，和所有契约一样，作者和编辑有可能就条件是否得到满足、作者是否实际履行了要求而产生分歧。

"修改重投"信函所提的要求，在作者的工作量方面差异很大。有时，信函中的建议很容易实施，几天内就能完成。比如，编辑可能要求作者扩充讨论编辑所偏爱的另一种阐释，添加一些额外的测试，或删除编辑认为多余的部分。但是，如果碰上另一种极端情况，编辑有可能要求作者关注完全不同的重点、采用完全不同的方法，基本上等同于写一篇新论文。如前所述，这样的决定有时叫作"退稿重投"。就退稿重投而言，编辑会告诉作者自己喜欢这篇论文的某些地方，也许是数据，也许是提出的问题，也许是整体的方法。然而，当前版本的论文远远无法获得采纳，编辑不希望做出任何暗示性的承诺，并强调：修改后的论文必须与原论文足够不同，方可视为一篇新论文。在上述两种极端之间的是典型的"修改重投"，它要求作者重新思考现有分析的某些部分，完成一些新的工作。

当作者收到"修改重投"信函时，她应该感到高兴——这意味着她有机会修改并在期刊上发表论文。但是，这仅仅是一次机会。在第二轮、第三轮甚至第四轮遭到拒绝的论文也有很多。务必回应审稿人和编辑在审阅报告及信函中提出的每一点。更重要的是，作者要了解审稿人的困扰是什么，并解决造成其困扰的根本问题。

申　诉

有时，审稿人的确会犯严重的错误。跟我们所有人一样，审稿人也是人：他们会看漏关键的假设或解释；他们觉得作者在做 X，而实际上作者做的是 Y；偶尔，审稿人没有花足够的时间来理解论文。编辑意识到审阅过程并不完美，并希望公平地对待作者。

出于这个原因，大多数期刊都设有申诉程序。申诉程序因期刊而异，但通常是作者写一封信解释为什么某一决定不正确，接着编辑把论文寄给副编辑或其他业内资深人士，让他们审查这个决定。有时，申诉会推翻最初的决定。在《金融研究评论》，我们发现，申诉的采纳率与初次投稿的采纳率惊人地相似，或许这是因为，只有当论文极为接近发表水平却遭拒绝时，作者才会提出申诉。

也就是说，我建议，只有当审稿人的分析中存在明显的实质性错误时，再提出申诉。有些作者经常提起退稿申诉。编辑知道这些人是谁，认为其不断地申诉招人烦躁。但要是期刊因为审稿人犯错而退稿，编辑的确希望作者提起申诉。编辑为期刊付出了大量的时间和精力，并真心希望自己所做的发表决定是正确的。

身为作者，我在职业生涯中只对一次退稿提起过申诉。我和合著者设计了一套我们认为无懈可击的识别策略，但审稿人误解了我们的做法，在报告中说我们使用的识别存在问题，拒绝了这篇论文。我先是冲着老朋友们咆哮了好几天（遭到退稿，我真的特别沮丧——我不知道有谁能泰然自若地接受退稿）。接着，我写了一封信，尽可能清楚地解释我们到底做了什么，以及为什么论文中的识别策略是有效的。我请合著者削弱这封信的语气，因为它的措辞太强烈了（我很生气）。我们把信寄给了期刊，编辑立刻把它转发给了审稿人。值得称赞的是，审稿人立即意识到自己犯了错，也理解了为什么论文中的识别策略是正确的。在我们提起申诉后不久，我们就修改出了一个审稿人认为可以采纳的版本，论文最终被发表在了那份期刊上。

开始修改——"回应文档"

作者收到"修改重投"信函时，应该从哪里开始呢？应该怎样修改论文呢？在什么地方着手呢？几年前，一位编辑要求我们修改并重新提交一篇合作论文，伊西尔·埃雷尔（Isil Erel）说服我围绕自荐信来组织修改，自荐信附加在修订文件（我一直叫它"回应文档"）中。我非常喜欢这种方法，现在我所有的论文会照此办理。

重新投稿的"回应文档"包含了作者自初次投稿以来所做的详细修改摘要。它还可以传达其他信息，比如，礼貌地解释为什么使用某种方法，以及为什么审稿人的评论不切题。它甚至可以包含作者不想收录在论文中的结果。一份好的"回应文档"会让编辑和审稿人的工作变得更容易，有时还能说服其相信，由于作者已经完成了他们要求的工作，他们不必在修改后的论文上花很多时间。回应能够让编辑和审稿人跳过上一轮在论文中他们看来没有问题的部分。他们可以将注意力集中在作者对其问题的回应上——这部分内容能很方便地在"回应文档"中看到。

和部分作者一样，我过去常常等到修改完成后再撰写"回应文档"，但伊西尔劝我最好是在收到编辑来信后立即动手写该文档。"回应文档"可以极富成效地对修改过程加以组织。

我是这样做的：首先将编辑信函和审阅报告复制到一个文档里（删去一些琐碎内容，如"亲爱的迈克"），将文档中的文本改成斜体。接着，我和合著者仔细阅读报告。每当就如何解决一个问题达成共识时，我们就在"回应文档"里写下笔记（通常会用一个鲜艳的颜色）。等对论文进行修改时，我们会删除彩色注释，代之以简短的描述，用适合编辑和审稿人的语言书写。等"回应文档"中的彩色文字全部消失，我们就基本完成了修改。最后，我会在"回应文档"中添加一段简短介绍，解释文档本身的结构，完成回应。

这种修改论文的方法有几个优点。首先，也许也是最重要的一点，它让所有的合著者都来到了同样的出发点，让每个人都清楚地看到他们的团队同意做些什么事情。其次，它保证了审稿人指出的每一点都得到了解决。几份长篇报告和一封编辑信函都包含了作者在修改过程中必须解决的问题，在处理它们的过程中，人们很容易忘记一些要点。最后，如果在修改论文的过程中（而不是修改完成后）撰写"回应文档"，那么一旦论文修改完成，文档也随即完成，我们可以立即重新投稿。

修改的实质

在典型的"修改重投"信函中,一篇论文会收到一两篇审阅报告,各写有五六页密密麻麻的建议。有时,报告中的意见会有交叠,但时不时地,也会出现审稿人不认同彼此观点的情况;如果他们互不认同,同时满足两人的意见,兴许会很棘手。优秀的编辑会尝试给予作者指导,指出哪些观点他认为必须遵循,哪些建议是可选项,哪些他认为作者可以忽略。此外,编辑可能会对论文的修改提出自己的一些建议,她的信中还可能会有副编辑的一些建议。一般而言,作者会发现大多数建议都是有用的,但有些可能毫无意义,有些甚至完全错误。

作者怎样考虑对"修改重投"信函做出回应呢?在投稿之前,她兴许大费周章地从论文中删掉了尽量多的不相干资料。她真的愿意再加入一大堆新资料来满足审稿人,同时让论文变得更长、让大多数读者目光呆滞吗?反过来说,不回应审稿人和编辑肯定是一个致命的策略,审稿人和编辑不仅投入了大量时间提出建议,而且还有拒绝这篇论文的权利。认真回应审稿人提出的每一个观点,同时保持论文的相对简短和易读,似乎是一项不可能完成的任务。

为期刊修改论文时,需要遵守几条原则。首先,作者必须解决审阅报告中提出的**每一个**问题。如果作者未能说明审稿人认为重要的某个观点,审稿人会感到不快,甚至会建议拒绝一篇他们原本喜欢的论文。其次，作者应该努力把修改视为改进论文的机会，而不仅仅是为了迎合审稿人的要求而跳过的障碍。但是，如果作者在论文中针对审稿人提出的每一个观点都新增了大量的资料，那么审稿人很有可能会认为新版论文太长、太无聊，并且不建议论文发表。最后，或许是最重要的一点，作者应该永远记住：在论文上署名的是自己。论文发表后，审稿人仍藏身幕后，永远保持匿名，说不定很快就忘了自己评论的细节（有时甚至忘记自己评论过这篇论文）。不管某个观点是不是因为审稿人建议才出现在论文当中，论文发表后承受赞扬或指责的人，都只有作者。

要怎样完成这个看似不可能完成的任务呢：添加资料却不让论文变得过长，回应无意义的评论而不向读者暗示你认为似是而非的观点正确，还要满足希望你将论文推向不同方向的多名审稿人？你在修改时务必记住一件事：虽然你必须回应审阅报告和编辑信函里的每一条评论，但对于在哪里回应、怎样回应，你仍拥有很大的自由裁量权。

我在修改论文解决审稿人关注的问题时，奉行的原则是，只在论文中加入我和合著者真正相信对论文有改进的东西。如果审稿人提出的建议改进了我们的论文，我们当然会采纳。对于诸多读者提出的问题，以及在研讨会上提出的问题，我们尤其应在论文中答复。如果我们在这个时候加入额外的稳健性校验，那么我们会尽量遵循第七章中概述的策略：将之放到一个单独的部分中，这样不认同审稿人关注点的读者可以很轻松地略过这些内容。如果审稿人建议我们做些事情解决一个看似不重要的问题，我们可能会把回复放到附录中（或许是网络附录）。我们一般会在正文或脚注中指出校验可到附录中查阅，甚至附带对结果的简短描述。

有些建议，在我们看来仅是针对一位审稿人加以回应，大多数读者很可能并不在乎，我和合著者通常会在"回应文档"中提出，在论文中不做任何修改。我的"回应文档"中往往包含一些专为缓解审稿人顾虑而制作的表格。因为实际论文中的篇幅甚为宝贵，所以我经常在"回应文档"中包含审稿人要求、但一般读者可能不感兴趣的测试。我希望，当审稿人看到他所要求的"额外控制"与"不做控制"并不存在显著差异时，他会相信这些新测试不必占用论文的篇幅。

如果我和合著者在附录或"回应文档"中加入了额外的测试，我们总是会告诉编辑和审稿人，如果他们愿意，我们很乐意将这部分内容放到"回应文档"中。如果作者就在哪里加入额外分析做出了明智的选择，并提议由编辑来做出决定，那么编辑和审稿人都会表示欣赏。不过，实际上，编辑很少会接受作者的这种提议。在我的职业生涯中，当提交修改后的论文时，我曾多次提出将审稿人要求的额外测试放到正文中。从未有编辑或审稿人接受这样的提议，要我把"回应文档"或附录中的内容转移到论文的主体部分。

在典型的"修改重投"信函中，审稿人和编辑基本上喜欢作者做的事情（问题、数据、方法等），只是对作者的方法的某一方面心存疑虑。它可能与作者的统计数据、建模、阐释（或其他任何事情）有关。审稿人或编辑通常会对这个问题给出具体的回应——或者是统计测试，又或者是不同的对问题进行建模的方法。有时，作者（对该问题的考虑时间通常比审稿人和编辑久得多）有理由不采用建议的补救办法。如果是这样，作者完全可以在"回应文档"中解释自己为什么不愿意按照审稿人的建议做。但是，如果她没有按照编辑和审稿人的建议做，她应该清楚地解释原因。此外，在讨论中，她应保持礼貌，耐心地解释为什么审稿人或编辑的担忧并不是一个真正的问题，或者，她所做的另一种测试怎样解决了这个问题。关键是要准确地理解审稿人关心的问题，正面指出，这样审稿人就知道作者认真对待了自己的担忧。

大多数时候，如果作者恰当地运用了附录和"回应文档"，是有可能在改进论文的同时，解决审稿人和编辑提出的问题的。然而，有时审稿人也很固执。有一次，一位审稿人认为，我和合著者必须收录一项我认为完全不合理的特殊计算。我和合著者与期刊反复讨论数次，试图解释为什么我们不愿意在论文中包含一项无意义的计算。最终，我意识到，审稿人不会改变主意，编辑也不会推翻他的意见，除非我们把它写进去，否则论文无法发表。因此，我硬着头皮把计算写进了论文（这时，我的合著者也不在乎了，只想发表论文）。但是，我在脚注里特别"感谢"了审稿人加入这项计算的提议，我想让读者明白，在论文中包含这一荒谬的计算，并非作者的决定。

重新提交给期刊

论文再次提交给期刊后将重复上述流程。除非是微不足道的修改，否则，编辑将把论文发给审稿人，撰写新报告。编辑通常会找原来的审稿人，但偶尔也会加入新审稿人，或许是原来的某位审稿人无法再写一份报告，又或许是编辑想要听取额外的意见。和第一轮一样，编辑收到这些报告后会进行审议，向作者发送第二封决定信。和头一次一样，作者修改论文，回应第二轮的评论，撰写一份新的"回应文档"，最终将修改后的内容提交给期刊。

这一流程会不断重复，直到论文得到采纳或被退稿。在每一轮，作者不一定必须把论文重新提交到同一期刊，但通常建议这样做。偶尔，作者会认为修改后的论文比最初大有进步，他们可以把它提交给排名更高的期刊，而不是重新提交给原来的期刊。他们认为，就算被排名更高的期刊拒稿，也总可以重新提交给原来的期刊。虽然这一策略并无任何有违道德之处，但我不建议这么做。作者有可能碰到跟原期刊相同的审稿人，作者无视审稿人在前一份报告中所做的工作，恐怕不会让审稿人感到高兴。此外，将修改后的论文提交给排名更高的期刊，可能会让原期刊的编辑与作者断交，编辑无疑明白，另一份期刊也已经意识到他和审稿人在前一轮审阅中为改进论文所付出的努力。出于这些原因，我总是把论文重新提交给同一份期刊，我从来不曾尝试在此过程中向第二份期刊提交同一篇论文。

理想而言，作者和审稿人会达成一个双方都能接受的版本，最终编辑也能采纳。然而，有时事情进展不太顺利，论文会在后几轮的审阅中遭到拒绝。修改了论文之后又遭到拒绝，可能会让作者很不舒服。我有个密友的求职论文被一家顶级经济学期刊在第二轮拒稿。他花了好几年时间等待该期刊回应他的两轮稿件，也根据最初的审阅报告修改了论文。期刊最终告诉他的拒稿原因是，论文对该期刊来说不够有趣。如果论文在他做完了这么多工作之后还不够有趣，无法发表，那么它当初又何以有趣得让他们要求作者花这么多时间修改呢？我朋友的职业生涯非常成功，因此那次挫折并不是他的末日，但即便如此，这段经历也让他遭受了不必要的痛苦，编辑本应将这件事处理得更好。

论文获得采纳

一旦期刊采纳了论文，不确定性就消除了，作者的压力也减少了，但一些人仍有工作要做。大多数期刊会把论文发给文字编辑，文字编辑会把标记好的论文副本发给作者。这些文字编辑通常是优秀的作者，但并非论文主题领域的专家。编辑专注地改进论文的行文，有时会不小心改变原文的意思。因此，作者必须仔细阅读文字编辑的评论，不要不假思索地接受每一项修改建议。

文字编辑奉行的规则是，他们所做的格式更改是必需的，而所有其他更改都是可选项。每一份期刊都有自己的样式：引用有特别的样式，章节列举也有特别的样式，等等。编辑规定的这些样式，作者务必遵守，通常作者也没有理由不这样做。为改进论文行文而做的文字调整，是可选项。不过，如果你不是经验丰富的写作者，最好是接受所有的修改建议，除非它们改变了句子的意思。

经过文字修订后，来到出版前的最后阶段，作者会收到校样。期刊通常会等 6 个月至 1 年把校样寄给作者，却大多希望在 48 小时内得到作者的答复。但这个期限可以忽略，只要编辑采纳论文，期刊就一定会发表。在这个阶段，如果论文被重新安排在时间更靠后的一期刊物上发表，就是作者可能碰到的最糟糕的情况了。

在文字处理软件出现之前的"旧时代"，期刊必须手工排版以发表论文。因此，作者必须仔细检查论文校样中的每一个文字和数字，以确保没有错别字或其他笔误。但是，今天发现的任何文字或数字错误，通常都是作者的失误，而且是在最终提交之前就已经存在的。到了这个阶段仍然可以修改这些失误，但如果作者试图在校样阶段做太多的修改，出版商会很不高兴。

检查表格格式，是浏览校样时必须注意的一件重要事情。出于某种原因，期刊似乎希望在发表的论文中，某一列的数字不在该列的标题下方；或者，表格中的条目可能是右对齐的，这样所有的数字都在单元格的最右边，会让读者读起来非常奇怪；还有可能，出于这样或那样的原因，标题难以阅读——要么是字体太小，要么是本应在标题下方的线从标题中间穿过。我以前遇到过类似的问题，不得不多次把校样寄回期刊，直到格式变得令人满意。

这里的规则是严格,直到论文完美才拍板通过校样。除非校样已经 100% 正确,否则,绝不可批准通过。这件事无须妥协,作者的名字将永远留在论文上,而为期刊设计表格的人,等论文发表一年后说不定就到另一家公司工作了。很明显,此事的激励机制错位了。一定要坚持不懈,确保发表的论文中所有内容都正确,这符合作者的利益,也符合期刊的利益。

第四部分
成为功成名就的学者

BEING A SUCCESSFUL ACADEMIC

第十二章

在博士生阶段怎样发挥生产力

How to Be a Productive Doctoral Student

我的父亲拥有有机化学博士学位。在我进入博士生院时，他向我解释了博士生课程和其他研究生课程最重要的区别。他告诉我，我那些上医学院、法学院或商学院（非博士学位）的朋友，学习起来至少跟我一样努力。他们就跟我一样，会为考试紧张不安，甚至彻夜难眠。然而，几乎所有参加这些课程的朋友都会毕业。他们会非常确定地知道自己毕业的具体时间，他们的父母可以在他们刚入学的那天，就为其毕业典礼预定好酒店房间。

而在博士生项目中，学生的进展则不确定多了。许多学生会因为改变了职业选择设想，自愿放弃博士生学业；也可能会因为没有通过考试、写不出合格的论文，非自愿地结束博士生学业。[1] 即便是完成了学业的博士生，他们拿到学位所需的时间也差别很大。近年来，完成学业的平均时间和不同学生完成学业的时长差异都有所增加。我父亲在 20 世纪 50 年代获得博士学位，我在 80

---

[1] 一项针对经济学系博士生项目的研究发现，该项目前两年的学生流失率为 26.5%。见 A. Stock, T. A. Finegan, and J. J. Siegfried, "Attrition in Economics PhD Programs," *American Economic Review* 96(2, 2006): 458–66。

第十二章 在博士生阶段怎样发挥生产力

年代获得博士学位,这期间,大多数学生都在 4 年内完成了他们的学位。如今,在经济学和相关领域,5 年拿到学位是常态,许多学生要读上 6 年或 7 年。简而言之,当一个学生进入博士生课程时,她最终能否获得博士学位,以及如果她能获得博士学位,这个过程需要多长时间,都存在很大的不确定性。

为什么博士生课程跟其他课程有这么大差异呢?是什么让学生在博士生项目的进展上这么不确定?教员和学生能做些什么来改善这个过程吗?

我认为这些问题的答案在于,博士生的期待有别于其他研究生项目。大多数研究生项目,如法学院或商学院,本质上是本科教育的延伸。学生要上一系列的课,有些课还可能很难,但要从此类项目中毕业,学生只需通过课程考试即可。优秀研究生项目录取的大多数是优秀的学生,因此,绝大多数学生都通过了课程考试。医学院和牙科学院的一些课程,有临床方面的教育,可能又难又耗时,但很少有学生因为实习期间表现不佳而从医学院退学。最后,大多数学生都按时从这些课程中毕业。

相比之下,博士生项目的目标是教学生如何开展研究。毕业的主要要求是写一篇论文,它必须是一项有意义地推动了我们知识前沿的原创研究。撰写一篇优秀博士论文所需要的技能,不太容易被识别出来。有时,学生能够解决考试中提出的任何问题,能以优异的成绩通过任何科目,但提不出研究设想。反过来说,也有的学生,勉强通过了博士生入学资格考试,却成了最优秀的研究人员。成功的博士生最重要的特质是善于选择有趣的问题,并以创造性的方式解决问题。由于在学术研究上取得成功所需的技能跟听讲、上课所需的技能不同，不管是教员还是学生本人，都很难知道学生是不是块从事学术研究的好材料。

对有志于从事研究工作的学生来说，有必要在一开始攻读博士学位时就花些时间来了解自己到底投入了什么样的学业之中。以经济学为基础的学科一般很抽象，并且往往比许多学术界以外的人士所猜测的要抽象得多。入学新生通常认为，在博士课程中，他们将研究怎样预测国内生产总值，怎样更精通选股。有时，博士生会惊讶地发现，经验学术研究倾向于分析系统数据集，而不是进行案例研究，而理论研究使用数学模型而非语言论证来传达观点，强调一般性和抽象性，而非具体的制度细节。

在开始博士生课程之前就参与其中，是未来的博士生了解学术研究是否适合自己的一条途径。我鼓励任何想要获得博士学位的人，跟自己的本科或硕士导师一起从事研究。如果学生在本科或硕士阶段就撰写了一篇论文，那么他们应该试着发表它。另一种选择是从事所谓的"博士预科"工作，也就是在进入博士研究生院之前就开展研究。这样的职位如今越来越多。一些学校雇用刚毕业的本科生担任教员的研究助理，这些人里有很多都会继续攻读博士学位。此外，政府机构和其他从事经济研究的组织也提供工作机会。这些职位不仅可以帮助未来的学生了解学术研究涉及的内容，还能提高学生对博士生项目的吸引力。

第十二章　在博士生阶段怎样发挥生产力

像博士生那样对待生活

许多攻读博士学位的学生都存在一个问题，那就是未能正确地像个博士生般对待这段学习时间。能读到博士阶段的学生，几乎都是优秀的学生；如果不是，他们就不会想要进入博士阶段，也考不出可获得录取的成绩。入学新生通常认为博士项目是此前学习的延续，只是层次更高。从某种意义上说，这种观点是正确的——博士项目确实会上一些相当困难的课程。

然而，博士项目在一个重要方面与其他学术项目有着根本性区别。任何博士项目的潜在目标都是帮助学生在其研究领域成为一名严肃的学者。学生证明自己的方法是写一篇对学术文献有实质性贡献的博士论文。一篇好的博士论文将充分扩充文献，其他在此领域工作的学者会希望知道作者在论文中做了些什么。理想而言，博士论文将为一段有意义的学术生涯充当启动平台。

攻读博士学位的目标是确立自己身为研究人员的地位。这一目标有别于其他学术项目的目标，有鉴于此，学生也应采取不同的态度来对待它。学生应该从进入博士项目的第一天起，就把开展研究视为最终目标。她应该努力发展技能、获取文献知识，并提出有望带来一个成功研究项目的设想。

怀着这样的目标，我为博士生制定了一套在学习过程中必须遵守的规则。这些规则涵盖了学生应该努力做些什么、避免些什么。我首先要介绍的是"别做的事"，即他们在修读博士项目期间应该避免什么。

博士生"别做的事"

（1）别太在意成绩。申请工作时，没人会要你拿出成绩单。

（2）别跟同学争得太厉害。你的最终位置，取决于你在全国范围内的研究质量，而不是你相对于项目课程中其他学生的排名。如果你和同学合作愉快，他们将成为你未来的同事、合著者和终生的朋友。

（3）别太害怕向教员提问。我们拿薪水就是为了解答你们的问题，大胆问吧！

（4）别躲躲闪闪。在你的院系里始终保持高调，哪怕事情进展不太顺利。

（5）别把自己局限在一个领域，或局限在导师的专长领域。大多数教员有着足够广泛的知识和专业技能，他们能指导你写出你想写的作品，而不仅仅是他们想写的东西。

（6）永远别以为论文的第一稿就足够好了。大多数教员的论文在投稿到期刊前要经过多次修改；你的论文可能会经过5至10次大幅修改，才准备好被送到求职市场。

（7）别把研究当儿戏。你要教给这一行一些有意义的东西，而不仅仅是完成博士生课程。对待发表过程也是一样：最优秀的论文是为了传递某种重要的东西，而不仅仅是为了发表。

（8）别写那些只有学术界才感兴趣的论文。如果你修读的是经济学项目，试着解释实际的经济。这样做更好玩，更有意义。

（9）别为了阐明某一技术而撰写论文。找一个有趣的问题，运用适合该问题的技术。

（10）别写在今天看似切题，但在将来不大可能引起人们兴趣的论文。

第一点和第二点：别太在意成绩，别跟同学争得太厉害

学生在进入博士课程之前，她的成绩几乎足以衡量她的学术成就。成绩决定了她的高考总分，强烈影响着她获得的学术荣誉，是她就业和在后续学业项目中获得录取的主要因素。但是，对成绩的重视可能会导致学生之间的竞争较劲和零和博弈心态。说到底，每年只有同等数量的学生入选美国优等生荣誉学会（Phi Beta Kappa）、法律评论（law review）和其他名牌荣誉。如果学生帮助自己的朋友取得成功，那么前者能获得的荣誉就会变少。

学生就读博士项目以后，自然会认为这一阶段也适用同样的规则，但事实并非如此。诚然，得"优"肯定比得"良"好，博士生项目主任通常会对学生进行年度审查，以确保每个人在课程上都表现得不错。然而，除了这些审查，博士课程的成绩其实不太重要。与大多数其他项目的毕业生不同，学术性工作的求职者无须向潜在雇主提供成绩。当一所学院考虑聘请另一所学院的新博士作为其教员时，招聘委员会并不在乎她的计量经济学成绩，因为申请材料并不要求提供这个成绩。不光大学的招聘委员会如此，私营企业和政府机构在考虑招聘新博士时，也都觉得成绩无关紧要。

既然成绩并不重要，博士生就不应该执着于此。与此相反，

博士生除了要像个学生，更应该像个研究人员那样对待每一门课程。他们应该经常思考怎样把课程中学到的东西应用于研究项目，如有待解决的研究领域或问题，或是一项技术能力可以怎样帮助他们解决一直在研究的问题，又或是一种设想或思考方式可以怎样做进一步探索，甚至应用到其他环境。要把课堂看作帮助博士生更好地进行研究的一种手段，而上课本身不是目的。

与博士生对待课堂的方式同样重要的是她对待同学的方式。在零和博弈的环境下成长，同学的成就可能不利于自己的成功，这或许会使得学生把彼此视为竞争对手。在博士课程中，这种思维极其有害。大多数成功的学生从同学那里学到的东西，至少跟从教授那里学到的一样多。

在互相帮助的合作环境下，学生可以就研究进行长时间的讨论、阅读彼此的论文，并相互鼓励以克服博士求学阶段所经历的不可避免的挫折。对学生的成功来说，这样的环境与教员的研究能力同样重要。我一直觉得，麻省理工学院经济学系博士项目成功的秘诀之一就是学生似乎总是互相帮助、一起撰写论文。我最亲密的朋友之一，本·埃尔马兰，比我晚一年入学，专门研究契约理论。我的博士论文是一篇关于董事会的经验研究，我记不清他读了多少次论文的主要部分。等到我把论文投入求职市场的时候，他差不多已经可以算是我的合著者了。这段经历让我们以董事会为主题合著了一篇论文，接着又合著了另一篇，最终，我们形成了一个贯穿我俩职业生涯的研究项目。在过去的30年间，我和本合著了7篇论文，还合著了一本关于董事会和公司治理的其他方面的书。我认为这项研究是我们在博士生阶段所形成的工作关系结出的硕果。

在规模较小的博士班（如我们商学院开设的项目），学生之间的互动尤其重要。我曾在四所商学院任教，它们都有规模不大但颇为成功的博士项目。出乎我意料的是，我发现在这些学院里，最重要的决定学生成功的因素不是学生入学时的成绩，而是同班学生是否喜欢彼此、愿意相互合作。在我执教过的每一所学校，学生都有好几年时间要在校外互相交往、互相帮助。在那些日子里，学生在攻读期间通常都很开心，写出了高质量的论文，最终在好大学找到了工作。在有的年份，学生之间互相不喜欢，他们会尽量保持距离，挣扎着完成课程。我总是告诉一年级的博士生，我没法告诉他们该喜欢谁，以及该和谁交往，但如果他们碰巧跟班上的同学相处甚佳，一路上互相帮助，他们在博士生涯中会过得更开心，表现也会更好。

第三点到第六点：怎样跟教员互动

许多博士生认为，他们应该待在自己的公寓或图书馆的某个角落撰写论文，用大部分时间为之润色。为了给教员留下深刻印象，学生可能会将自己的论文来扩充教授的论文，在论文的结论中，为教授最喜欢的理论提供支持证据。撰写这篇论文的时候，学生没有问教员任何问题，也没有努力去了解他，但她确实在努力让论文完美。接着，在隔了很长一段时间都没有见到教授之后，学生把自己的论文递给教授，希望他称赞论文很棒。

遗憾的是，学生采用这样的方法，通常会碰到这样的情况：教员不喜欢这篇论文，并给出严厉的反馈，学生最终非常沮丧。有时，学生缓过劲来，写出了不错的博士论文；但也有学生放弃了博士课程，到学术界之外寻找工作。这种情况叫人特别遗憾的地方是，它是完全可以预防的。如果这些学生以不同的方式与教员进行互动，写作过程将会有更令人开心的结果。

教员拿薪水就为了教学生。他们明白，没有大量的帮助，大多数学生没有足够的经验或知识撰写出一篇能扩展我们知识的研究论文。教员知道，绝大多数的博士生需要与导师及同学进行多次交谈，进行数次不甚成功的尝试，才能写出一篇高质量的博士论文。大多数（但并非所有）教员认为，这些交谈是自己工作中最美好的环节之一，因为他们喜欢花时间与博士生谈论研究，并帮助后者把研究做得更好。

但是，博士生通常必须有意识地努力向自己希望共事的教员发起对话。一些学生觉得这些对话很困难，尤其是有些学生来自与教员文化差异较大的国家。此类学生很可能从来没有为了成功而寻求教员的帮助。他们有一种"躲起来"的天然倾向，除非他们自认为找到了教员会真正喜欢的东西。

这种做法的问题在于，除了少数例外（如第一章中提及的安德鲁·怀尔斯对费马大定理的证明），大多数学术研究不是这样开展的。学生躲起来，切断与导师和同学的联系，相当于剥夺了自己写出一篇优秀论文所需要的资源。对绝大多数博士生来说，经常跟教员和其他同学对话，是写出一篇成功的研究论文的必要组

第十二章　在博士生阶段怎样发挥生产力

成部分。每个学生都应该试着寻找几位愿意与自己交谈的教员，并确保这些教员认为自己提出的研究项目很有潜力，再对研究投入大量时间。

一些博士生与教员的互动还存在一个问题：学生可能会误解教员对自己研究的反馈。有时，理解教员的评论比人们想象的要困难得多。在我曾经任教的一所大学，我有过一位性格极为消极的同事。他讨厌大多数设想，如果他说一个设想"还行"，那就是高度赞扬了。同一所大学的另一名教员，听到学生提出的任何设想，几乎都会来上一句"很棒"。有时，博士生很难意识到，从第一位教员那里得到的"还行"，是比从第二位教员那里得到的"很棒"更高的赞许。

许多学生有一种错误的观念，认为教员只想帮助在他们自己的分支领域工作的学生。以我做学生和教员的经验来看，这种看法与事实相去甚远。我的导师吉姆·波特巴几乎在经济学的每个领域都发表过论文，除了我的博士论文所属的"公司治理"领域。然而，当我向他寻求研究帮助的时候，他帮了大忙。

到我担任论文导师时，我有些最成功的学生所写的论文，关注的都是我从未涉足过的领域。我发现，指导这些论文特别有趣，回馈也极为丰厚。后来，我甚至和一些学生在他们毕业后选择的领域里共事。这些来自我的研究领域之外的博士论文，不光为博士生自己，也为我带来了成功的研究项目。

最后一个误解是关于学生对教员给予其论文初稿的反馈预期。这些学生的成绩历来是优，他们将论文写出来交给教员，并为自己的论文感到非常自豪。但是，教员经常告诉学生，有时还不太礼貌：论文写得不好。这样的反馈对学生来说犹如灭顶之灾。

博士生应始终以较低的期待，迎接教员给予自己的论文初稿反馈。如果教员告诉他们论文"不太糟"，学生应学会把这种公认的令人沮丧的反馈视为好消息。或许下一稿会变成"还行"，再下一稿兴许是"相当不错"，再再下一稿可能就是"快成了"。一篇论文通常要到第六稿或第七稿才会变成"真棒"。博士课程就是这样，如果一个学生难于应付这种反馈，她或许应该换个行业！

第七点到第十点：我不鼓励的几类研究

最后一组"别做的事"涉及几类我认为青年学术工作者应该避免的研究，以及他们应该如何选择课题。显然，研究课题的选择是一个见仁见智的问题，许多不同的研究课题都涌现了大量优秀的博士论文。我担心的是，博士生倾向于选择那些从长远来看对自己没有好处的课题。学生急于给导师和同学留下深刻印象，所选课题来自当下顶级期刊上发表的论文主题。有时，学生之所以选择一个课题，是因为它看起来很流行，而不是因为他们对它有浓厚的兴趣或是因为它极为重要。

一个研究设想通常会呈现出有趣的发展动态。一个第一次提出时很新颖的设想，在写过几篇论文之后很快就变得无聊起来。假设一位学者构思了一个包含两家公司的模型，有意说明了自己

第十二章 在博士生阶段怎样发挥生产力

的一个新设想。毫无疑问,其他人会写一个包含三家公司的类似模型,哪怕加入第三家公司,也并不会给分析增加任何有趣的内容。最终,模型会包含任意 n 家公司,有人会加入税收,有人会在连续时间内对其进行测试,等等。一个像这样的课题,有可能由此获得自己的"生命",特别是如果有人认为分析中的某个地方存在错误,原作者会感到不安并做出回应。所有的后续论文通常都包含基本相同的设想,只是细节不同。发表关于该课题的文章,成了一场参与者努力"打赢"并展示个人技能的游戏,而不再是为了解释关于这个世界的任何事情。

比起玩游戏,我更喜欢的研究方法是,解释世界上一些非学术界关心的有趣事情。这也是我鼓励自己的学生努力遵循的研究方法。我尽量不跟其他学者就其论文细节进行争论。对于研究课题,尤其是对博士论文的研究课题,我的原则是,作者应该能够解释她所开展的研究项目怎样回答了一个重要的问题,并且让聪明的非学术界人士产生兴趣。我发现,这一规则让学术扎根于现实,还能鼓励更多的相关研究。如果有学者认为,这样的规则局限性太强,那么我想提醒一点:非学术界人士关注的研究课题往往极为重要。由于非学术界人士感兴趣的课题的论文往往也会吸引学术界人士,它们更有可能在求职和发表过程中为作者带来积极的结果。

有必要强调,这种研究观点并未获得学术界的普遍接受。我有个前同事兼好朋友,他总是告诉博士生要写"以技术为导向的论文"。他认为,学生应该选择能够展示个人技能的课题,这样才能给其他学者留下深刻印象，并在职业生涯中取得成功。这位朋友并不是唯一一个在这一点上与我意见不一的人。许多声誉卓著的教员怂恿学生在论文中批评其他学者的研究成果，或敦促学生把研究重点放在只有学术界人士才感兴趣的技术问题上。

我自己写论文，从无意展示个人技能、批评其他论文，或做出方法论上的贡献，我也不鼓励自己的学生写这样的论文。我从不撰写单纯为了说明一种技术的论文，我的首要任务是研究有趣的问题。正是这些问题，决定了一个研究项目是否值得进行。当然，我总是尝试使用合适的方法来解决我正在研究的问题，如果我不同意其他学者的意见，我不会退缩，而且，我也会注意自己在方法上的改进能不能让别人有所借鉴。但我的论文（以及我学生的论文），其主要目的绝不是引发与其他学者的互动，而始终是为了阐明我正在研究的问题。

最后一点涉及学生选择研究的课题的时间范围。除非要拿第二个博士学位，否则每个学生只撰写一篇博士论文。理想而言，这篇论文应该有助于她在未来的职业生涯中提高声誉。因此，在选择论文课题时，最好选择一个人们将来可能会关心的课题。虽说没法确切地知道人们在未来会关心什么主题，但很明显，有些课题的半衰期会比其他课题短得多。哪怕学生在校期间很多人都关心某个课题，但如果此后人们对这个课题不再感兴趣，那么这对她未来的职业生涯便没有太大的帮助。

举个例子，20世纪80年代我读博士的时候，人们对《1986年税收改革法案》很感兴趣。该法案大幅降低了企业和个人税率,提高了资本利得税率,是美国税法上有史以来最大的变化之一。这在当时极具争议,在某种程度上直到今天仍然如此。许多有关该税法的论文,发表于20世纪80年代,我姑且认为其中有一些论文写的是它对经济可能产生的影响。但是,今天的博士生把1986年看成"古代",他们中的大多数人在当时尚未出生。我猜测,如今绝大多数经济学博士甚至都没有听说过《1986年税收改革法案》,自然也毫无兴趣花费宝贵的时间阅读那些推测其未来影响的旧论文了。今天大多数不以税收政策为专业研究方向的学者,很可能已经忘记了20世纪80年代的任何关于《1986年税收改革法案》的论文。

博士生"务必做的事"

(1)务必培养一项比较优势。它可以是一套独特的数据集、机构知识,或者一种计量经济学或建模技术。试着利用这项比较优势帮自己发展出"解决某类问题的最优秀学者"之声誉。

(2)务必努力把在一门课程中学到的观点应用到另一门课程中。通常,一个领域里的标准方法,也可有效地应用于其他领域。

(3)务必把你自己的经验和知识融入研究当中。有时,学生的背景可以让她在特定领域具备比较优势。

(4)务必尽可能地获取所有数据。不要把自己局限在手边的特定样本上。对不同类型的数据源要有想象力。有时,不寻常的数据可以引出最为有趣的项目。

（5）务必在跟教员打交道时积极、主动，有礼貌。请记住，他们想要帮助你，但他们自己也很忙。

（6）务必选择一个你欣赏其学识，也喜欢其本人的导师。再好的学者，如果你们相处得不好，你的生活也会很悲惨。

（7）每次与现任或潜在导师会面时，务必带上一些写好的东西。它无须完美，可以只有一段话。这么做的目的是让导师给出反馈。如果你已经做了一些分析或建模，提前发邮件给他，以便在见面时获得更详细的反馈。

（8）务必有策略地向导师分享草稿。如果你向导师提出了太多的请求，反馈质量就会下降。

（9）务必利用你能获得的资源，尤其是结识参加系列研讨会（不仅仅是你的院系开办的研讨会）的人的机会。

（10）务必尽早投入研究。你越早发现研究的意义，最终成功的可能性就越大。

（11）务必尽早也尽量多地在每一场你受邀参加的小型甚至迷你"棕色纸袋"研讨会上发言。

（12）在跟学生、教员和行政管理人员打交道时，务必表现得专业。

（13）务必努力工作，非常努力地工作。但也要玩得开心。攻读博士学位的日子兴许会是你一生中最快乐的一段时光！

第十二章　在博士生阶段怎样发挥生产力

第一点到第四点：构建研究计划

等到博士生准备撰写博士论文的时候，她在许多不同的科目上已经做得很好了。她掌握了大量的学科知识，（几乎）能解决考试中的任何问题。但是，在以经济学为导向的领域，没有人会把博士论文课题交到她手里。开始写论文可能是她博士课程里最难的部分。理想而言，这篇博士论文将变成一个研究计划，在她离开博士研究生院后延续很长时间，并将改变其他人对一个重要问题的思考方式。构思出一个可以转化为成功研究计划的论文课题，通常是一项艰巨的任务，不是所有青年学术工作者都有能力完成。选择一个博士论文课题，等于创建一个个人品牌，学术工作者将在整个学术生涯中因此而知名。

要想发展这样的个人品牌，没有什么神奇的公式。如果有的话，学术研究会比实际上容易得多。在第二章和第三章，我详细讨论了发展研究计划所涉及的问题，此处不再重复。但是，我的确有一些似乎与经济学（甚至所有社会科学）博士生特别相关的建议，将在这一部分稍作介绍。

我的第一个建议与培养比较优势有关。博士生阶段的学生实际上有着大把的时间，虽说表面上看似不然。大多数学生会在担心考试、传教员八卦方面花掉惊人的大量时间，此外还以形形色色的方式虚度光阴。我读博士的时候，许多同学（包括我自己）总能找到时间沉迷于玩电脑游戏、打网球和垒球、参加波士顿交响乐团的音乐会、想方设法地去滑雪、学习民族舞，以及参加各种各样的其他活动。与此同时，我们大多数人在入学头几年仍然每学期要上四五门课，并参加许多研讨会，四年后毕业，日后拥有成功的职业生涯。关键是要花大量时间工作，高强度地工作。但是，花点时间做些其他事情并享受其中，这非常好，实际上还能提高工作效率。

学生应该尽量利用博士阶段的学习时间，尽量多地投资个人人力资本。对青年学术工作者来说，有价值的人力资本不仅包括学科知识，还包括课堂讲授范围之外，学生所在分支领域的大部分学者所共有的技术技能。在经济学中，有关经济制度的知识，以及有关分支领域的可用数据库，也是学者必须获得的重要人力资本。然而，多得惊人的学生在动手撰写博士论文时，缺乏所在领域的相关机构知识。这些学生经常无法提出最有趣的问题，从方法论的角度看，他们无法正确地处理问题，这最终导致其所做的研究不够有分量。

博士生拥有自由时间，因此不管是技术技能还是机构知识，博士生都比教员更容易获得。教员们除了做研究之外，还要上课、参加教员会议、协助招聘，并承担许多其他的学术任务。如果一个研究项目需要提前投入大量时间，博士生实际上比教员更具优势。较为资深的学术工作者因耗时太长而不愿意承担的项目，如涉及数据工作或编程的项目，可以是博士论文课题的绝佳选择。

在这个行业中，在与我大致同时代的成熟的公司金融学者当中，少数最成功者在博士或年轻教员时期就在一个特定的分支领域获得了宝贵的人力资本。他们每个人都利用这一资本，撰写了一系列至今仍是其所在领域最重要的论文。比如，我的前同事凯

第十二章 在博士生阶段怎样发挥生产力

文·墨菲（Kevin Murphy）在高管薪酬成为一个普遍的研究领域之前就围绕它撰写了博士论文，他的早期工作多年来为该领域文献奠定了基调。杰伊·里特（Jay Ritter）对关于首次公开募股的文献也产生了类似的影响。凯文·墨菲和杰伊·里特在攻读博士期间之所以能够写出这些重要的论文，是因为他们成了各自专业领域的制度特征专家，并收集了最优可用数据库。这种模式，即在博士生阶段通过对特定市场的制度、数据和经济学的深入了解来获得竞争优势，不仅适用于公司金融领域，还是在大多数其他领域取得成功的秘诀。

博士生相较于教员的另一项优势是，他们可以学习到许多不同学科的最新课程。相比之下，教员奋力跟进自己领域的发展，但没法指望深入了解其他领域的发展。将一个领域常用的方法应用到另一个领域，是博士生对文献做出贡献的一种有效方式。

在成为公众人物之前，保罗·克鲁格曼（Paul Krugman）就遵循了这种模式，将一个领域的进展应用到另一个领域，为自己的早期工作铺垫基础。他将在产业组织中流行的按规模报酬递增的思想应用到国际贸易中，从而发展了"新贸易理论"。[1] 这一努力的结果是掀起了一场在国际贸易领域的革命，最终让克鲁格曼获得诺贝尔奖。

在我所从事的公司金融领域，近年来大部分研究进展都源于学术工作者对识别问题的重视程度大大提高，既采用简化形式，

---

[1] 见P. R. Krugman, "Increasing Returns, Monopolistic Competition, and International Trade," *Journal of International Economics* 9(4, 1979): 469–79。

又采用结构性方法。许多简化形式的方法是约书亚·安格瑞斯特（Joshua Angrist）和其他劳动经济学家推广的，而产业组织经济学家如阿里尔·帕克斯（Ariel Pakes）则唤起了学界对结构性方法的兴趣。[1] 在公司金融研究中，识别就像在劳动组织和产业组织中一样，是个严肃的问题。因此，不足为奇的是，在后两个领域应用的流行方法，在公司金融领域也取得了进展。

我总是鼓励学生尝试将各自的背景和知识应用到研究中。所有的学生都带着自己的经验、知识和技能进入博士研究生院，这些东西可以为他们的研究提供竞争优势。一些人能从独特的技术能力中获得竞争优势，而另一些人则从其机构知识中受益。举一个机构知识特别有用的例子，我从前有个学生在就读博士之前为高盛（Goldman Sachs）工作，并成为导致2008年金融危机的"结构性产品"的专家。他就这一课题撰写了一篇优秀博士论文，事实证明，这篇博士论文为他开启了一段极为成功的职业生涯。[2]

学生还应该考虑是否有可能使用非标准数据来源。有时，对重要问题的最好见解来自不同类型的数据，而不是特定分支领域的标准数据。劳动经济学领域一些有影响力的论文利用独特的数据来源，得出了一些似乎是职场歧视明确证据的有趣发现。克

---

1 见J. D. Angrist and J.-S. Pischke, *Mostly Harmless Econometrics: An Empiricist's Companion* (Princeton University Press, 2009); S. T. Berry, J. Levinsohn, and A. Pakes, "Automobile Prices in Market Equilibrium," *Econometrica* 63(4, 1995): 841–90.

2 见T. D. Nadauld and S. M. Sherlund, "The Impact of Securitization on the Expansion of Subprime Credit," *Journal of Financial Economics* 107(2, 2013): 454–76。

第十二章 在博士生阶段怎样发挥生产力

劳迪娅·戈尔丁（Claudia Goldin）和塞塞莉亚·劳斯（Cecelia Rouse）研究了交响乐团招聘过程中"盲选"的影响。两人发现，盲选时会比评委能看到谁在表演时选中更多的女性，这一发现有力地表明，在引入盲选前，性别歧视是招聘决策的一个因素。[1] 玛丽安娜·伯特兰（Marianne Bertrand）和塞德希尔·穆来纳森（Sendhil Mullanaithan）使用典型的白人名字［如埃米丽（Emily）、格雷格（Greg）］等或非裔名字［如拉基沙（Lakisha）、贾迈勒（Jamal）等］发送假简历，创建了自己的数据库。他们发现，名字听起来像白人名字的简历比非裔名字的简历更容易接到回复电话。因为简历在其他方面基本相同，所以这种结果明显的含义是，招聘公司会根据申请人族裔的不同来对待求职申请。[2]

我有时会在自己的论文中使用独特的数据源。我很喜欢研究某大型机构投资者写给公司的信，视之为该机构行动主义计划的一部分。我还能分析董事会会议记录，研究董事会的实际运作方式。在这两个例子中，我和合著者都是通过对私人数据的访问，获得了一些有趣的研究项目。[3]

---

[1] 见C. Goldin and C. Rouse, "Orchestrating Impartiality: The Impact of 'Blind' Auditions on Female Musicians," *American Economic Review* 90(4, 2000): 715–41。

[2] 见M. Bertrand and S. Mullanaithan, "Are Emily and Greg More Employable than Lakisha and Jamal? A Field Experiment on Labor Market Discrimination," *American Economic Review* 94(4, 2004): 991–1013。

[3] 见W. T. Carleton, J. M. Nelson, and M. S. Weisbach, "The Influence of Institutions on Corporate Governance through Private Negotiations: Evidence from TIAA-CREF," *Journal of Finance* 53(1998): 1335–62; M. Schwartz-Ziv and M. S. Weisbach, "What Do Boards Really Do? Evidence from Minutes of Board Meetings," *Journal of Financial Economics* 108(2013): 349–66。

我最喜欢的一些金融论文，以二手飞机市场、9世纪火车轨道宽度、18世纪海上运输的与天气相关的延误等数据为基础。照我猜想，大多数不了解这些优秀论文的读者一定想不到，这类数据来源竟会为有影响力的**金融**论文提供信息。这三篇论文都是博士生所写，是其博士论文的一部分，或许没什么好奇怪的。创造力是博士生普遍具备的一种特质，当他们在研究中运用创造力时，经常能大获成功！[1]

第五点到第八点：与教员的互动

博士生与所在领域的教员之间关系的好坏，是决定前者成功与否的最重要因素之一。博士生应该如何培养与教员的良好关系？有什么学生应该考虑做的具体事情吗？博士生与教员之间的关系，与本科生或硕士生与教员之间的关系有什么不同？

人们兴许以为，博士生当然应该努力与教员建立关系。但有时，学生并未付出这份努力。不少学生一辈子都多多少少靠着自己，上课时全神贯注，课后自学资料、完成作业，在班上做得很好。这些学生自然认为，同样的方法放到博士课程上也很有效。问题是，通常事实并非如此。

---

1 见T. Pulvino, "Do Asset Fire Sales Exist? An Empirical Investigation of Commercial Aircraft Transactions," *Journal of Finance* 53(3, 1998): 939–78; E. Benmelech, "Asset Salability and Debt Maturity: Evidence from Nineteenth-Century American Railroads," *Review of Financial Studies* 22(4): 1545–84; P. Koudijs, "The Boats flat Did Not Sail: Asset Price Volatility in a Natural Experiment," *Journal of Finance* 71(3, 2016): 1185–1226。

第十二章 在博士生阶段怎样发挥生产力

博士生的目标是成为一名严肃学者,一般来说,这只有通过与教员建立学徒式关系才能实现。如果学生不与教员建立良好的关系,不经常与之交谈,恐怕就很成问题。这些学生说不定会漫无目的地从一个课题飘荡到另一个课题,始终找不到一个能对文献产生影响的课题。大多数情况下,难以对文献做出贡献的学生,恰恰就是那些不曾花很多时间与教员交谈的学生。

为与教员建立良好的关系,在跟教员接触时,学生应该积极主动,同时保持礼貌。学生应该不时地现身提醒教员,自己有意研究某个特定领域。学生应该在参加相关研讨会之前阅读论文,并在研讨会期间提出好问题。此外,他们应该确保从事相关工作的教员知道自己的研究,并经常与之讨论。教员总是喜欢博士生充满想法、对所研究的课题怀有真正的兴趣。

在联系资深学术工作者之前,学生最好是快速熟悉其相关研究。比如,学术工作者先前发表的论文里说不定已经详细回答了关于数据的问题。如果学生在接触教员之前不去阅读他们的相关论文,那就是在浪费教员的时间。

学生还应该从事高质量的研究助理工作,在教员中建立良好的声誉。如果博士项目不要求学生负责研究助理工作,学生可以自愿为教员帮忙。我从前的一个学生告诉我,她当上教员后,花了很多时间帮助两名学生,他们自愿协助她的教学(有偿)和研究(几乎无偿)。

大多数教员都很喜欢帮助博士生,并珍惜与学生之间的师生关系。然而,教员通常很忙,而且还有其他学生乐意与之互动。除非学生多加努力，否则她可能无法了解自己有意与其共事的教员。

论文导师

对博士生来说，她选择的论文导师几乎和她的论文课题同等重要。每名博士生都有一名到两名教员担任导师，正式负责学生的学习进度。理想而言，导师会在博士生撰写论文的过程中给予指导，帮助她在就业市场上寻找方向，成为她的朋友和她职业生涯中的宝贵资源。在自然科学领域，学生通常在课程开始时就与一个特定的导师挂钩，因为导师将为学生提供资金。然而，在经济学及其相关领域，通常在博士学业的第二年，学生才可以选择任何自己想要的导师。博士生应该怎样做出这个决定呢？

攻读博士学位期间，学生通常会强烈地意识到自己想要哪位教授担任自己的导师。对特定分支领域感兴趣的学生在报考该特定博士项目时，大多希望与该领域的专家一起工作。有时这种方法效果很好，但不总是如此。学生兴许未能给这位教授留下好印象，又或者，教授担任了系主任、转到了另一所大学，甚至离开学术界进入了私营公司或政府部门。学生也有可能沉迷于一个不同的领域，并意识到自己并非真正对她想要投身的领域感兴趣。[1]

因此，我总是建议学生去尝试与若干潜在论文导师一起参加

---

[1] 最后一种情况，恰好符合我读博士生的经历。我刚入学就读的时候，想做衍生品定价研究，因为我曾经作为研究助理协助研究过这一课题，我的本科教授告诉我这是一个很好的研究领域。但最后，我写了一篇关于公司治理的论文。此后，我还研究了许多不同的课题，但没有一个课题与衍生品定价有关。

第十二章 在博士生阶段怎样发挥生产力

项目,这些导师都是来自不同研究领域的专家。不管学生认为自己对哪个领域的研究感兴趣,还是有意跟某位教授合作,她都应该尽量了解自己所在院系开办授课的所有分支领域,若有可能,还应了解所有的教员。很多时候,学生会发现吸引自己就读博士生的工作已经不再处于前沿地位,甚至不处于一个目前正有重要工作在开展的领域。

学生刚开始攻读博士学位时,往往不太了解一个重要因素,即潜在导师的性格,以及该教授指导学生撰写论文的方式。有些教员很热情,喜欢和学生交往,而有些教员很冷漠,倾向于保持距离。有些教员在研究项目的每个阶段都花很多时间与学生交谈,而有些教员在学生完成草稿之前不想与学生交谈太多。有些教员喜欢和技术能力强的学生一起工作,而有些人更关心创造力而非技术能力。教员提供指导建议的方式的差异,有可能会对博士生与特定导师的往来接触产生重大影响。

学生应该努力寻找一个在从事的研究类型和指导建议风格方面都与自己相契合的教员。导师与学生将维持一段长期的指导与被指导的关系,这段关系富有成效,对博士生的职业生涯(及心理健康)来说极其重要。

选择导师时,所谓的"学术政治"往往是学生们过分担心的一件事。一些学生认为,选择系里最有名的教授,或是自己认为人脉最广的教授,对他们毕业后找到好工作极有帮助。诚然,最著名的教员往往是系里较为优秀的学术工作者,很可能也是担任导师的良好人选,但不一定总是这样。有时,有名的教授很忙,不愿意花很多时间帮助学生；也可能他的方式方法让学生不舒服；还有可能，选他当导师的学生太多，他无法给予每个人足够的关注。

碰到上述任何一种情况，换个导师人选说不定能让学生写出更好的博士论文，并在撰写论文期间更开心。归根结底，唯一真正影响学生职业生涯的是博士论文的质量。因此，**学生应该选择一个她认为可以帮助自己写出最优秀博士论文的导师**。就这么简单。其他事情都应该是次要的。如果学生让自己的选择尽量保持简单，挑选了最能帮助自己的导师，几年后他们通常对当初的选择最为满意。

学生选好导师之后，真正的乐趣就开始了。是的，读博士很好玩！研究就是发现有关这个世界的某种新东西，接着向自己，再向全世界证明它。如果你具备学术工作者的基因，这个过程将让你振奋。

导师的作用是指导学生完成论文的写作过程。学生应该有策略地对待这段关系，最大限度地获得导师为论文增加的价值。学生最好是定期经常与导师见面，保持双方的联系。我在担任博士生的主要导师时，喜欢经常与学生见面，一般是每隔一两个星期见一次，经常跟学生开展非正式的讨论。不过，其他教员的风格与我不同，他们不喜欢见得这么频繁。

在和导师见面之前，学生最好准备一些书面资料，以便集中讨论。如果学生写的东西很短，那么她在会面时带上它即可。但如果内容比较长，需要导师花些时间消化，学生就应该提前把它发给导师，好让导师有空阅读并斟酌。

博士生不应浪费导师的时间。有些学生每隔几天就会给导师看新论文的草稿。这些论文通常未经过仔细思考，存在学生本应觉察到的问题。学生应该明白教授的时间和精力有限，她需要思考怎样高效利用导师的注意力。除了给导师看草稿，如果学生向导师提出的问题让人厌烦，那么导师回答的质量也会下降。不妨先征求博士生朋友的意见，再去找教授，如果学生的设想很多，她希望剔除不太有把握的设想，那么这么做尤为合适。

第九点到第十三点：做个成功的博士生

学生在博士阶段的成功与否，很大程度上要看她攻读博士的态度和生活方式如何。没有任何博士项目是完美的，每个博士项目中都充斥着颇多怨言。无论质量控制部门付出了多大努力，总有一些课程被教得很糟糕。部分院系对某些领域的重视程度高于其他领域，如果有学生对被忽视的领域感兴趣，这就会是个问题。实习常常令人失望。教员的研究往往有些落伍，他们有时对博士生关心不够，还经常彼此争吵。博士生抱怨的事情数不胜数。

然而，最成功的学生往往是那些能够忽略项目缺陷、充分利用现有资源的学生。大多数大学都有自己的优势领域，不管学生想专攻什么方向，都应该学习大学的优势领域。比如，如果学院中有很强的计量经济学家，那么学生应该选修一些额外的计量经济学课程；如果学院擅长理论，那么她应该多上理论课；如果她的大学有一家开展经济学实验的实验室，学生应该学习一些实验经济学。此外，如果这所大学有强大的法学院、会计学系或统计学系，学生不妨从这些领域和经济学之间的互补关系着手，考虑研究议题。

除了学校提供的资源之外，学生还应努力利用自己能够接触到的其他资源。大多数领域都有在其中开展工作的从业者和政府官员，有时，他们可以帮助学生了解市场的制度细节，提供有用的数据。非学术工作者常常乐于帮助聪明的博士生，但许多学生却并未努力去结识此类人士。如果有博士生感兴趣的相关领域的从业者到校园为工商管理硕士生和本科生做讲演，只要有机会，博士生就应参加，并向讲演者做自我介绍。博士生应该阅读报纸、网站和杂志，寻找与自己研究相关的资料，不要羞于给有可能帮助其工作但素不相识的人打电话。

每一名学生都拥有可能对撰写博士论文起到帮助作用的经历、技能和人际关系。实际上，有时一名学生的背景中可能有着能对另一名学生的研究起到帮助作用的东西。举例来说，我的求职论文是一项关于公司治理的经验研究，它并不基于公开的数据库。相反，该论文使用的董事会相关数据，是我的同学吉姆·达纳（Jim Dana）在本科期间手工收集的。吉姆和他的合著者友好地向我进行了分享。如果我不认识吉姆，或是如果他和合著者不那么慷慨，那么我的职业生涯说不定会走向完全不同的方向。

在动手撰写博士论文之前，我已经做了一段时间的研究，这对我也颇有帮助。本科期间，我为不少经济学、金融学和数学领域的教员担任过助教和合著者。读博的头几年，我写了几篇相当不错的关于税收的论文（我本应该发表，但很遗憾，我没这么做）。因此，到我开始撰写博士论文的时候，我对学术研究的过程至少算是有了一点了解。

我鼓励所有学生尽早参与研究。研究这项技能有着陡峭的学习曲线，学生早期参与的研究越多，写论文时，在曲线上的位置就越高。此外，要是学生的早期作品能够发表，对她找工作也是一大利好。就算她的研究没有发表，她也会了解到在特定领域工作所需的文献、数据和模型的细节。更重要的是，她将开始理解学术研究有多么令人沮丧，然而最终仍将收获回报。当她动手撰写博士论文时，这样的经历将无比宝贵。

一旦学生开始自己搞研究，就应该努力尽量多地展示它。可供博士生展示个人研究成果的地方有很多，大多数院系都会定期举办正式和非正式的研讨会。此外，学生有时可以在课堂上进行展示，也可以自行组织迷你"棕色纸袋"研讨会，向彼此展示自己的工作。

学生的展示将随着时间的推移得到改善，其中的原因有很多。首先，在展示过程中，学生会听到他人就其分析提出尖锐的问题，进而在修改论文时解决这些问题。其次，通过练习，学生会找到展示某项具体工作的最佳方式。再次，学生展示得越多，就越能自在地和一群人探讨自己的工作。他们能更好地回答以前没听过的问题，并且就算他们希望给教员留下深刻印象，但要是教员不喜欢他们的工作，他们也不会感到惊恐。发表研究报告可能很困难、压力重重，但尽可能多地练习，有助于学生培养在学术界（或其他地方）取得成功所需的必备技能。

博士研究生院的阶段是当学生和做教员之间的过渡期。随着课程的推进，学生应努力让自己的行为更像一名教职人员。等她逐渐投身到本科教学工作时，她应该意识到，她将和教员一样遵守相同的职业行为准则。比如，博士生在本科生面前应该表现得很专业，并且应该特别注意她与所教学生的个人关系是否适度。博士研究生甚至应该多考虑一下自己的穿着。如果他们想让教员认为自己是可以向其他大学的朋友推荐的同辈，那么，尤其是在学术会议这样的公共活动，穿得像位教授不会有什么坏处。

过渡期间，学会把教员视为同辈是重要一环。直呼教员的名字，是最简单的第一步。更为重要的是，学生应调整与教员互动的方式。一些学生认为，跟教授说话时最好的策略是即使自己并不认同，也对教授认同的一切点头称是。但是，学术界的核心是围绕思想反复交流。教员会对不时与自己意见相左的学生留下最为深刻的印象，因为正是这些分歧帮助教员和学生磨砺自己的观点。

成功的博士生工作极其努力，通常比其一生中的此前任何时候都更努力。任何攻读博士学位的学生都应该怀有如下预期：读博不是件容易事，自己会努力跟上工作量。我读博士的时候有个原则：除非有更好的事情要做，否则我每天晚上、每个周末都去美国国家经济研究局工作。我所有曾经每晚去美国国家经济研究局工作的朋友在事业上都非常成功，一些人还成了我这一代里最顶尖的经济学家。

但是,博士研究生阶段也是很有意思的。回想起来,那是我一生中最美好的一段时光。我师从著名学者,学到了许多迷人的思想,遇到了来自世界各地的不同学生。我喜欢听高层次的辩论,探讨学术观点及其在现实世界中的实施。尽管工作量很大,我仍然不缺时间享受大学之外的生活。如果你打定主意去研究生院攻读博士,你将有望拥有一段紧张但最终会有回馈的经历。

与种族和性别相关的问题

贯穿本书,我讨论了学者在走上学术生涯时可能面临的一些潜在陷阱。考虑到产生新知识有着天然的艰巨性,还有研究型大学终身教职的激烈竞争,有一些陷阱避无可避。但也有一些可以解决的非原则性问题,它们既可以让学术界成为一个更富吸引力的职场,又可以让我们更好地为学生和社会效劳。尤其成问题的是与性别和种族有关的事情。我们不少人兴许想得很天真:如今已经是 21 世纪了,我们早已克服了这些问题。然而,一如经济的其他领域,学术界仍然存在性别和种族问题,而且没有消失的迹象。博士生,无论是什么性别、什么种族,都应意识到这些问题,并在学校及教员的鼓励下,努力将其影响降到最低。

女性和少数族裔代表性不足

哪怕随便看一眼数据,也能明显看出,女性、黑人和西班牙裔在学术界的代表性明显不足,尤其是在经济导向的领域。2016年,在美国经济学系,女性助理教授仅占31%,女性正教授仅占15%。同一项调查中,只有8.1%的助理教授和4%的正教授是黑人或西班牙裔,尽管这些群体约占美国人口的30%。金融学领域的情况更糟:在大多数金融学院系,女性和少数族裔教职人员寥寥无几。了解为什么女性和少数族裔的人数如此少,一直以来都是一个重要的研究课题。[1]

女性和少数族裔在经济学和金融学领域的教职人员中占比过低,带来了严重的负面结果。教员是学生(尤其是易受影响的本科生)的榜样。学生倾向于进入与教员关系密切的领域。如果一个院系的教员"跟自己很像",学生就更有可能进入该领域。因此,为了鼓励年轻女性和少数族裔学生进入经济学领域,有必要让女性和少数族裔教员成为榜样。

身为社会科学家,我们的研究用于影响公共政策;我们中的一些人甚至在政府工作,协助制定政策决策。因为这些政策决策影响整个社会,所以让所有群体都得到代表就显得尤为重要。事

---

[1] 这一段的统计数据来自A. Bayer和C. E. Rouse, "Diversity in the Economics Profession: A New Attack on an Old Problem", *Journal of Economic Perspectives* 30(2016): 221-42。两名作者还就女性和少数族裔在经济学专业中过分缺乏代表性的潜在原因,展开了有趣的讨论。

实上，有证据表明，经济政策建议会因经济学家的性别和种族不同而产生系统性的变化。[1]因此，为了让经济学专业人士出力引导公共政策，让所有公民的福祉最大化，提供建议的学者群体反映了整体人口情况是很重要的。

学者们面临的障碍

我指导过很多女性博士生撰写论文，我的合著者里有很多女性，我所在学院的女性代表水平远高于金融学院系的平均水平。[2]可很遗憾的是，我观察到，女学生和女教员要面临的障碍，对于男性来说根本不存在。我认为，本章的最后部分很适合对这些障碍进行一些讨论，好让女博士生对将在职业前进道路上碰到什么样的情况有大概的认识。

许多研究记录下了女性经济学工作者所遭遇的令人不安的模式。女性经济学工作者似乎比男性经济学工作者受到更多的来自学生和编辑的为难：在试图保持质量恒定的研究中，女性往往得到较低的教学评价，也更少得到来自期刊的积极回应。**哪怕研究**

---

[1] 见A. M. May, M. G. McGarvey, and R. Whaples, "Are Disagreements among Male and Female Economists Marginal at Best? A Survey of AEA Members and Their Views on Economics and Economic Policy," *Contemporary Economic Policy* 32(1, 2014): 111–32。

[2] 我没有在黑人或西班牙裔博士生论文委员会任职的类似经验，也没有太多黑人或西班牙裔同事的经验可供分享。出于这个原因，这一小节我主要讨论的是女性学术工作者面临的障碍，尽管我确信，这里所说的很多内容也适用于少数族裔学者。

记录保持不变,女性获得终身教职的比例也低于男性。这种效应在更高的职位上仍然存在,女性晋升为正教授或获得捐赠教职的可能性更小。[1]

女性学者还要面对一个特殊的问题:即使是学术夫妻都努力分担照料之责,女性最终仍会承担一半以上的抚养孩子的工作。2020年新冠疫情封锁期间,这一事实得到了生动的体现,困在家里的男性经济学家产出增加,而女性经济学家(因为最终承担了更多的育儿责任)产出率则下降了。[2] 为调整用于照料孩子的时间标准,大学试图根据孩子的出生情况来延长终身教职的时间期限。但大学的良好用心似乎反倒让情况变得更糟糕了(现实世界里的事情往往如此)。男教员也会因为孩子的出生获得延期,结果成了这项政策的主要受益者,而女教员实际上反而因之变得更为不利。[3]

---

1 见F. Mengel, J. Sauermann, and U. Zölitz, "Gender Bias in Teaching Evaluations," IZA Discussion Paper, Institute for the Study of Labor (September 2017), http://ulfzoelitz.com/wp-content/uploads/JEEA-gender-bias.pdf; D. Card, S. DellaVigna, P. Funk, and N. Iriberri, "Are Referees and Editors in Economics Gender Neutral?" Working paper (September 2019), https://economics.harvard.edu/files/economics/files/ms30505.pdf; M. G. Sherman and H. Tookes, "Female Representation in the Academic Finance Profession," Working paper (August 2019), http://afectfinance.org/wp-content/uploads/2019/08/ShermanTookes_Aug16_2019-1.pdf。

2 见N. Amano-Patiño, E. Faraglia, C. Giannitsarou, and Z. Hasna, "Who Is Doing New Research in the Time of COVID-19? Not the Female Economists," Working paper, VoxEU, Center for Economic and Policy Research (May 2, 2020), https://voxeu.org/article/who-doing-new-research-time-covid-19-not-female-economists。

3 见H. Antecol, K. Bedard, and J. Stearns, "Equal but Inequitable: Who Benefits from Gender-Neutral Tenure Clock Stopping Policies," *American Economic Review* 108(9, 2018): 2420–41。

第十二章 在博士生阶段怎样发挥生产力

女性学术工作者所面临的障碍无疑是出于许多原因的，性别歧视文化近乎弥漫了整个行业，是其中的重要原因之一。爱丽丝·吴（Alice Wu）的伯克利大学本科毕业论文便生动地体现了这种文化。[1] 她在很受欢迎的论坛网站"经济学就业市场流言"（Economics Job Market Rumors）上"搜刮"招聘信息，创建了一个招聘信息数据库。吴在这个匿名论坛上调查了女性经济学家相对于男性经济学家所得到的待遇（因其很可能反映了发帖人未经过滤的观点——但愿他们并不代表更广泛的人口），从而确定业内人士看待男女两性的不同态度。

吴发现，在个人突出性保持不变的条件下，论坛里讨论女性学术工作者的内容比男性学者多得多。但对女性的讨论往往集中在外貌和个人生活上，而对男性的讨论则集中在研究上。我曾与一些因外貌或个人生活而遭到该网站讨论的年轻女性学术工作者交谈过，这一经历令她们极为不安。但更令人担忧的是，对外表和个人生活的关注反映出论坛用户对女性的研究工作轻慢以待。至少，在该网站发帖人的眼中，女性学术工作者的学术成就让位于本应与其职业成功无关的个人生活的其他方面。

读了前面几页，女性学术工作者一定感到很苦恼，尤其是那些刚刚开始从业的女性学术工作者。可尽管有着这样那样的障

---

1 见A. Wu, "Gendered Language on the Economics Job Rumors Forum," *American Economic Review* 108(2018): 175–79; A. Wu, "Gender Bias in Rumors among Professionals: An Identity-Based Interpretation," *Review of Economics and Statistics* 102(5): 867–80。

碍，成功仍然是有可能的；近年来，越来越多的年轻女性学术工作者在经济学领域崭露头角。女性学者组建了一个活跃的网络，致力于为女性青年学术工作者提供榜样和指导。她们举办了大量学术会议，出席会议的作者必须是尚未获得终身教职的女性。这些学术会议为女性学者提供了机会，有望抵消她们所面临的一些障碍。

我注意到成功的女学者有一个特点，那就是她们都很"**强硬**"。我的意思是，虽然这些成功女性通常都很友好、礼貌，但她们有自己的观点，在受到挑战，尤其是男性的挑战时，她们不会退缩。我一直认为，许多文化中都有一个令人遗憾的方面，即教导女性要对男性毕恭毕敬。如果你在这样的文化中长大，又想成为成功的学者，请务必打消这样的观念。学术界是一个不同的地方：我们的声誉来自坚持自己的想法，并为它奋起辩驳。

对亚裔的歧视

与黑人及西班牙裔不同，亚裔在学术界的代表性并不低。我们的博士项目中有许多来自亚洲的学者，还有许多本土出生的亚裔美国人。兴许是因为亚裔代表性似乎很充分，有人错误地认为不存在对亚裔的歧视。

记录歧视亚裔的研究不如记录性别歧视的研究多。不过，我在学术界的许多亚裔朋友认为，在质量不变的条件下，亚裔比白人更难就读博士项目、获得终身教职、发表论文、晋升为正教授或副教授。虽然我并未看到记录下这些模式的正式研究，但我猜这些亚裔朋友说得没错，也就是从事实上看，亚裔在学术界取得成功比从事类似工作的白人要难得多。出于某种原因，虽然当今学术界明确地反对歧视其他少数族裔，却安之若素地继续对亚裔套用更高的标准。

我不明白为什么这种对亚裔的歧视能延续至今，而且学术界的大多数人还认为这可以接受。要解决这个问题似乎没有什么容易的办法。承认歧视的存在、批评这样的歧视，或许是有待迈出的第一步。如今，学术工作者发表性别歧视或种族主义言论是不可接受的，但有些学术工作者拿对亚裔的刻板印象开玩笑或宣扬此种刻板印象，却不会受到指责。我希望对亚裔的歧视会像对其他群体的歧视一样受到谴责，并在将来不再普遍存在。

第十三章

怎样做个勤勉的论文导师

How to Be a Diligent Thesis Adviser

攻读博士期间，博士生最重要的职业关系一般是与论文委员会成员之间的关系，而这一委员会的主席是他们的论文导师。论文导师教自己的学生怎样从事研究工作、怎样以学者身份谋生。理想而言，论文导师将是学生一辈子的朋友，并将在后者毕业后很长一段时间内帮忙指导其职业生涯。[1] 可惜许多学生没遇上像我一样的好运气，他们与导师之间的关系并不融洽。通常，关系不好，错在学生：她可能不够努力，或是没有听从导师的话。可也有时，问题出在导师身上：导师说不定产生了不切实际的期望，又或是根本不关心、不了解学生，不能卓有成效地帮助学生。

我在第十二章已经讨论了博士生应该如何处理与导师的关系，这里，我想不妨从导师的角度再来看一看双方的关系。教员应该如何看待自己的论文导师之责？指导博士生论文的机会，是身为教授的一项可有可无的"添头"吗——喜欢它的教员尽可享

---

[1] 刚开始撰写本书时，我的第一通电话就打给了我攻读博士期间的论文导师。虽然我自己已经做了30多年的教员，可要是他告诉我写这本书是个坏主意，我绝无可能完成本书。

受，不喜欢它的教员也可选择回避？还是说，给予学生建议，是研究型大学每一位学术工作者的重要工作内容？教员应该怎样设定自己对博士生的期待？他应该隔多久与学生见一次面？他应该怎样安排这些见面？他还能做些什么来帮助学生取得成功？

为什么要指导博士生

在讨论**怎样**指导博士生之前，我首先要说明一个问题：**为什么**导师要费心做这件事。毕竟，教员合同中只规定了每年必须教多少门课。此外，大学在对教员进行评估时非常清楚，教员的研究对其地位极其重要。相比之下，监督博士生写论文这件事就显得像是旁枝末节。有时，教员的年度审查中会提及此事，但大多数院系都把为博士生提供指导视为额外的职责，类似在院系委员会任职、为学生俱乐部帮忙或跟校友团体会面。

然而，为博士生提供指导，需要教员投入大量的时间和精力，远远超出了参加任何委员会涉及的工作量。[1] 为了正确地完成这项工作，导师必须与学生就研究、职业规划和许多其他话题进行多次讨论。导师必须花很多时间为学生的论文草稿提供详细的建议。

那么，为什么教员会同意为博士生提供指导呢？有些教员并不这么做，他们避免入职论文委员会，尤其不愿担任主要导师。

---

1 选择新系主任或院长，或是调查道德违规行为的委员会的工作都特别繁重，或许是例外。

不过，大多数教员都渴望帮助博士生，并对受邀加入论文委员会（尤其是担任主要导师）感到荣幸。

指导博士生能带来一些明显的好处。各院系在博士课程上都投入了大量资源，也很感激教员在指导学生博士论文上所付出的努力。对导师来说，如果他指导的学生日后进入了一所好大学，尤其还在学术期刊上成功发表了文章，这就是一项能为自己带来良好声誉的成就。

不过，指导学生带来的大多数好处并不那么明显。比如，给博士生提供指导，有可能是一种特别有益的教学形式。大多数学者选择这一行，至少部分原因是他们喜欢教书，但每年教授同样的内容让人感到无聊。教员的常规教学大多是反复阅读相同的资料，而指导博士生论文有别于常规教学，人人的论文都会深入研究一个新的课题。这些论文通常研究的是导师感兴趣的最前沿议题。因此，指导博士生是一种比常规教学更有趣也更有意义的教学形式。

教员可以在博士生毕业后与之维持多年的富有成效的关系。如果学生最终进入学术界工作，导师会在学术会议上遇到她，两人说不定会继续从事相关课题的研究。我的许多合著者都曾是我指导过的博士生，一些人还成了我非常亲密的私人朋友。

教员也可以从指导论文的过程中学到很多东西。我在前几章中讨论过，要充分"跟上"一个课题以开展最先进的研究是相当困难和耗时的。因此，许多教员一旦在一个狭窄的领域站稳了脚跟，整个职业生涯也就不再从事该领域以外的任何研究了。担任

第十三章　怎样做个勤勉的论文导师

论文导师是教员扩大自己视野、更深入地理解一个研究主题的方法。

我曾多次就自己感兴趣但仅略知一二的主题，指导过学生的论文。等帮学生完成这些课题的工作后，我了解到足够多的相关议题，并最终与他们合作发表论文。这样一来，我发现自己研究起了之前从未考虑过的领域。我就是这样着手展开股票回购、现金管理、公开股票发行、证券化和保险等研究的。[1] 如果我不曾有机会指导这些优秀学生的论文，我恐怕不会在这些项目上投入精力。

指导博士生的主要目标与议题

指导博士生是一种不同于通常课堂教学的教学方式。教授课程的目标通常是向学生传达具体的资料。如果学生证明自己已经学会了资料，他们就能在课堂上表现得很好；如果无法证明自己学会了，他们就会表现得很差。

---

[1] 见C. P. Stephens and M. S. Weisbach, "Actual Share Reacquisitions in Open-Market Repurchase Programs," *Journal of Finance* 53(1, 1998): 313–34; H. Almeida, M. Campello, and M. S. Weisbach, "The Cash Flow Sensitivity of Cash," *Journal of Finance* 59(4, 2004): 1777–1804; W. Kim and M. S. Weisbach, "Motivations for Public Equity Offers: An International Perspective," *Journal of Financial Economics* 87(2, 2008): 281–307; T. D. Nadauld and M. S. Weisbach, "Did Securitization Affect the Cost of Corporate Debt?" *Journal of Financial Economics* 105(2, 2012): 332–52; S. Ge and M. S. Weisbach, "The Role of Financial Conditions in Portfolio Choices: The Case of Insurers," *Journal of Financial Economics*(3, 2019).

相比之下，指导博士生的目标要宽泛得多。成功的导师会把自己的博士生培养成能够独立进行一流研究的学术工作者。学生毕业时必须交的"成果"是一篇论文，导师通常会在论文的内容方面给予学生很多帮助。但是，博士生教学的真正目的是教学生怎样像学术工作者一样思考，怎样着手制订一项创造性的研究计划，以及怎样根据该专业的标准来执行与展示研究。论文写作是对研究手把手地加以介绍的过程，以便学生在其职业生涯中复制。

除了教博士生怎样开展研究，教员还必须判断学生工作的质量。学生应遵守并有望提高院系对合格论文的界定标准。有时，导师必须做出艰难的决定，告诉博士生她的工作做得不够好。但是，导师应该努力让这种情况只是极少数的例外，而非常态。导师的目标应该是和学生一起工作，帮助学生超越系里的标准，好让尽可能多的学生能够毕业。

我极反感的一件事是，有些教员喜欢认为自己的标准比其他人的都高，爱在课程推进的过程中刁难博士生。讽刺的是，这些教员虽然向外界宣扬自己对博士生设定的标准高，但他们自己却常常写出许多发表不了的论文。如果这些教员对自己工作的要求与对学生工作的期望一样高，他们的职业生涯可能会走上不同的轨道。

职业道德

博士课程的另一个目标是向学生灌输职业道德和适当的行为。学者在行为上合乎道德的意识，应超越为自己建立良好声誉的自利动机。美国经济协会（American Economic Association）在其最近公布的《职业行为准则》中认可了这一观点，该准则要求经济学家"诚信"，包括诚实、谨慎、透明，以及用"不偏不倚"的方法评估观点。[1]

学者应该在职业生活的方方面面都遵守道德准则。在研究中，我们应该寻找真相，而不是只做能在顶级期刊上发表的研究，尤其不能以牺牲真相为代价发表论文。发表论文的过程并不完美，学术工作者总是可以通过一些方法在对真相的探究中"注水"，从而增加发表的可能性。众所周知，作者会根据编辑的理论喜好进行阐释，喜欢研究热门而不重要的课题，会有选择地裁剪样本、挑选规范，以产生统计显著性。与这最后一类存在得过分普遍的行为相一致的是，有研究表明，获得发表的论文更有可能报告略大于而不是略小于 2 的 t 统计量；这样的结果与在没有报告和发表带来的偏误时应出现的结果正相反。[2]

适当的道德行为也是学术工作者工作的非研究方面的一个重要因素。道德行为关乎我们在职业生活中怎样彼此相待，这一点恐怕最为重要。我在第十二章讨论过，性别歧视和种族主义在学

---

[1] 见American Economic Association, "AEA Code of Professional Conduct," adopted April 20, 2018, https://www.aeaweb.org/about-aea/code-of-conduct。

[2] 见D. Fanelli, "Negative Results Are Disappearing from Most Disciplines and Countries," *Scientometrics* 90(2012): 891–904; Harvey, "The Scientific Outlook in Financial Economics"; I. Andrews and M. Kasy, "Identification of and Correction for Publication Bias," *American Economic Review* 109(8, 2019): 2766–94; and C. Blanco-Perez and A. Brodeur, "Publication Bias and Editoral Statement on Negative Findings," *Economic Journal* 130(2020): 1226–47。

术界太普遍了。但是，善待他人不仅仅意味着单纯的没有性别或种族歧视。许多学者对同事、学生和工作人员态度粗鲁，不回复电子邮件、不读学生或同事的论文，甚至不出席院系研讨会和聚会。如果教员平易近人、令人愉快，则每个人都更快乐，学生学得更好，雇用和留用教职员工也更容易。

学习道德行为与学习做个好同事是相辅相成的。道德和同事关系出了名的难以传授，因为这里没有公式或固定的规则可循。我认为，传授道德和同事关系的关键，在于为学生树立良好榜样，并定期与学生探讨教授工作的各个方面。我深感自豪的一点是，据我所知，我教过的博士生没有一个卷入过道德丑闻，他们之中绝大多数仍然在学术界工作的人也都深受同事的爱戴。

社会为学者赋予了难以置信的福祉。我们可以教自己感兴趣的东西，我们有很高的社会地位和不错的薪酬，或许最重要的是，我们有无限期的教职。但是，有必要教导博士生：别认为这些福祉是自己理所当然应该享受的。我们应该让他们认识到，学者享受这些福祉不是出于特权，我们应该努力工作来回报这些善意。为此，我们要做好教学工作，开展学术圈外人士感兴趣的研究，并在圈外人士参观校园时，为其提供积极的外部因素（而不是只有橄榄球和篮球）。

激励博士生

或许，决定博士生成功的最重要因素是她的动机。有人或许

第十三章 怎样做个勤勉的论文导师

认为,激励学生开展一流的研究绝不会困难,因为他们攻读博士就是为了学习做这件事。但有时,学生不再在乎自己的工作,在某些领域,学生甚至成了"职业博士生",即不再认真从事研究,在毕业方面也毫无进展。他们读着博士生,可以在校园里待上七八年,甚至更长时间,因为他们喜欢校园生活,而且他们担任助教所获得的经济报酬足以维持生活。

在经济学及相关领域,写出高质量博士论文并将之很好地在求职市场上做了展现的学生,通常都能找到不错的工作。尽管如此,有些博士生仍很难被激励。如果导师不喜欢他们的设想,如果他们认为学术研究并不像人们传说中的那么好,或是如果他们做事拖拖拉拉,总是找理由推迟完成工作,那么他们会变得沮丧、低效。求职市场在某种程度上的确能激励学生。此外,院系可以运用"胡萝卜"(财务援助)加"大棒"(威胁要开除)的手法来激励学生完成学业。

然而,依赖这些奖惩举措始终是次优方法。最成功的学生从来都是能自我激励的学生,他们不需要明确的奖惩来激励自己从事研究工作。他们投身研究是因为热爱,而不是因为从研究成功中得到了什么样的"胡萝卜"、挨了怎样的"大棒"。最优秀的学生对自己能够解决的新问题感到着迷,不管是否会得到明确的奖惩,他们都能写出一篇好论文。

强烈而明确的奖惩举措对博士生的影响

论文导师的工作是坚持高标准，努力督促学生，同时保证学生喜欢参与工作。遗憾的是，如果教员把标准设得太高，还威胁学生如果达不到要求就会把他们踢出去，可能会给项目带来许多负面后果。如果学生害怕遭到淘汰，他们就会投入更多的时间，他们也会变得非常紧张，尝试根据他们认为教员最认可的方向（可能有别于教员实际认可的方向）来调整研究。

学生承受明显压力的时候，往往会扔掉研究中最重要的一个方面，也就是她的创造力。一篇有影响力的研究论文必须解决一个新的问题，或者使用一种新的方法来解决现有的问题。思考这些新问题和新方法的能力，恰恰是创造力发挥关键作用的地方。[1] 为了应对压力，尤其是再加上导师对略有"不同"的设想给出的负面反馈，他们的研究就会变得死气沉沉，缺乏特别的创新。

在职业生涯之初，我曾在一所以教授对学生严厉而著称的大学任教，和一个正在努力寻找论文课题的学生成了好朋友。每隔几个月，他就会带着新的设想来找我。他的设想我几乎全都很喜欢，并且我鼓励他以其中一个设想为题撰写论文。不幸的是，我的某位同事对他的设想毫无热情，这位学生朋友也一直无视我的建议，并未继续推进他告诉我的设想。他担心，如果那位教员对

---

[1] 找出拥有"创造基因"，最终还爱上研究的学生，实际上相当困难。博士项目的招生委员很难判断哪些潜在申请人做得最好，也很难观察申请人的创造力和好奇心（这是学者成功最重要的因素）。

他研究的课题不感兴趣,他就无法完成博士学位。最后,他请了一位非常资深的教授和他一起研究一个相当无聊但没有异议的课题。

我的学生朋友的若干设想,最终被发表在了顶级期刊上。只可惜,发表论文的是其他人!原来,其他大学的学者也有类似的设想,但与我的朋友不同,这些学者跟进了这些设想,并发表了结果。我的朋友的确毕业了,但他的博士论文未能发表。尽管开局不利,但他日后的事业还是挺成功的。可要是他在攻读博士期间脊梁骨稍微硬一点,顶住迎合教授喜好的压力,他本可取得更大的成功。最后,他的博士论文在有趣程度上远未达到他的能力所及。

如果学生总是担心遭到退学,还会带来一个问题:他们不太可能联手进行工作,也不太可能撰写论文时互相帮忙。学生可能会觉得,帮助同学做得更好,会让自己在教员眼中显得更糟糕,兴许还会降低自己的毕业概率。于是,他们不会共同撰写论文,也不会在研究中相互支持。强烈而明确的奖惩举措(尤其是恫吓学生无法毕业)会创造出过度竞争的环境,让所有的学生变得更差。

培养自我激励的能力

总是担心遭到退学的博士生,写不出最优秀的论文。最优秀的论文,来自那些能够用创造性方法解决自己想知道答案的问题的学生。这些学生会用大量时间思考文献的状况，思考哪些问题有待解决，以及有哪些创新的方法能回答它们。这么做的动力来自学生对问题的着迷和对挑战自我寻找满意答案的渴望。最优秀的学生之所以努力学习，不是因为大学院系提供了什么奖惩举措，而是因为他们热爱研究，想要成为最优秀的学者。

然而，博士生自我激励的程度会因所处的环境而有很大的不同。几乎所有的博士生刚开始读博时都热情聪明。有一些学生天赋和积极性都极高，不管置身什么样的环境，都能成功把工作做好。但是，对大多数学生来说，做出一流研究成果的动力来自看到别人做出研究成果，以及对成为令人兴奋的学术团体的一员的渴望。学生接触到学术环境的类型如何，将决定其个人积极程度的高低，故此也就决定了他们论文质量的高低。

因此，教员应该思考学生所处的环境，并想出办法使之尽量具有启发性。每一名教员都记得当初读博时是什么激励了自己，自然也就会努力重现学生经历中好的部分，避免坏的部分。我在第一章曾提到，我很幸运地在20世纪80年代就读于麻省理工学院，也在美国国家经济研究局拥有一张办公桌，并在此结识了很多来自哈佛大学的师生。不管我日后取得了什么样的成绩，在学生时代置身于这样不可思议的研究环境都功不可没。后来，在我的职业生涯里，在与学生打交道的过程中，我总是努力让自己的学生尽量面对如同马萨诸塞州剑桥市那样的环境。

第十三章 怎样做个勤勉的论文导师

学生的期待

我读博的第一周参加了第一场研讨会，戴尔·乔根森（Dale Jorgenson）在会上发表了一篇应用计量经济学论文。研讨会结束后，彼得·戴蒙德（Peter Diamond）——多年后，他获得了2010年诺贝尔经济学奖——向我做了自我介绍，问我对这次研讨会有什么看法。我唯一能给出的诚实回答应该是："我一个字也听不懂。"然而，身为一名紧张的新生，我不愿意承认自己不理解论文，因此我告诉他，我觉得讲演很有趣。

彼得当然知道我是刚读一年级的博士生，还没有上过计量经济学，因此他很可能猜到我并未理解这篇论文。但他希望让我知道，身为博士生，我应该积极参与系里的学术生活。每当我以博士生身份参加研讨会时，我都应该事先阅读论文，进行思考，形成有深度的观点。我步入校园的那一刻，就已经被学者视为同侪。话虽如此，我仍然需要完成课程，通过考试。我非常努力地通过考试，虽说实际上几乎没人会不及格或被迫离开博士课程。让我奋发向上的动力，不是在于失败的可能性，而是在于我身边有许多优秀的人，我渴望融入他们，赢得他们的尊重。

我深受博士项目中其他学生工作质量的影响。我们项目里的每个人，来麻省理工学院前都是各自大学里最优秀的学生。在这个严格挑选出来的群体里，最优秀的学生好得叫人啧啧称奇。我们在宏观经济学课上读到的很多论文都是格雷戈·曼昆（Greg Mankiw）所写，他当时仍然是我们项目里的在读博士生。安德烈·施莱费尔比我早一年攻读博士，在离开博士研究生院之前，他就在《政治经济学杂志》上发表了多篇论文，还在其他顶级期刊上发表了很多论文。他有两篇在《政治经济学杂志》上发表的论文甚至是主打文章。[1]对我们大多数"普通"（但在此前的求学生涯里历来是尖子生）学生而言，这有着相当大的启示作用。我们开始明白，要想跻身麻省理工学院最优秀的学生之列，我们必须成为自己领域的顶尖学者。而且，我们有榜样，他们告诉我们要怎样才能做到那一步。

我会让自己的博士生知道我对他们有着很高的期待。我希望他们不仅是来研讨会露个脸，更希望他们对工作有自己的看法，在研讨会上参与讨论，投身让其他学生的生活充满激情的学术文化。我强烈鼓励学生阅读彼此的作品，互相帮助做得更好。只要有可能，我就会让高年级和已毕业的博士生向低年级博士生解释自己的研究，借此机会向他们展示：跟他们一样的人是有可能做出精彩的学术成就的。这样做的目的是向学生传达如下信息：教员希望博士生的工作是一流的，而且博士生完全有可能做出一流的工作。聪明的学生观察到其他学生可以达到这样高的期待水平，会更加努力地学习，争取也达到期待水平。

---

[1] 排名前20的院系中的大多数终身教授，在整个职业生涯中都没法在《政治经济学杂志》这类顶级大众经济学期刊上发表一篇主打文章。安德烈博士生时期发表的两篇主打文章分别是：B. D. Bernheim, A. Shleifer, and L. H. Summers, "The Strategic Bequest Motive," *Journal of Political Economy* 93(1985): 1045–76; A. Shleifer and R. W. Vishny, "Large Shareholders and Corporate Control," *Journal of Political Economy* 94(3, part 1, 1986): 461–88.

第十三章　怎样做个勤勉的论文导师

重要的是设想，不是地位

教授能教给博士生最重要的事情或许是，研究应该独立存在，学生应该只从论文本身出发判断其质量，不要看作者是谁。不管论文的作者是诺贝尔奖得主，还是其他博士生，学生都应当同样严谨地审查论文中的分析。

许多学生终其一生都认为，学生的任务就是重复教授所说的一切，并顺从于教授的设想。顺从的学习方法，或许比较适合理解如数学等少有创新突破的课程。然而，要想理解一个主观领域（如经济学等）最先进的研究，顺从不是一种富有成效的方法，因为这类领域可以接受不同的学者持有不同的世界观。论文导师有一个重要工作环节，就是让学生不再过分崇敬教员和教员从前所教的已发表作品。

我一直认为美国国家经济研究局最了不起的一个地方就是，人们围坐在桌子旁讨论经济理念，无论是在午餐时间、深夜，还是在研讨会结束后的会议室。较知名的资深人士的观点在讨论中更有分量，但那只是因为他们的观点比博士生更可信。归根结底，重要的不是说话者的身份，而是他们说的是否正确。

美国国家经济研究局会对近来的研究开展定期讨论，博士生们常在其中得出结论：这项工作是错的，或是受了误导。一旦博士生得出这个结论，无论相关研究是由他们的教授还是朋友完成的，就都无关紧要了。从来没有人教导学生要唯教授的命令是从，美国国家经济研究局就鼓励年轻人挑战教授的观点。

了不起的研究往往涉及对主流世界观的挑战。博士生必须知道，哪怕自己的教授是当今最著名的学者，其研究也并不总是正确的。学生如果希望写出一篇有影响力的论文，就必须在读博之初就习惯挑战主流观点，哪怕这些观点是自己的教授所提出的。大多数此类挑战并不正确，但它们偶尔会在顶尖学者的论证中打开缺口，从而带来硕果累累的新研究。

教授也是普通人——不拘礼节的价值

我一直觉得，美国国家经济研究局的师生不拘一格地交融相处，有助于创造出让学生乐于挑战教员工作的氛围。师生会一起吃午饭，一起打网球，参加各种各样的社交活动。学生总是直呼教员的名字，并且逐渐意识到，就算是在哈佛大学和麻省理工学院执教的最有名的教授，也跟自己是同样的人。教授也会碰到工作顺利或不顺的日子，他们的论文有时写得很好，有时写得很糟糕。

学生一旦认识到教授也是会犯错的人，就能更进一步地认识到，教授的论文也并不完美。如果哈佛大学和麻省理工学院教授的论文都不完美，那么其他大学教员的论文同样也不完美。博士生应该很自然地对已发表的论文持谨慎、怀疑的态度。他们需要逐渐认识到，只要对既定研究投入足够的努力，就有可能发现其中的缺陷。接着，学生可以弄清怎样弥补这些缺陷，并最终对文献做出有意义的贡献。

教学氛围不拘一格带来一个优点：学生得以更自在、惬意地跟教授谈话、问答，彼此碰撞想法。害怕并不能让学生的创造力开花结果，相反，在学生意识到自己还有很多文献不了解，并构思出新的方法推进知识的时候，创造力才绽放出最绚烂的花朵。

我和博士生共同工作时，总是努力创造一种尽量类似美国国家经济研究局的氛围。我会花时间跟他们谈论与研究无关的话题，希望让他们在办公室里感到自在，让他们把我当成一个普通人。我尽量定期（通常是每隔一两个星期）与一起工作的学生共同吃午餐。午餐时间，我们通常不怎么聊研究的事情，而是一边分享美食，一边聊天，让大家享受其中。但愿学生回到办公室时会更开心，意识到教员的存在是为了帮助自己，而非吓唬自己。说到底，我相信让学生置身于自在、受尊重的氛围中，有助于他们成为优秀的学术工作者。

学生彼此合作

博士研究生院的另一个目标是让学生之间有机会开始彼此合作，建立起可以贯穿整个职业生涯的人际关系。导师应该意识到这些关系对学生十分重要，并尽自己所能鼓励学生培养此类关系。诚然，学生之间能否发展良好的关系，主要还是看学生自己：如果他们喜欢彼此，就会成为朋友；如果不喜欢，就不会成为朋友。但是，导师可以做一些事情来创造积极的氛围，让学生之间的关系蓬勃发展。

根据学生的绝对成绩（而非彼此之间的相对成绩）进行推荐，或许是导师可以做的最重要的一件事。推荐信中提到的任何排名，以及作为评价学生工作质量的衡量标准，都应以历史标准和新经济学人的整体市场情况为基础，而不能根据某个学生相对于其他同学的情况为基础。如果学生认为，同年级的另一名学生成绩好会让自己受到损害，他们就容易把同学看作对手而非朋友，不会在学业上互相帮助。学术界的竞争非常激烈，但真正的竞争来自外部市场和大学在评估其教员时所采用的历史标准。如果一所学校的多个学生在全国市场上脱颖而出，那么他们在求职市场上的表现应该都很好。如果学生是弱班里的尖子生，那么做这样的"尖子"对她的帮助意义不大。

我会倾尽全力鼓励学生之间一同工作。我已经着手以若干学生作为合著者的研究项目，让他们把彼此当作队友。哪怕撰写论文的只有一个人，研究基本上也是一项团队努力。如果学生这样看待此事，长期而言，他们就会做得更好。如果我同时与几名博士生合作，我喜欢召开研究小组会议，让每位学生轮流向其他人展示研究成果。要是他们做得很好，我会尽量少说话，让学生之间为彼此的工作提出建议。理想而言，这些会议往往能鼓励学生一起工作，甚至带动他们建立起合著关系。

认识学生、了解学生

最后，导师应该对自己的学生有相当充分的认识。导师认识

第十三章 怎样做个勤勉的论文导师

自己的学生,应该是一件不言而喻的事情,但很多人都做不到。许多导师搞不清楚学生的基本个人情况。学生来自什么地方(要具体一些,不仅仅是"中国"或者"俄罗斯")?他们有兄弟姐妹吗?他们和父母相处得好吗?他们是在谈恋爱,还是刚刚分手?他们有其他有趣的技能或爱好吗?[1]他们存在任何健康问题吗?导师付出努力去更好地了解学生,学生会非常感激。导师掌握的任何有关学生的额外信息,都有助于他们更好地指导学生的论文,并为学生提供求职建议。

除了认识学生,了解他们的能力也同样重要。有些学生擅长形式化建模,有些拥有优秀的机构知识,还有一些极为擅长处理数据库。我总是尝试引导学生进入能展示他们最佳技能的课题。归根结底,学生的博士论文对我们知识所做的贡献,才是重要的东西。对学生来说,如果她想要完成的事情妥善利用了她的技能,她也就更容易对文献做出有意义的贡献。

通过了解学生的生活及技能,导师能够更好地设定期望,并帮助学生实现期望。有些学生在撰写论文的过程中,需要一步一步地获得帮助。这些学生应该定期与导师见面,逐一分享他们的测试,需要多次重写论文的每个部分,再进入下一部分。也有些学生更加独立,可以单独写几个月的草稿。

好的导师会针对每个学生的能力设定不同的期望。教员应该意识到不能提出"一刀切"式的建议。同样的事情,教员要求优

---

[1] 我从前有个学生是花样滑冰冠军,还有一个学生在攻读博士之前是美国国家级橄榄球选手。许多教员从未意识到自己的博士生大多数是些很有意思的人。

等生做可能很合理，但让普通学生去做，后者可能会不知所措。我们的目标是根据每个学生的能力，为之"量体裁衣"式地设定工作量，好让所有进入博士课程的学生，在离开时都能拿出一篇高质量的博士论文。

第十四章

管理学术生涯

Managing an Academic Career

在决定大学毕业后打算做什么时，我选择了攻读经济学博士学位。原因之一在于，我在毕业后有各种各样的潜在就业机会。我思考自己兴许喜欢搞学术，但拿不准自己能否找到一份好的学术工作。想当初，我父亲获得博士学位时，学术性工作岗位并不多，于是他接受了一份无关学术的工作，进入私营单位开展了一段很有意思的职业生涯。选择经济学有个诱人的地方：要是搞学术行不通，我大概也可以遵循类似路线，拥有一份同样成就满满的事业。

实话实说，尽管我以成为学者为目标，但就读博士生时，我对自己的职业生涯将会走向何方一无所知。我不知道自己会不会在课程中途退学，会不会有一天认定自己不喜欢经济学，或者会不会找一份比搞学术更有趣、收入更丰厚的私企工作。

和所有人一样，我必须怀着相当大的不确定去寻找自己的职业道路。这种不确定性来自多方面，包括我自己的兴趣和能力、社会对学术界内外经济学家的需求、该领域将如何发展，以及许多其他考虑因素。约翰·凯（John Kay）和默文·金（Mervyn

King）将之称为"极端不确定性"——也就是说，不确定性的源头太不清晰，根本不可能建模或对冲。[1]

面对极端不确定性，你应该怎样思考职业生涯的管理呢？面对不可避免的挫折，你能做些什么准备呢？怎样在一个不确定的世界里，做出明智的职业决定呢？

一般原则

我认为，管理学术生涯，或者说管理任何职业生涯，都要遵循两条原则。第一条原则是，在职业生涯的每个阶段，学术工作者都应花时间现实地思考这段职业生涯有可能发展的新方向。刚上路的时候，这些新方向大体包括她可以学习的领域有哪些、可以为哪些类型的雇主效力。再过上一阵，她可以想一想，除了当前的工作岗位，有哪些学校或企业能挖走她。最后，等她在一家组织内部站稳脚跟，她还可以承担起哪些不同的工作角色，并借此找到其他机会？在这家组织之外还有什么样的机会？

第二条原则是，一旦确定了机会，学术工作者就应该获取追求这一机会所需的人力资本。我所说的人力资本是指能使她的职业生涯朝着该方向发展的履历、技能和人际关系。换句话说，如果你看到一个潜在的机会，你应该获取一切必要资本，积极地追求它。这一点对许多读者来说可能太浅显了，但又常遭到不少人

---

[1] 见 J. Kay and M. King, *Radical Uncertainty: Decision-Making beyond the Numbers* (W. W. Norton & Co., 2020)。

忽视，后者总指望机会神奇地出现，而无须自己付出努力。

我在本章中提出的职业管理策略适用于学术工作者职业生涯的任何阶段。我将按顺序介绍，首先是博士生的职业规划问题，接着针对初级教员，最后针对资深教员。我将解释学者怎样应用以上两条一般原则，在职业生涯的每个阶段做出更好的决定。

这一章的首要主题，体现在密歇根州北部我家避暑别墅墙上的一句话里："做你自己生活的首席执行官！"你必须为自己的事业负责，保证它有趣而充实。如果你不喜欢自己的工作，那么你要承担起独当一面的责任，解决问题，尽量不要把遇到的困难归咎于别人。有太多的人之所以不快乐，是因为他们终其一生都在埋怨自己的工作，却并未尽其所能改善个人处境。

博士生做选择时应保持开放心态

我在本书中一直谈到发展一门专业以对文献做出有意义贡献所带来的比较优势。但有时候，学生对所在学科太过执着，忘记了其他一切。除了发展专业之外，博士生应该利用研究生院提供的机会，发展自己所学方向的分支领域的知识，掌握可以应用于不同类型问题的技能。

博士生通常走的一条路是"栽进"某个课题，该课题有时与其执教教员感兴趣的研究相关，但也并非总是如此。也许这名学生是教授的研究助理，或者是上了教授的一门课，最后着手研究起了一个相关课题。也有时候，学生在没有教员帮助的情况下，

第十四章 管理学术生涯

自己对某个课题产生了兴趣。一旦学生找到了令她着迷的课题，就能在整个攻读博士的过程中沉浸其中。

学生想出一个好的论文课题，花大量时间对其进行思考，这是非常好的。然而，要是毕业之后学生除了论文课题什么也不知道，这就成了个大问题。如果研究进展顺利，这篇博士论文可以帮助她找到一份学术工作，并开启一个富有成效的研究项目。但有时候事情的进展并不如意，学生可能未能找到学术工作，研究可能在论文发表前或者发表后走入死胡同。最终，不管最初成功与否，大多数研究项目总会达到收益递减的转折点，随着时间的推移，随后的论文会变得越来越乏味，影响力渐弱。为了在整个职业生涯中保持生产力，在自己最初研究的议题之外，学术工作者还必须能够解决新的议题。这些新议题或许需要一套新技能，有别于其博士论文所要求的技能。攻读博士阶段就是她获得这套可用于整个职业生涯、可解决新课题的广泛技能的时期。

此外，拥有一套广泛的技能，可以使博士生对学术界以外的雇主更具吸引力。私营单位的雇主，有时也包括政府机构，通常根本不关心博士生的论文写得怎么样，以及它是否获得了发表；他们更希望雇用能够理解问题并运用适当工具解决问题的人。此外，私营和政府部门的雇主都非常看重良好的写作能力和清晰的表达能力。如果博士生努力成为优秀的写作者和公众演说家，那么无论她将来的雇主是什么样的机构，这些技能都将使她受益。

对经济学领域的大多数社会科学家来说，妥帖地处理大型数据库、理解现代统计分析方法的能力已变得极其重要。在我从事学术工作的 30 来年里，这个行业出现了一个重大的变化：越来越注重经验研究。信息经济极大地提高了数据的可用性和分析数据的计算能力。在过去的 30 年里，经验工作的标准显著提高，哪怕不是特别老练的非计量经济学家（如我），也经常在经验研究论文中使用贝叶斯 MCMC 分析和机器学习算法等统计方法。我们有充分的理由认为这种趋势将会持续下去。在我看来，如今获得社会科学博士学位的任何人，如果不努力跟上这些和其他一些经验研究方法的最新进展，都显得过分不明智。再过几年，等更复杂的技术普遍推广，不这么做的学术工作者会发现自己落伍到了无可救药的地步。

不管博士生的专业是什么，都应该学习经验研究的技能，尤其是在他们的"学者前程"并不确定的时候。但是，许多学生没有这样做。我经常遇到刚毕业的学生告诉我，他们主要从事理论研究，不必知道如何处理数据。有些人甚至说，他们在运行经济实验时会生成自己的数据，因此，他们不必理解在使用来自真实世界的数据时所固有的问题。

我读博时，有位如今世界知名的经济学家在通过博士生第二年考试之后，在布告牌上贴了张叫卖条，一想起它我就很想笑。叫卖条上写着："出售，一本泰尔的教材，只打开过两次。所有严肃的经济学家必备，我现在不需要了！"［亨利·泰尔（Henri Theil）的《计量经济学原理》(*Principles of Econometrics*) 是当时最受欢迎的计量经济学教科书。］这位学者在日后的研究生涯里大获成功，但不足为奇，他的工作并不涉及经验研究。要是他在发表自己研究时运气不好，决定离开学术界进入私营单位，从他对待经验研究工作如此不上心这一点来看，他恐怕很难找到工作。

在规划职业生涯时，博士生应该把大部分时间花在必须撰写的博士论文上。可与此同时，他们也应该掌握有助于自己追求未来机会的技能，未来的机会包括碰到此刻没想到的潜在研究课题，以及掌握了这些技能之后方才开启的学术界内外的工作机会。学生应该记住，大多数学术工作者的研究，往往随着职业生涯的推移而变得更加实用。通常，学术工作者在博士刚毕业时，会做较多的理论工作，之后则会做更多的经验研究和政策导向的工作。因此，对博士生来说，不管博士论文聚焦于哪个领域，掌握经验研究技能尤为重要。

新秀就业市场

在经济学的日历上，最受关注也最耗时间的事件，恐怕要数"新秀市场"了——也就是刚"出炉"的博士（常被称为"新秀"）要面对的就业市场。每年元旦后不久举行的联合社会科学协会（Allied Social Sciences Association）年会上，博士生和应届毕业生都会到大学、公司和政府机构面试，寻找工作。面试结束后，收到邀约意向的学生，将在1月和2月外出自我推销。在这段时间内，就职邀约通常会很讲究策略地发出，到3月中旬，市场被一扫而空。

大多数院系都很好地为学生进入就业市场做了充分准备（但不一定是让学生在求职季结束后成为一名初级教员）。大量教员都写过关于就业市场以及学生应该怎样应对的文章。有人还好心地把这些文件放到网上，好让外系学生也能从中受益。[1] 我不会描述市场的细节，也并不介绍针对大多数学生的标准建议，因为读者可以在这些公开的文件中找到这些信息。不过，在这里，我要讨论一些我认为特别重要的点。这些要点，我在自己的学生进入市场时会一直强调。

导师的重要性。在就业市场上，学生务必与导师保持良好的关系，并感觉能就生活中的重要问题对导师敞开心扉。学生的导师既应是在就业市场上为她指引方向的人，也应是帮助她把自己的工作推销给专业人士的拉拉队长。令人惊讶的是，一些学生对导师不坦诚，使得导师很难帮助他们。就算学生有一些兴许不愿告诉市场的内情，他们也仍然应该诚实地告知导师。比如，学生

---

[1] 见 A. Butler and T. Crack, "A Rookie's Guide to the Academic Job Market in Finance: The Labor Market for Lemons," August 7, 2019, available at SSRN: https://ssrn.com/abstract=3433785; J. Cawley, "A Guide (and Advice) for Economists on the US Junior Academic Job Market: 2018–2019 Edition," September 21, 2018, http://www.aeaweb.org/content/file?id=869; R. Hall and M. Piazzesi, "Bob Hall's (MP: Wonderful) Job Market Advice for Stanford Economics Students," 2001, https://web.stanford.edu/~niederle/Advice_Bob_Hall.pdf; D. Laibson, "Tips for Job Market," https://economics.harvard.edu/files/economics/files/jobmarketadvicehandout.doc.pdf; P. Iliev, "Finance Job Market Advice," June 11, 2016, available at SSRN: https://ssrn.com/abstract=2779200; E. Zwick, "How I Learned to Stop Worrying and Love the Job Market," http://www.ericzwick.com/public_goods/love_the_market.pdf.

可能想要对正考虑雇用自己的学校隐瞒个人伴侣的身份和地域偏好，或是她的身体状况可能会影响工作，或是她也许不希望公众知道自己的性取向。如果导师知道所有的事实，他可以帮她想出一个适当的策略来管理问题，好让潜在的雇主加以解决（或不必解决）。

导师有时能够可靠地向市场传递有用信息。比如，美国的许多院校都位于小镇，很难聘请到教员。大多数博士生更喜欢住在城市里，因此对他们来说，院校位于小镇是减分项。导师会告诉学生，在获得工作邀约之前，不妨对所有的工作都表示出兴趣。许多学生一旦有到大城市工作的机会，很可能会拒绝小镇发出的工作邀约。然而，有些学生也许会因为育有幼子或是看重小镇的低房价和安逸的生活，所以真心喜欢住在小镇。对于这样的学生来说，如果导师把她喜欢小镇的情况告诉这类院校，对她的情况就会大有帮助。导师有时能比学生本人更可信地传达这些信息。

最后期限事关重大。在就业市场上，学生面临着许多最后期限。其中特别重要的一项是必须要在某个日期前上传申请。在美国的大多数院系，教员会在12月初感恩节假期结束后的一个星期内开始审阅文件。因此，在此时间点之前，学生必须提交申请。

这些年来，我参加过多次教员会议，在会上跟大家一起评估来自其他学校的候选人，以决定面试哪些人。通常我们会推迟考虑直到下一周第二次会议开始时都尚未完成申请的候选人。对这类申请人来说很遗憾，我们的面试日程里有很多申请人在第一次开会时就已提交了申请,因此第二次会议根本就没有召开。通常情况下,在教职员工第一次开会考虑申请人时还没完成申请的学生,获得面试的概率往往要低得多,哪怕他们随后很快就完成了申请。

一份完整的申请包括教员的推荐信,如果这些推荐信迟交,学生就会处于非常不利的地位。因此,和其他许多院系一样,我们系设有一名工作人员,负责敦促教员完成推荐信,并将推荐信附在学生的申请内一并上传。学生必须意识到,工作人员也是人,上传信件需要时间。为了让工作人员有足够的时间上传信件,学生应该在感恩节假期前早早完成申请中自己要写的部分。

我在另一所大学执教时,曾经有一名学生在他的祖国的中央银行工作了一年。他有一份精彩的求职论文,肯定会有几所学校有意面试他。但是,直到12月中旬,他才决定进入市场求职,并请求我(以及他的委员会里的其他教员)为他写一封推荐信。结果,他只得到了一两次面试机会,也没有收到外出邀请。这名学生最终留在了他所在国家的中央银行工作。我一直认为这对他来说是个挺伤感的结局。这名学生有一份不错的工作,但如果他提前几个星期完成了申请并提交,他兴许能有许多其他选择。

广撒网。 学生们在进入就业市场时,往往对自己最终将从事的工作抱有先入为主的看法。或许他们只想在这个国家的一个地方生活,又或者只愿意考虑来自学术界的机会。比如,我曾经有一名学生,她只考虑找芝加哥地区的工作。我告诉她,芝加哥的大学并不多,其中芝加哥大学和西北大学这两所大学都是顶尖的院系，有意雇用她的可能性不大。我最终说服她申请其他大城市的大学，幸运的是她在后者当中找到了一份工作。

我一直强烈鼓励学生尽量多地提交申请，不管机会是来自美国还是其他国家，是来自学术界还是非学术界。学生必须明白，市场的发展往往和预期不同。学生认为会对自己感兴趣的地方往往并无此意；但有时，学生得到了在求职之初看似机会渺茫的理想工作。此外，人们还有可能发现，他们喜欢上了在自己以前从未想过的地方生活。我们的俄亥俄州金融系有许多欧洲教员，他们之前从没有想过要住在俄亥俄州的哥伦布市，但现在他们很喜欢。我一生大部分时间都生活在美国的东北部和中西部，从来没有想过要到西部生活，但在1994年，亚利桑那大学为我提供了一份工作，我接受了，并在图森市度过了美好的5年时光。

越来越多的学生会在开始终身职位之前先进行博士后工作，其中的一些终身职位，比如，由美国国家经济研究局提供的，按规定必须由博士后出任；另一些则属于"客座教员"职位，学生进入求职市场前会先在此职位上工作几年。客座教员的职位有时涉及相当多的教学工作，但它们可能来自排名相当靠前的院系，方便最新的毕业生建立新的人脉关系。博士后有可能是一种明智的职业选择，因为开始博士后工作后，新的博士可以趁着终身职位开始前在研究方面取得进展。如果新博士能够在博士后工作期间发表一些论文，那么她可能会得到一份比直接从博士研究生院获得的更好的工作。

不要忽视非学术界的机会。大多数攻读博士学位的学生都打算在大学任教。但是，在政府机构、智库、咨询公司、金融公司和产业界，也有很多绝佳的机会。因为我个人没有在任何非学术机构工作过，所以我无法为博士生提供太多关于怎样管理非学术职业的建议。不过，我注意到，大多数没有进入学术界的博士似乎对他们的决定非常满意。我一直强烈鼓励学生在就业市场上申请尽可能多的非学术性职位，如果这些选择前景有望成为现实，请务必认真考虑。

在决定是否接受一份工作时，有一个重要的考虑因素：你将来有多大把握能离开现在的工作。从学术界转到产业界往往比从产业界转回学术界容易。除非你有一份可以发表文章的非学术性工作（比如，为政府工作是一种可能性），否则，再想回到学术界走终身教职的道路就极其困难了。大学往往更喜欢刚毕业的博士生，而不是已经在外面工作了几年的人。

然而，某些领域是有可能从私营单位转向学术界的。我的哥哥戴维·魏斯巴赫（David Weisbach）是一名税务律师，其职业生涯始于一家著名的税务律师事务所。在完成年轻律师要承担的苛刻工作的同时，他撰写了一篇精彩的论文，带着它来到法学院的求职市场上。在乔治城大学短暂任教后，他又到芝加哥大学法学院任教多年，成为美国顶尖税法教授之一。

最终决定权在你手中。 导师的工作是帮助学生获得尽可能多的机会。学生应该和导师围绕就业机会进行大量坦率的讨论，并征求导师的意见，看看哪些意见最为合适。在权衡聘用邀约，考虑接受哪一个时，新博士除了考虑院系的学术排名，还应该考虑工作地点，以及她在应聘过程中与对方人员的互动质量。组织的文化和它对新员工的支持度，是她做决定时尤为重要的考虑因素。

不过，做最后决定时，学生应该永远记住这句话："做你自己生活的首席执行官。"不管别人建议她怎么做，她必须弄清什么工作最适合自己。

助理教授的生活

新入职的助理教授常常会惊讶地发现，虽说自己在博士生时期已经非常努力了，可当上教员后，工作量竟然不降反增。他们的研究期待照旧，甚至有所提高。此外，助理教授还必须上课、参加教员会议、审阅论文、帮助博士生开展研究、参与教员招聘，并承担教员应尽的其他所有责任。这些新增的责任，会在他们搬入新房子或新公寓、熟悉新城市的时候一同出现，有些人还要帮助家人适应新环境。

有这么多的事情要做，时间飞逝，助理教授开始感到压力重重。如果他们的求职论文被一两份期刊拒绝，或是教学评估低于平均水平，这种压力就变得特别大。新的责任，加上对研究的高期待，可能会让人喘不过气来。面对如此多的责任，青年教员应该做些什么来保持研究进展？当他们着手工作时，应该设定怎样的优先事项？他们应该怎样、在什么时候考虑寻求外部机会？

青年教员很快就会意识到，自己拥有的最宝贵资源就是时间。研究的方方面面最终总会比预期花去更久的时间，而完成新论文草稿和发表旧论文的时间越来越少。教学也很耗时：教员必须备课、在办公室解答问题、监督补考、阅卷打分。他们还没来得及意识到这一点，教员工作的第一年就转瞬即逝了。

有条不紊地推进计划。新就职的助理教授应该记住本章一开头概述的基本原则。首先，她应该考虑未来的所有选择；其次，她应该获取实现这些选择所需的资本。毫无疑问，刚毕业的博士进入一所大学任教，第一选择是在该大学获得终身教职。但她应该意识到，不是每个人都能在第一份工作中获得终身教职，大多数成功的学者在职业生涯中至少会跳槽一两次。因此，一名新助理教授加入一所大学时应该记住，自己的第二选择是跳槽去另一所大学，第三种选择是走出学术界，进入私营单位或政府部门。这一点因领域的不同而在可行性上有所不同：在金融学领域，通常有公司希望雇用"新出炉"的博士，特别是专攻资本市场研究的人；而在经济学的其他领域，如纯理论领域，私营单位的求职市场就较为有限了。

记住这些选择，青年教员应该有一套获取必要资本、将之变为现实可能性的计划。如果上述每一种选择所需的资本存在本质上的不同，教员将面临要获取哪种资本的艰难选择。幸运的是，帮助青年教员在内部获得晋升，同时又为他们保留外部选择的因素基本上是相同的。最重要的因素是学术工作者研究的影响，教学也很重要，学者还必须展示自己可以成为一名优秀的同僚，有望在将来提供高质量的服务。

第十四章 管理学术生涯

我已经在前面的章节中详细讨论了研究的过程。但有一件事我尚未关注，那就是时间因素及其对教员开展研究造成的后果。有些教员是完美主义者，实际上不曾完成过任何事（总觉得任何事情做到任何程度都不够完美）。然而，每一篇论文都有一个终点，那就是学者最终必须把它发送给期刊。在研究过程的各个环节为自己设定截止期限，是一个好的方法。我会为自己所做的大多数事情设定截止日期，我非常努力地在截止日期前完成任务，甚至更快。虽说我并不是总能在截止期限内完成任务，但截止日期的存在，是一种有用的激励因素。

我建议新教员记住类似如下的研究日程（当然，这份日程偏乐观）。一份典型的博士论文包含三篇文章。第一篇通常是求职论文，博士生应在毕业时就已经将其打磨好。她应该在搬到新工作地点之前，甚至在那份工作的学年开始之前，就把这篇论文提交给期刊。第二篇文章，但愿它样子不错，投稿前已不需再费太多工夫，她应该在毕业第一年秋天的某个时候将其提交（假设她的秋季教学不是太繁重）。

第三篇论文通常到毕业时尚处于初级阶段，因此，准备投稿前可能需要花更多的时间。尽管如此，除了提交前两篇论文外，这位学术工作者还应该努力在担任教职的第一年结束前，让第三篇论文成形。此外，她应该督促自己在同年撰写一篇新的论文。如果新教员能在就职第一年就跟别人建立起合著关系，那就太棒了。

我故意将这份日程设定得闯劲十足。大多数初级教员，就连最终获得终身教职的人，都无法像我建议的那么快在期刊上发表论文。这份日程应该代表新教员力争实现的一个目标。不过，在逼自己撰写论文并投稿时，学术工作者务必按照我在第十一章中列举的标准，将论文打磨好再提交。在此之前，她应该按照第十章所述修改论文。

把学生时代撰写的论文整理成形，尽快投稿给期刊，是一项艰巨的工作。究其核心，是要好好地启动职业生涯、努力工作、尽快发表你的论文。如果你选择走这条路，尽早发表论文将增强你在熟手市场中的能力。此外，在开始第一份工作后不久就投稿你在博士生阶段写的论文，可以让你在工作第二年或第三年时专注于新的研究。在发表论文方面有个良好的开端，会对你的职业生涯产生不可思议的推动作用。

除研究之外，晋升决策中会考虑到的另一个主要因素是教学。许多人或许并不这么想，但教学在此类决策中真的很重要。大学授予某人终身教职的时候，提供的是一份终身合同。如果当事人的教学质量存在问题，那么学校一定很不乐意提供这样的终身合同。在申请终身教职之前，努力去提高教学水平是很值得的，不妨充分利用大多数大学校园都设有的教学中心。改进教学质量不仅能提高你在同僚中的地位，还能提高你自己的工作满意度，因为教得好远比教得差更有趣。

第十四章　管理学术生涯

初级教员的熟手市场

青年教员常问我"熟手市场"怎样运转。[1]新秀市场组织得当，有大量相当标准化的建议可公开查阅，而熟手市场则更像是个谜。青年教员经常听到外面有人对同事表现出兴趣的八卦，他们很想知道，自己怎样才能获得这种关注。这个市场是如何运作的呢？人们应该怎样做，才会得到其他大学的青睐？他们应该自己联系学校吗？如果是这样，他们应该怎样联系，在什么时候联系？学术工作者去另一所大学所需要的人力资本，与她在内部晋升所需要的人力资本有所不同吗？

与新秀市场不同，熟手市场主要是靠个人关系推动的。比如，某个一流院系的"新出炉"博士毕业生撰写了一篇有趣的论文，我们所在院系又正好在关注此人所在领域的新秀市场，那么，我们很可能会找到她并考虑面试她。但是，通常我们不会考虑某个在熟手市场里摸索的人，除非我们的一位教员提起了该人的名字，大多数情况下，这位教员要么是自己认识潜在的应聘者，要么是从可信的第三方那里得知应聘者的。偶尔，如果我们院系想要为某个人手不足的领域招聘，我们会花一些时间浏览其他院系的网站，试图找出可能合适的人的名字。此外，和大多数院系一样，我们也会收到许多来自其他院系的教员主动提出的申请，有时，我们会联系这些候选人面试，或请对方参加研讨会。

---

[1] "熟手市场"里的"熟手"，指的是求职者，而非市场。这个市场本身并不太"成熟"。我在后面会介绍，它在组织方面远逊色于新秀市场。

317

我认为熟手初级教员市场几乎是两个单独的市场。在第一个市场里，一些博士毕业一两年的人跳槽到新学校后进入了终身教职倒计时。这类聘用有时叫作"新秀替补"。对院系来说，聘用一个刚毕业一两年的人和聘用新秀类似——他们的薪水一样，填补的职位空缺一样。各院系会在一年中的不同时间点考虑"新秀替补"候选人。此类市场在新秀市场结束后有一个特别活跃的时期，在这一时期，向新秀发出工作邀约却遭到拒绝的学校正在寻找其他人选。从学校的角度看，刚毕业一两年的博士是很好的招聘对象，因为他们通常既有很好的发表开端（否则也不会被看上），又有教学记录和与同事合作的经验。

如果学术工作者已经离开博士研究生院超过两到三年，大学一般不得对她采用完整的终身教职倒计时。[1] 此时，学校将向她提供通常叫作"熟手初级教员"的聘用邀约。要想获得这类聘用，申请人必须已在某种程度上确立了自己的地位。我一直觉得，校方提供这样的邀请，是在告诉潜在雇员，她的记录基本上符合该校获得终身教职的发展路径。照理说，一名以"熟手初级教员"身份获聘的学术工作者，如果能继续以同样的速度开展研究，并在新院系证明自己是个好教员、好同事，那么她就应该拥有可获得终身教职的记录。

我相信，大多数业内人士对熟手初级教员工作邀约的观点，

---

[1] 能给什么人、不能给什么人终身教职倒计时，各大学的规定不同，有时同一所大学不同院系的规定也有所不同。哪怕是同一院系，不同时期所用的规定也不尽相同。

都跟我的一样:这样的邀约,是一所学校对新员工的未来终身教职决定的含蓄承诺。因此,更短的终身教职倒计时周期的职位的聘用门槛,高于新秀或新秀替补的聘用门槛,因为学校只希望聘用有足够强的记录,并且有极大概率获得终身教职的人。从经验上看,中途获聘为初级教员的学术工作者确实比刚毕业就获聘为初级教员的学术工作者拥有更高的终身教职率(当然,也有一些人没拿到终身教职)。

诚然,一些初级教员在自己所在的学校获得终身教职之前,收到过其他学校的终身教职邀约。这种做法在最顶尖的院系尤其普遍,因为这些院系总是试图从其他院系挖走年轻的明星教员。不过,大多数院系更倾向于向其他学校的初级教员发出邀约,让他们以初级教员的身份开始,在一两年内获得终身教职。学院院长往往也更乐于发出此类工作邀约,而非资深教员邀约。如果新聘来的初级教员是个糟糕的同事或教员,学校有权拒绝授予其终身教职(这种情况很罕见)。获得非终身教职邀约的门槛通常比获得终身教职邀约的门槛低,因此,愿意在没有终身教职的情况下跳槽的学者,可能比那些坚持一到校园就获终身教职的学者有更多的选择。

管理熟手市场。青年教员有三个选项,跳槽到另一所大学是其中之一。另外两个分别是,在她自己的学校获得晋升、到学术界以外的地方工作。因为青年教员不知道自己的母校将来会发生什么,所以,培养有助于最大限度利用到其他两种选择中的各方资本,显然是谨慎之举。青年学术工作者的目标是让自己在学术市场上对其他学校富有吸引力,引发后者的兴趣,好让自己拥有跳槽的选择权。

大多数初级教员都希望其他学校与自己接触,商榷潜在的跳槽事宜。就算他们在现在的学校过得很开心,有竞争院校前来接触,也是关于其价值的一个积极信号。这样的邀约可以提高教员在自己机构的地位,因为来自同行部门的外部邀约可以向院长证明,自己的研究受到了业界重视。有时(但并非总是),大学甚至会主动涨薪,与外部邀约提供的条件相匹配。

然而,什么样的策略最能鼓励外部院校主动接触,不是一眼就能看出的。除非学术工作者已经"待价而沽",否则她通常不会主动寻求邀约,而是等待别人来找她(不过有时候,向有吸引力的学校主动抛出橄榄枝,会是个好主意)。

不主动出手却想引起别人的兴趣,可能是件有些棘手的事情。有件事会对你在业内出名有所帮助。如果学术工作者的朋友多,她撰写的论文被公认是重要的,那么她便有更大的机会引起其他学校的兴趣。参加学术会议、尽可能多地展示研究成果、结识其他学校的人,这些都有助于提高学术工作者的知名度。知名度可以被看成一种人力资本,对激发外部兴趣特别重要。退一步来说,知名度也有助于内部晋升,因为它可以让学术工作者的工作更广为人知,并提高其影响。

有一件事,每位学术工作者都应该做,即跟各所与自己有私交的大学建立关系。比如,学术工作者应该努力与所在城市的大学的教员见面。对非美国籍教员来说,这一点尤为重要;不管他们最终是否想回到自己的国家,都应尽力了解当地大学的教员。当她拜访家人时,可以顺便拜访附近的大学。如果她想离开任教的大学,她家乡的大学可能会成为一个很自然的选择。

不过,知名度和人际关系发挥的作用始终是有限的。吸引外界兴趣最重要的因素是学者的生产力。通常,在母校表现出色的教员会吸引其他学校的兴趣。获得外部邀约的教员往往是那些发表论文、教学出色、受同事喜爱的人。没错,学校在跟其他大学的教员接触之前,会很努力地了解其教学情况和同事关系。做个好老师、好同事,不仅有利于教员在所在机构的工作,还能提高她的外部市场价值。

进入熟手市场。有时,一位教员想要离开一所大学,但还想留在学术界。也许,这是因为她与系里某个人存在性格冲突;也许,是因为她的终身教职前景不好或晋升终身教职遭拒;也许,是因为她想到世界的另一个地方生活。

与新秀市场不同的是,在熟手市场上,很多时候最好是有选择性地瞄准学校,而不是漫天撒网。当然也有例外,那就是教员的终身教职遭到了本院校的拒绝,如果是这样的话,我们没有理由不写信给多所学校。但是,如果教员不需要离开大学,那就应该比在新秀市场时更加挑剔,不要把目标锁定在不太可能去的地方。此外,如果她成了更为资深的学术工作者,"适合"这一因素也会变得更加重要:相较于她是新秀的时候,她应该更多地关注自己想住在什么地方、跟自己认识和喜欢的同事在一起。她应该想到自己的学校会发现她联系了其他院系,因此,如果她接触了太多其他院系，最终却并未离开，那么她在自己的院系就显得颇为尴尬了。

让其他人（通常是更资深的某个人）去联系别的大学，在熟手市场甚至比在新秀市场更有帮助。这个人可以是你的论文导师、资深同事、合著者，或另一位了解你、能为你担保的受人尊敬的学术工作者。这位第三方人士能够可靠地传达你是什么样的人、为什么你想离开现在的大学，以及你为什么适合在正联系的学校中工作。比如，第三方人士可以说："她是个很棒的研究员和教员，并且她是单身，讨厌住在美国中西部小镇。她会喜欢住在你们这样的国际化大都市，并且能很好地融入你们的群体。"院方如果从可信任的人那里得到了这个信息，那么很可能会联系你。反过来说，要是这样的评语出自他们不认识的人的求职信中，那么评语听起来就不太可信，你也不太可能得到积极的回应。

到了学术工作者职业生涯的某个阶段，进入市场探索外部出路是精明之举。然而，主动向其他院系求职是个很糟糕的主意，除非你认真考虑跳槽到对方大学。院系发出工作邀约需要付出很多努力，如果他们认为有人假意表示对工作感兴趣，但其实只是为了在她工作的机构提出加薪，那么他们一定会大感不快。

考虑跳槽到另一所大学的合适时机是在你申请终身教职之前，稍早一点亦可。因为终身教职从来不是件确定的事，如果你后来因获得了终身教职而拒绝了其他学校发出的邀约，对方能够理解。但是，如果事情进展不利，你没有获得终身教职，那最好是有条出路可以马上跳槽，而不是被迫在次年四处搜寻出路。虽然标准教员合同包含终身教职决策后的"终止年"，以便你可以找到另一份工作，但继续待在刚刚拒绝了你晋升的院系，可能会很尴尬。出于这个原因，许多学术工作者宁愿马上离开，也不愿在这所决定不授予自己终身教职的大学再留一年。

大学的晋升决策

评审可能是学者职业生涯中压力最大，也最重要的时期。典型的美国大学合同规定，除了以提供反馈为主、教员可获得少量加薪的年度评审之外，学术生涯中有三次重要评审。第一次评审通常发生在你担任助理教授的第三年或第四年。这次评审可能会涉及外部意见，也可能没有，但除此之外，它遵循与终身教职评审相同的程序。通常，系委员会根据你的情况进行投票，系负责人给出意见，学院委员会再给出意见，接着，院长决定学院应该向大学给出怎样的意见。最终，在大学级别的晋升委员会协助下，由大学行政部门的高层（通常是教务长）一锤定音。

大多数大学很少在这轮早期评审中解雇教员。相反，他们将之视为一种提供详细反馈的方式，为初级教员提供改进薄弱环节的机会。重要的是，大学利用这次评审机会告诉一些教员，他们日后获得终身教职的可能性不大。明智的做法是开始寻找另一份工作。如果一个几乎没有晋升机会的初级教员在终身教职审查之前找到了另一份工作，这就让高级教员省去了日后痛苦的审查过程，初级教员也不会留下教职被拒的"职业污点"，从而有机会继续在职业之路上前进。

终身教职审查可能是学术工作者职业生涯里最重要的一次审查，因为通过了它，学术工作者就将拥有终身合同。终身教职评审通常在第6年进行，仍遵循上述程序，只是另外还需要来自该行业的资深学术工作者的评估信。大多数大学允许待审教员推荐一些给自己写评估信的人，院系推荐另一些人。如果推荐人选大多拒绝写信，通常会被视为对待审教员不利的信号，因为这些人可能认为待审教员申请终身教职的理由不足。

最后，大多数大学在考虑将副教授晋升为正教授时，会进行第三次审查。这轮评审没有固定的时间表，但通常是在学术工作者获得终身教职后的5年左右进行。根据我的经验，只有当全体教员有可能支持提议时，大多数院系才会鼓励副教授考虑晋升正教授。由于副教授在拿到终身教职之后，有权在职业生涯的剩余时间一直留在这一级别，他们没有理由在晋升指望不大的时候考虑此事。但是，哪怕系里不鼓励，副教授也有权申请晋升正教授。这类情况偶有成功，但更多时候不会。如果资深副教授要求晋升为正教授却遭到拒绝，可能会引发不愉快。

这种审查体系常见于美国的大多数州立大学。私立大学的时间周期往往更长一些。在有些学校，副教授可以没拿到终身教职，但要想拿到这一职位，仍需接受严格审查，并附外部评估信件。其他国家的审查体系可能有很大的不同，在一些国家，教员自受雇之日起基本上就享有终身合同。

怎样最大化个人机会。虽然大多数教员都很清楚晋升过程的规则,但他们不了解教员该如何做才能让自己表现出最好的一面,去最大限度地提高自己的机会。到做晋升决策的时候,她已经在发表论文和教学方面尽了最大努力。现在,她必须整理好资料袋,向院系推荐为自己撰写评估信件的人选,最重要的是,在这个压力很大、时有尴尬的时期,她必须在院系内冷静周旋。

她可以保持良好态度,力争实现好的结果。做个乐于助人、开朗、积极参与院系活动的好同事大有裨益。系内教员在做终身教职评估时会努力做到公平、忽略个人感受,但毫无疑问,倘若其他条件相同,受欢迎的教员比不讨人喜欢的教员更有可能获得晋升。

晋升对所有涉及在内的人来说都很困难,包括做评估的人。被拟议晋升的初级教员往往能判断出来资深教员什么时候开会讨论自己的情况,前者应该理解,这类会议在开始就会提醒大家,人人都有义务对会议上所说的一切保持沉默,尤其是不要对拟议候选人透露任何消息。这就是为什么在会议结束后,总会有些时候,一位资深教员非常想告诉拟议晋升者她的情况进展顺利,但却不能这么做。有时候,被拟议晋升的教员会错误地推断,自己的资深教员朋友平时对自己事事都说,可在这关键大事上却三缄其口,一定是自己的晋升出了什么问题;事实上,晋升会上的每个人都非常积极地支持她的晋升。

研究陈述。许多初级教员都没有在一件事上花足够的时间,那就是包括个人资料包在内的研究概述。我在阅读此类文档时,常怀疑晋升候选人只是把论文摘要抄下来，一个接一个地罗列在文件里，就以为完成了。这种研究文档虽然不一定对候选人有什么坏处，但也无法真正对她有所助益。如果我在撰写外部评估信，或是在学院委员会中评估一个来自其他院系的候选人，要是想阅读她的一篇论文的摘要，我可以直接去看论文。

尤其是在评估一个我不太了解的人的工作时，我想知道的问题是，候选人认为自己的整体研究议程是什么？她认为自己最重要的见解是什么？她是怎么思考的？是什么主题将她的论文互相联系起来？把她的论文视为整体进行阅读，比一篇一篇地单独阅读，我们能够多学到些什么？最终，晋升决策中最重要的问题是，我们从候选人的工作中学到了什么？而如果此人进入了另一条事业线，我们就无法学到些什么？

我一直鼓励青年教员整理一份研究文档来回应这些问题。晋升候选人应该在研究文档中解释自己为什么选择该研究项目、解决项目相关问题的一般方法是什么、她认为自己最重要的贡献是什么，以及她的研究将来会朝什么地方走。她应该把研究文档中的讨论重点放在这些议题上，而非论文发表的期刊上。研究文档里不应该写："这篇论文在顶级期刊《政治经济学杂志》上发表。"相反，它应该说明该论文怎样影响了专业人士对一个重要课题的想法，以及它怎样影响了其他学术工作者的观点。记录该论文在其他学术工作者那里的引用情况，以及在其他大学阅读清单上的出现情况，是个很好的做法。

外部读者可以查看候选人的简历，了解其论文在哪里发表。

研究文档应解释论文中的内容,以及读者为什么应该关心它们。研究文档应该给出例子说明:候选人的研究已经给我们上了重要的一课,她日后还将贡献更多的研究成果。

外部评估信撰写人。晋升候选人还必须在个人资料包中收录潜在的写信者名单。大多数院系会从提供的候选人名单中挑选一些人,再挑选一些不在名单里的人。许多初级教员都为在推荐名单里收录哪些人感到困惑,并不真正知道该怎样思考推荐哪些人。是选择大名鼎鼎、来自顶尖大学的人,还是选择兴许能为自己说好话的人?推荐名单里的人可以是你认识的吗?如果你的名单上有你的合著者,或是你的论文导师呢?

推荐潜在写信者时,不妨从潜在写信者,以及将要阅读评估信件的晋升委员会教员的视角来思考写信过程。其他大学能胜任撰写外部评估信的资深教员寥寥无几,而且他们经常会收到大量的请求,有时一年内就会收到 10 至 15 封撰写评估信件的请求。许多资深学术工作者会因为总爱拖拉、有强烈的观点和独特的品位、不再活跃地从事研究工作,又或是总留给人过于消极的印象,被大家公认不是撰写外部评估信的合适人选。因此,那些思维敏捷、性情稳重、活跃地从事研究工作、总体上态度乐观的资深学术工作者,往往被淹没在各种请求当中。

除了一封正式的感谢信,写信者不会因为写信而得到任何报酬,通常甚至无从得知自己投入时间考察的人选最终得到什么样的结果。此外,哪怕学校尽最大努力保守秘密,晋升候选人有时仍会发现写信人的身份及信中意见。一些学校必须遵守《信息自由法》（Freedom of Information Act）里的规定；而在另一些学校，委员会的工作人员或教员会向晋升候选人分享信中的细节，尤其是信中包含负面内容的时候。

换句话说，当一名资深学术工作者受邀撰写一封评估某人终身教职的信件时，她需要花一两天的时间努力工作，她不但没有任何报酬，而且，倘若她写了任何负面的东西，将使得某个好人永远恨她。她一学年里可能会受邀撰写10至15封这样的信件。受邀撰写评估信，会让执笔的学术工作者左右为难：如果他们不答应写信，可能会对晋升候选人的质量发出负面信号。由于教员们绝不希望对某个值得晋升的人发出负面信号，大多数人会为自己认为有良好记录的候选人写信，但可能不愿意为某个记录略逊的候选人这么做。撰写否定评估信令人痛苦，如果学校未能保密，这样的信恐怕会带来说不清道不明的后果。当然，资深学术工作者不愿意为终身教职候选人撰写评估信的这些原因，院系领导和终身教职委员会的人都清楚。可如果找不到声誉良好的资深学术工作者答应为晋升候选人写信，通常会被视为候选人质量堪忧的信号。

信件写好后，会被送到对候选人进行评估的委员会，通常是系、学院和大学级别的委员会。[1] 在院系内部，资深教员通常非常清楚业内人士对其初级同僚的看法，而信件往往证实了资深教

---

[1] 这一政策因大学而异。有些大学不允许大多数教职员工阅读外部信件，有些大学没有学院级别的委员会，但允许所有教职员工对终身教职申请投票，还有一些大学（如俄亥俄州立大学）没有大学级别的委员会。

员已经知道的情况。在学院和大学级别委员会，外部信件更为重要，因为这些级别的评审委员会的成员通常并不熟悉拟议晋升的候选人。委员会里的学术工作者大多来自与候选人不同的领域，因此，他们对外部评估信的撰写人也知之甚少，只知道写信者的头衔和一些资历，如写信者是否在主流期刊做过编辑。由于外部信件大多是正面的（务必记住，没有人想写负面信件），委员会往往更关注写信人来自哪所大学、信中是否提及了任何负面的内容，而非信件中对候选人论文的详细评论。

有鉴于上述所有因素，我想向晋升候选人推荐以下做法作为挑选写信人的最佳策略。第一，选择能够评估你工作的人。第二，选择你认识的、看起来喜欢你和你的工作的人。第三，选择性格较为随和、积极的人。请记住，有一些学术工作者认为"她还好"是高度赞扬，但阅读这封信的人，并不熟悉写信者的性格，恐怕会消极地看待这样的评语。

第四，想一想，从潜在终身教职委员会委员（尤其是来自其他院系的教员）的视角看，评估信件执笔人是否出众。来自好大学的资深学术工作者，哪怕最近发表的文章不多，可能看起来也比头衔不够花哨，但跟进了你所研究的文献的后起之秀好得多。此外，就算写信者的院系实力很强，可要是他所在的大学在读信者所处的领域不被看好，那么即便是积极的评估信也不会对读信者的意见产生太大影响。因此，最好是选择在多个领域（而不仅仅是在晋升候选人所在的领域）排名靠前的大学。

第五，避免出现任何利益冲突，哪怕这些冲突没有严重到对你所在的院系造成困扰。因此，排除合著者和导师，我还建议避开所有在博士生阶段教过你的人。你希望给终身教职委员留下好印象，有很多优秀的学术工作者喜欢你的工作。如果在委员会成员看来，你推荐的写信人选有可能对你和你的工作心存偏爱，那么他们也许会推断，你找不到秉持公正立场的学术工作者为你写一封有力的评估信。

如果审查进展不利

助理教授第三年或第四年接受审查。这一轮审查的主要目的是为初级教员最初几年的表现提供反馈。理想而言，这轮审查为青年教员提供了一个改正缺点的机会，好让他们在几年后有更大的机会获得终身教职。尽管大多数学校在这一阶段这么做的很少见，但在某些情况下，接受助理教授审查后，一些初级教员将不再续约。通常，除非教员研究做得太少，或在课堂上表现特别差，校方才会在本轮审查中解除聘约（一般都会等到事关终身教职决策的那轮审查中再这么做）。

尽管大多数教员在此阶段都获得了续聘，但他们收到的反馈可能很严厉，并且令人忐忑。资深教员试图为学术工作者做出诚实的评估，告知后者必须怎么做才能获得终身教职，并提出具体的改进建议，帮助她做得更好。对接受审查的教员来说，这些建议并不算太出乎意料。比如，"你必须发表论文"或者"你必须提高教学评分"都是常见的信息。但是，有些反馈更具实质意义。我们系会尽量说得非常具体，我们会告诉教员，我们认为她的哪些新项目最有前途，她在工作推进中是否存在失误。比如，初级教员动手写的新论文可能太多（或太少）、出差太多（或太少）、在课堂上犯了可加以纠正的错误，如把课程水平定得太高，或试图涵盖太多的资料。

收到反馈后，候选人务必对自己诚实。从收到的反馈来看，她认为自己有合理的机会获得终身教职吗？如果是的话，她想在这所大学度过余生吗？她有多喜欢自己的工作？有没有足够的生产力，哪怕不考虑晋升，仍有理由继续在当前的工作岗位上干下去？她是否同意审查委员会对自己工作的具体批评？

这些审查是反思个人职业生涯、思考未来策略的很合适的时间节点。大多数时候，哪怕审查是负面的，只要你过得相对开心，你的研究生产力也较强，不妨留在这所学校，直至接受终身教职审查。但是，你应该坦然面对审查意见。我认识的好几位初级教员对负面审查做出了错误阐释，有人收到不利意见后反而立刻购买了大房子，直到几年后因为未能通过终身教职审查，而不得不亏本卖掉房子。

然而，有时候，在工作启动缓慢、得到负面评价之后，继续待在得到了这种反馈的地方，可能会让人感到压力重重。此时，在新的周期搬到一个新环境，可能会让你的事业重新焕发活力。在这个阶段，初级教员最好不要向多所学校群发简历邮件。群发邮件会暴露初级教员的求职打算，要是她最终放弃跳槽，她就不得不面对每个同事都知道她找工作失败的更棘手的局面。因此，如果青年学术工作者想在担任初级教员期间跳槽，明智的做法是联系那些已经认识她、对她表示过兴趣的院系。她应该尽量低调地推进此事，尽量减少当前同事之间的流言蜚语。

终身教职审查。与第三年或第四年的审查不同，终身教职审查是一个"非升即走"的决策。如果大学晋升了一位教员，那么她便获得了终身合同；如果没有，那么她有一年时间去寻找新工作。一旦有人终身教职晋升遭拒，消息很快就会被传开，全行业都会知道这个人会去找新工作。因此，倘若这轮审查未能通过，正确的策略是做全面搜索，考虑所有的可能性。

如果终身教职的晋升遭到否决，当事人可能难以与资深同事保持合理的职业关系。终身教职遭到否决，会让人大感紧张和沮丧，特别是教员本人真心以为自己应该得到晋升的时候。一些教员很自然地会揣度是哪些人否决了自己的终身教职，把气撒在他们身上。然而，在人生的这段艰难时期，学术工作者必须尽量为她的事业做最好的事情，哪怕这意味着向除了亲朋密友之外的所有人隐瞒自己对此决定的感受。一些教员大声地公开抱怨此事，但这样的抱怨很少起到有益的作用。其他学校要是听到了这样的消息（他们肯定会听到），会认为当事人爱发牢骚，很可能是个糟糕的同事。

任何终身教职遭到否决的人，都必须意识到两件事。首先，终身教职遭到否决，绝大多数不是出于个人原因，而是出于职业原因。资深教员最有可能因为不喜欢候选人论文的质量或数量，或是认为其研究或教学存在其他问题，而否决此人的终身教职。

有时，终身教职遭到否决与年限有关，比如，一些学校希望候选人最低限度地在本校度过了多长时间，再与其签订终身合同。

不管终身教职遭拒的原因是什么，让资深同事为当事人说说好话大有帮助。无论哪所学校打算在未来聘用此人，几乎都会打电话给否决了其终身教职的学校，询问她为什么遭到拒绝。如果答案是："她是一个很好的同事和老师，只是略逊于我们的标准。"那么另一所（通常排名较低的）大学很可能会认真考虑聘用她。可如果答案是："她发表了几篇论文，但是个极难相处的同事，而且，有些教员认为她那些发表了的论文存在问题。"那么，她再次获聘的机会就大大降低。

正教授审查。除非被提名为讲席教授，否则学术工作者职业生涯的最后一轮晋升，便是成为正教授。请务必记住，学术生涯里不一定非要晋升正教授不可。有些人干了一辈子的副教授，过着非常幸福的生活。但大多数教员都希望在某一时刻成为正教授，大多数院系也希望最终将所有从事研究工作的终身教授晋升为正教授。

因此，最好是你和同事就晋升为正教授所需的条件达成一致。除非院系打算晋升某人（假设外部评估信没问题，审查过程中没有发现教学或道德问题上的负面情况），否则不应提名其为正教授。在院系没有准备好之前就催促院系方晋升你为正教授，通常是错误之举。这样做会造成不必要的冲突和不愉快。大多数情况下，只要你耐心等待，几年后你就会得到晋升。

获得终身教职后保持生活的趣味性

在学术界，有一件事总是让我感到惊讶，那就是大量拿到终身教职的教员对自己的工作感到异常苦涩。我一直认为教授是全世界最棒的工作之一。成为终身教授，是大多数博士生的梦想。为什么会有那么多人得到了理想工作，最终反而对它大感不满呢？他们能做些什么让自己在工作中更快乐呢？

大部分沦入苦闷生活的教员，都有过类似如下的经历：30多岁的时候发表了三四篇与博士论文相关的专题论文，获得了终身教职。他继续写类似的论文，但它们只刊登在排名较低的期刊上，因为他的研究方法已经变得不够新颖，外界开始认为他有点过时了。他在遭到了几次顶级期刊的拒稿后，开始批评这一行的研究品味，因为后者的研究方式相较于他攻读博士时已发生了变化。与此同时，在他所在的院系，他与系主任意见不合，系主任暗中排挤他，给他布置糟糕的教学任务、分配糟糕的办公室，或是剥夺他的资源（暑假经费、获得助教的资格，等等）。他开始向认识的每个人抱怨自己的处境，最终他的抱怨又传回了系主任耳朵里。

如果这位教员是30多岁的时候拿到终身教职的，那么，他的生活可能是在40多岁上变得不如意的。此时，他可能已经没有太多出路了，没法跳槽到另一所几乎和现在执教的一样好的研究型大学。他又干了二三十年的教员，在这段时间里，他发现越来越难以富有成效地做出贡献。

第十四章 管理学术生涯

可悲的是，这种局面原本完全可以避免。任何一个有能力拿到博士学位并获得终身教职的人，都是足够聪明的，他大可在整个职业生涯中成为一名有价值的教职人员。在完成学位并获得终身教职时，他们几乎都是聪明、勤奋的学术工作者。如果他们找到适合自己的定位，继续从事有趣的工作，并在一生中为大学和社会做出贡献，从长远来看，他们会更幸福。这项有趣的工作可以是新的研究，但也不一定必需是。还有许多其他类型的机会，也可以成为学者职业生涯的重要组成部分。

学者应该始终思考怎样扩大视野，做一些能让自己忙碌起来的新事情。所有人，尤其是学术界人士，在不断面临新挑战时才能全力以赴，做出最佳表现。但许多教员却落入了陷阱：一遍遍教授同样的课程，一次次撰写基本上一样的论文。陷入这一困境的人，忘记了本章开头提出的两条原则：教员应该一直思考将来有可能接触到的研究机会和非研究机会。为了让这些机会成为现实，教员必须在整个职业生涯中为个人资本投资，以便追求自己认为诱人的机会。

有些教员在整个职业生涯中始终专注于研究。我自己就属此类。我有点偏向异类，因为随着年龄的增长，我越来越渴望研究和理解金融市场。可典型的模式恰恰相反：大多数学者在年轻时对研究的兴趣达到顶峰，等年纪渐长，他们会将注意力转向其他事情，他们的研究步调就会放缓。一些教员随着年龄的增长，进入了行政领域。学术界总是缺乏优秀的行政管理人员，因此在行政岗位上担任领导职务，是对所在大学做出贡献的绝佳方式。也有些教员随着年龄的增长，对教学越来越感兴趣。有人编撰教材、教授额外的课程（有时是为了获得额外的报酬）。一些学者成为"公共知识分子"，为其专业领域的公共话语做出贡献。开展咨询业务是学者保持生活乐趣的另一种方式。如果私营单位或政府迫切需要某一领域的专业知识，在该领域确立了专家地位的学者就可在咨询业务上一试身手，这既有意义，又有利润。

如果你把职业生活聚焦于上述任何（甚或其他）出路，便可免于落入窠臼、在职业生活里闷闷不乐。但要想追求上述任何一条出路，都需要投资正确的资本。为了保持最前沿的研究能力，你必须努力跟进其他人关心的最新技术和问题。你还必须不让自己的研究变得陈腐，保持开放心态，让它随着时间的推移朝着新的方向演进。

要想成为一名成功的行政管理人员，你应该对出现在眼前的职位表现出兴趣。找一个不太显眼的职位（比如，在你所在院系担任一个小项目的助理负责人，或是担任学生团体的顾问）对获取经验至关重要。在这些职位上做得好，可以为日后担任院长、系主任铺平道路。

你需要投入时间和付出努力，才能通过这些方式让你的事业保持新鲜感和趣味性。要想靠额外的教学获得收入，你需要预先投资开发一门独特的课程并做推广。许多人都打算"某一天"撰写一本教科书，但大多数人从来没能兑现这一承诺。为报刊撰写时事专栏，尝试成为"公共知识分子"，也适用于同样的道理。

最后，咨询机会大多也不会无端出现。有意开展咨询业务的学者，通常必须为从业者愿意付费的专业知识进行投资，还要培养与行业专业人士的关系（才能把知识利用起来）。

学术工作者应该在职业生涯初期就懂得："做你自己生活的首席执行官。"如果她有目标地推进自己的事业，而不是随波逐流地去做当时看起来有趣的事情，那么她会最为幸福。她应该始终花时间思考自己将来可能选择的出路是什么、需要什么样的资本来追求她认为的诱人的出路。对人力资本的投资可能是值得的，这将使未来的生活更加有趣。

尾声：博士毕业后的学术成就

身为学者，我们基本上没有接受过怎样为职业生涯做准备的训练。我们在博士阶段学到了很多关于学术**科学**的知识，对于经济学家来说，这主要包括学习经济学理论、掌握计量经济学、熟悉应用领域的文献。然而，对于成为一名成功学者所需要知道的很多事情，我们的了解方式却是偶然地口口相授。比如，几乎每一名经济学研究生都知道如何最大化似然函数，以及理解工具有效的必要条件。可对于怎样确定报告哪些结果、怎样呈现结果以便读者轻松地看出他们做了些什么，以及怎样向非本分支领域专家的外部读者解释研究结果，不知道怎么做的研究生的比例就高得惊人了。

学者所做的许多工作，可以被形容为"**手艺**"。一如其他类的手艺，学术工作是经过时间测试的技术、战略思维、伦理和想象力的结合。这些东西是可以习得的，但往往是在偶然之间习得的。在本书中，我尝试以经济学为基础，提炼出我自己对社会科学学术工作的"手艺观"。毫无疑问，一定有人不认同我的一些建议，但我相信，绝大多数读者会认同本书的主要论点：如果花更多时间来思考论文撰写的细枝末节、怎样把论文融入自己的研究组合、怎样发展自己的职业道路，那么大多数学术工作者都能获得更好的结果。

贯穿本书，我提出了许多建议，旨在帮助学术工作者开展更有影响力的研究、拥有更令人满意的事业。这里不妨总结一下我认为最重要的建议。

要记住的十三点：

（1）做个学术"猎人"。找一个你想知道的答案的问题，寻找能让你对其进行深入探索的方法。不要等着课题来找你，要主动去找那些让你着迷的研究问题。绘制一张"市场地图"，围绕所有你想研究的问题，罗列出已经完成的工作，利用它来确定可能为该课题提供最新颖简介的途径。

（2）尽量选择相互关联的研究项目，形成一套连贯的研究计划。你的目标应该是建立一套论文集合，在一个重要分支领域内建立顶尖学术工作者的声誉。请记住，我们每个人在给定时间内能完成的论文数量是有限的。启动一个项目的机会成本可能很大，尤其是当学术工作者的产能接近极限的时候，现在启动一个项目便会限制她将来启动其他项目的能力。

（3）每个人都有独特的知识和天赋。要启动那些利用了你擅长的东西的研究项目。此外，要保持开放心态，学习新领域，掌握新技能。了解你所在领域最优秀青年教员正在从事什么工作、使用什么工具,会是判断研究方向的有益指南。

(4) 不要把"搞研究"和"写文章"视为不同的活动。写出来的文章**也是**你的研究。你花在论文上的大部分时间,应该用于撰写分析、陈述分析上。具体研究项目的成败,不仅取决于建模和经验性结果,还取决于你怎样激发这项工作、怎样向读者解释结果,以及怎样恰当地进行阐释。

(5) 假设目标读者不管你的论文有多长,都用固定的时间进行阅读。因此,在撰写论文时,要让读者把时间聚焦到你希望她思考的事情上:**你**所做的分析和**你的**工作的意义。不要在冗长的文献综述、无关宏旨的技术细节上花费太多时间,也不要在读者认为困惑而无启发性的讨论上花费太多时间。否则,读者会分心,用在思考你论文的见解上的时间就减少了。

(6) 导言是学术论文中最重要的部分,因为许多读者只看这个部分。故此,导言的篇幅十分宝贵,浪费篇幅的机会成本极大。你论文的导言应当完成以下(也仅限于以下)目标:第一,抓住读者注意力;第二,陈述你提出的问题;第三,说明你使用的方法;第四,报告结果;第五,提供你对结果的阐释;第六,讨论研究结果的其他含义;第七,提供论文大纲。

(7) 数据和方法描述必须足够详细,好让地球另一端的博士生能够复制你的结果。但描述的行文也应有趣,以免典型读者感到乏味。在论文的主体部分只写大多数读者感兴趣的内容。只要不影响对论文分析的理解,复制结果所需的细节就应放到附录。

（8）进行一次良好的研讨会讲演的关键在于沟通和控制。你必须把论文的观点传达给典型的研讨会参与者，后者可能不是你所在领域的专家。你还必须引导听众，不要让听众用他们提出的阐明要求或与论文无关的讨论妨碍你的讲演。一定要在研讨会上尽早提及你想表达的要点，**按时结束**。幻灯片的目的是引导听众注意力，使之集中到你想要的地方，为其提供细节。幻灯片要整洁，不要在每张幻灯片上放太多信息，使用易读且大的字体。到讲演结束时，你希望人们谈论从你的论文中学到了些什么。如果他们谈论的是你的幻灯片有多炫目，或是重提你与参加讲座的教员之间的争论，你恐怕就错失了提高论文影响力的机会。

（9）把论文同时拿给你认识的每个人看，效率低下。相反，应按顺序分发论文。首先请一两位你信任的密友仔细阅读。根据他们的反应进行修改，接着向更多人征求反馈。继续上述过程，收到评语就加以修改。最终，反馈将达到收益递减点，用处变得不大。只有到了这时候，你才应该公开论文，将之发布到网上。

（10）把期刊投稿视为修改过程的延续。除非已经写得足够好，不要向期刊投稿。要实事求是地选择期刊，不是所有优秀的论文都能刊登在《美国经济评论》上。把拒稿视为提高论文质量的有效方法。如果编辑给了你修改的机会，你就善加利用。针对审稿人和编辑提出的每一点问题，在修订文件中解释回应。希望你的论文最终能在一份优秀的期刊上发表。

（11）对待研究的态度和在院系里的人际关系，是事关博士生成功的一个重要因素。从进入校园的那一天起，学生就应该思考研究设想，尽快参与研究。博士生与教员、同学的关系，是她成功的关键因素。最出色的博士生往往会在自己的研究中，为其他同学提供有价值的帮助，这也是在许多院系，质量最高的论文往往集中在特定年份的原因之一。读博**不是**零和博弈，一个学生的成功，并不需要以牺牲其他学生的成功为代价。

（12）始终要思考潜在的职业机会，获得必要的人力资本，将职业生涯转向最让你兴奋的方向。这些方向，可以是与你研究相关的机会，把你从前的工作加以扩展，进入一个有前途的新领域；但也可以是转入行政管理岗位、为公众撰写教科书或政策文章，或是在私营单位或政府部门应用专业知识，等等。学者不应该一遍一遍地教授同样的课程，不接受新的挑战，而是应该努力不让自己的生活变得沉闷。

（13）从事学术工作，可以是一份美妙的事业，但和其他职业相比，学术生活更多地需要你对它善加利用。利用好的部分，避开坏的部分。把你的这段生涯用来改变学生的生活、研究有趣的问题、与所在大学和其他地方的同行成为好友、周游世界各地、拜访其他大学、展示你的研究。别跟同事和院长吵架，不要埋怨学校不可避免存在的有失公平、效率低下的问题，别让讨厌的学生过多地打扰你。永远别忘了，"做你自己生活的首席执行官"。一定要让你的生活有趣而愉快！

参考文献

Akerlof, G. A. 1970. "The Market for 'Lemons': Quality Uncertainty and the Market Mechanism." *Quarterly Journal of Economics* 84(3): 488–500.

Almeida, H., M. Campello, and M. S. Weisbach. 2004. "The Cash Flow Sensitivity of Cash." *Journal of Finance* 59(4): 1777–1804.

Amano-Patiño, N., E. Faraglia, C. Giannitsarou, and Z. Hasna. 2020. "Who Is Doing New Research in the Time of COVID-19? Not the Female Economists." Working paper. VoxEU, Center for Economic and Policy Research (May 2). https://voxeu.org/article/who-doing-new-research-time-covid-19-not-female-economists.

Andrews, I., and M. Kasy. 2019. "Identification of and Correction for Publication Bias." *American Economic Review* 109(8): 2766–94.

Angrist, J. D., and J.-S. Pischke. 2008. *Mostly Harmless Econometrics: An Empiricist's Companion*. Princeton University Press.

Antecol, H., K. Bedard, and J. Stearns. 2018. "Equal but Inequitable: Who Benefits from Gender-Neutral Tenure Clock Stopping Policies." *American Economic Review* 108(9): 2420–41.

Ashenfelter, O., and A. Krueger. 1992. "Estimates of the Economic Return to Schooling from a New Sample of Twins." *American Economic Review* 84(5): 1157–83.

Axelson, U., P. Strömberg, and M. S. Weisbach. 2009. "Why Are Buyouts Leveraged? The Financial Structure of Private Equity Firms." *Journal of Finance* 64: 1549–82.

Backhouse, R. E., and B. Cherrier. 2017. "The Age of the Applied Economist: The Transformation of Economics since the 1970s." *History of Political Economy* 49: 1–33.

Barberis, N., A. Shleifer, and J. Wurgler. 2005. "Comovement." *Journal of Financial Economics* 75(2): 283–317.

Bayer, A., and C. E. Rouse. 2016. "Diversity in the Economics Profession: A New Attack on an Old Problem." *Journal of Economic Perspectives* 30: 221–42.

Benmelech, E. 2009. "Asset Salability and Debt Maturity: Evidence from Nineteenth-Century American Railroads" *Review of Financial Studies* 22(4): 1545–84.

Berk, J. B., C. R. Harvey, and D. Hirshleifer. 2017. "How to Write an Effective Referee Report and Improve the Scientific Review Process." *Journal of Economic Perspectives* 31(1): 231–44.

Bernheim, B. D., A. Shleifer, and L. H. Summers. 1985. "The Strategic Bequest Motive." *Journal of Labor Economics* 93: 1046–76.

Berry, S., J. Levinsohn, and A. Pakes. 1995. "Automobile Prices in Market Equilibrium." *Econometrica* 63(4): 841–90.

Bertrand, M., and S. Mullanaithan. 2004. "Are Emily and Greg More Employable than Lakisha and Jamal? A Field Experiment on Labor Market Discrimination." *American Economic Review* 94(4): 991–1013.

Blanco-Perez, C., and A. Brodeur. 2020. "Publication Bias and Editorial Statement on Negative Findings." *Economic Journal* 130: 1226–47.

Bordalo, P., K. Coffman, N. Gennaioli, and A. Shleifer. 2016. "Stereotypes." *Quarterly Journal of Economics* 131(4): 1753–94.

Butler, A., and T. Crack. 2019. "A Rookie's Guide to the Academic Job

Market in Finance: The Labor Market for Lemons." August 7. Available at SSRN: https://ssrn.com/abstract=3433785.

Card, D., and DellaVigna, S. 2013. "Nine Facts about Top Journals in Economics." *Journal of Economic Literature* 51(1): 144–61.

Card, D., S. DellaVigna, P. Funk, and N. Iriberri. 2019. "Are Referees and Editors in Economics Gender Neutral?" Working paper. September. https://economics.harvard.edu/files/economics/files/ms30505.pdf.

Card, D., and Krueger, A. B. 2000. "Minimum Wages and Employment: A Case Study of the Fast Food Industry in New Jersey and Pennsylvania." *American Economic Review* 84(4): 772–93.

Carleton, W. T., J. M. Nelson, and M. S. Weisbach. 1998. "The Influence of Institutions on Corporate Governance through Private Negotiations: Evidence from TIAA-CREF." *Journal of Finance* 53(4): 1335–62.

Catton, B. 1952. *Glory Road*. Anchor Books.

———. 1953. *A Stillness at Appomattox*. Anchor Books.

Cawley, J. 2018. "A Guide (and Advice) for Economists on the US Junior Academic Job Market: 2018–2019 Edition." September 21. https://www.aeaweb.org/content/file?id=869.

Churchill, W., and R. M. Langworth. 2008. *Churchill by Himself: The Life, Times, and Opinions of Winston Churchill in His Own Words*. Ebury.

Coase, R. H. 1937. "The Nature of the Firm." *Economica* 4(16): 386–405.

———. 1960. "The Problem of Social Cost." *Journal of Law and Economics* 3: 1–44.

Cochrane, J. H. 2005. "Writing Tips for PhD Students." June 8. https://static1.squarespace.com/static/5e6033a4ea02d801f37e15bb/t/5eda74919c44fa5f87452697/1591374993570/phd_paper_writing.pdf.

Conway, J. H., and A. Soifer. 2005. "Covering a Triangle with Triangles." *American Mathematical Monthly* 112(1): 78.

DeAngelo, H., and L. DeAngelo. 1985. "Managerial Ownership of Voting

Rights: A Study of Corporations with Dual Classes of Common Stock." *Journal of Financial Economics* 14(1): 33–69.

———. 1991. "Union Negotiations and Corporate Policy: A Study of Labor Concessions in the Domestic Steel Industry in the 1980s." *Journal of Financial Economics* 30(1): 3–43.

Djankov, S., R. La Porta, F. Lopez-de-Silanes, and A. Shleifer. 2003. "Courts." *Quarterly Journal of Economics* 118(2): 453–517.

Durlauf, S. N., and J. J. Heckman. 2020. "Comment on Roland Fryer's 'An Empirical Analysis of Racial Differences in Police Use of Force,'" *Journal of Political Economy* 128: 3998–4002.

Erel, I., Y. Jang, and M. S. Weisbach. 2020. "The Corporate Finance of Multinational Firms." *In Multinational Corporations in a Changing Global Economy*, edited by F. Foley, J. Hines, and D. Wessel. Brookings Institution.

Erel, I., B. Julio, W. Kim, and M. S. Weisbach. 2012. "Macroeconomic Conditions and Capital Raising." *Review of Financial Studies* 25(2): 341–76.

Erel, I., L. H. Stern, C. Tan, and M. S. Weisbach. 2021. "Selecting Directors Using Machine Learning." *Review of Financial Studies*.

Fanelli, D. 2012. "Negative Results Are Disappearing from Most Disciplines and Countries." *Scientometrics* 90(2012): 891–904.

Friedman, M. 1970. "The Social Responsibility of Business Is to Increase Its Profits." *New York Times Magazine*, September 13.

Fryer, R. G., Jr. 2019. "An Empirical Analysis of Racial Differences in Police Use of Force." *Journal of Political Economy* 127: 1210–61.

Gans, J. S., and G. B. Shepherd. 1994. "How Are the Mighty Fallen: Rejected Classic Articles by Leading Economists." *Journal of Economic Perspectives* 8(1): 165–79.

Ge, S., and M. S. Weisbach. 2021. "The Role of Financial Conditions in Portfolio Choices: The Case of Insurers." *Journal of Financial Economics*.

Goldin, C., and C. Rouse. 2000. "Orchestrating Impartiality: The Impact of 'Blind' Auditions on Female Musicians." *American Economic Review* 90(4): 715–41.

Grossman, S. J., and O. D. Hart. 1980. "Takeover Bids, the Free-Rider Problem, and the Theory of the Corporation." *Bell Journal of Economics* 11(1): 42–64.

Hall, R., and M. Piazzesi. 2001. "Bob Hall's (MP: Wonderful) Job Market Advice for Stanford Economics Students." https://web.stanford.edu/~niederle/Advice_Bob_Hall.pdf.

Harvey, C. R. 2018. "The Scientific Outlook in Financial Economics." *Journal of Finance* 72(4): 1399–1440.

Hausman, J. A. 1978. "Specification Tests in Econometrics." *Econometrica* 46(6): 1251–71.

Hermalin, B. E., and M. S. Weisbach. 1988. "The Determinants of Board Composition." *RAND Journal of Economics* 19(4): 589–605.

———. 1991. "The Effects of Board Composition and Direct Incentives on Firm Performance." *Financial Management* 20(4): 101–12.

Herndon, T., M. Ash, and R. Pollin. 2014. "Does High Public Debt Consistently Stifle Economic Growth? A Critique of Renhart and Rogoff." *Cambridge Journal of Economics* 38: 257–79.

Hou, K., C. Xue, and L. Zhang. 2020. "Replicating Anomalies." *Review of Financial Studies* 33(5): 2019–2133.

Iliev, P. 2016. "Finance Job Market Advice." June 11. Available at SSRN: https://ssrn.com/abstract=2779200.

Ju, N., R. Parrino, A. M. Poteshman, and M. S. Weisbach. 2005. "Horses and Rabbits? Trade-off Theory and Optimal Capital Structure." *Journal of Financial and Quantitative Analysis* 40(2): 259–81.

Julio, B., W. Kim, and M. Weisbach. 2007. "What Determines the Structure of Corporate Debt Issues?" Working Paper Number 13706. National Bureau of Economic Research (December).

Kahneman, D. 2011. *Thinking, Fast and Slow*. Farrar, Straus and Giroux.

Kaplan, S. 1989. "The Effect of Management Buyouts on Operating Performance and Value." *Journal of Financial Economics* 24(2): 217–54.

Kay, J., and M. King. 2020. *Radical Uncertainty: Decision-Making beyond the Numbers*. W. W. Norton & Co.

Keynes, J. M. 1936. *The General Theory of Employment, Interest, and Money*. Palgrave Macmillan.

Kim, W., and M. S. Weisbach. 2008. "Motivations for Public Equity Offers: An International Perspective." *Journal of Financial Economics* 87(2): 281–307.

Koudijs, P. 2016. "The Boats That Did Not Sail: Asset Price Volatility in a Natural Experiment." *Journal of Finance* 71(3): 1185–1226.

Krugman, P. R. 1979. "Increasing Returns, Monopolistic Competition, and International Trade." *Journal of International Economics* 9(4): 469–79.

Laibson, D. N.d. "Tips for Job Market." https://economics.harvard.edu/files/economics/files/jobmarketadvicehandout.doc.pdf.

Leamer, E. E. 1983. "Let's Take the Con Out of Econometrics." *American Economic Review* 73(1): 31–43.

LeRoy, S. F., and R. D. Porter. 1981. "The Present Value Relation: Tests Based on Implied Variance Bounds." *Econometrica* 49(3): 555–74.

Lewis, M. 2016. *The Undoing Project*. W. W. Norton.

May, A. M., M. G. McGarvey, and R. Whaples. 2014. "Are Disagreements among Male and Female Economists Marginal at Best? A Survey of AEA Members and Their Views on Economics and Economic Policy." *Contemporary Economic Policy* 32 (1): 111–32.

McCloskey, D. N. 1998. *The Rhetoric of Economics*. University of Wisconsin

Press.

Mengel, F., J. Sauermann, and U. Zölitz. 2017. "Gender Bias in Teaching Evaluations." IZA Discussion Paper. Institute for the Study of Labor (September). http://ulfzoelitz.com/wp-content/uploads/JEEA-gender-bias.pdf.

Miller, M. H. 1977. "Debt and Taxes." *Journal of Finance* 32(2): 261–75.

Nadauld, T. D., and S. M. Sherlund. 2013. "The Impact of Securitization on the Expansion of Subprime Credit." *Journal of Financial Economics* 107(2): 454–76.

Nadauld, T. D., and M. S. Weisbach. 2012. "Did Securitization Affect the Cost of Corporate Debt?" *Journal of Financial Economics* 105(2): 332–52.

Nasar, S. 1998. *A Beautiful Mind.* Simon & Schuster.

———. 2011. *Grand Pursuit: The Story of Economic Genius.* Simon & Schuster.

Neumark, D., and W. Wascher. 2006. "Minimum Wages and Employment: A Review of Evidence from the New Minimum Wage Research." Working Paper 12663. National Bureau of Economic Research.

———. 2008. *Minimum Wages.* MIT Press.

Pulvino, T. C. 1998. "Do Asset Fire Sales Exist? An Empirical Investigation of Commercial Aircraft Transactions." *Journal of Finance* 53(3): 939–78.

Reinhart, C. M., and K. S. Rogoff. 2010. "Growth in a Time of Debt." *American Economic Review Papers and Proceedings* 100: 573–78.

Roberts, A. 2014. *Napoleon: A Life.* Penguin Books.

Schwartz-Ziv, M., and M. S. Weisbach. 2013. "What Do Boards Really Do? Evidence from Minutes of Board Meetings." *Journal of Financial Economics* 108(2): 349–66.

Shapiro, Jesse. N.d. "How to Give an Applied Micro Talk: Unauthoritative Notes." https://www.brown.edu/Research/Shapiro/pdfs/applied_micro_slides.pdf.

Sherman, M. G., and H. Tookes. 2019. "Female Representation in the Academic Finance Profession." Working paper. August. http://affectfinance.org/wp-content/uploads/2019/08/ShermanTookes_Aug16_2019-1.pdf.

Shiller, R. J. 1981. "Do Stock Prices Move Too Much to Be Justified by Subsequent Changes in Dividends?" *American Economic Review* 71(3): 421–36.

Shleifer, A., and R. W. Vishny. 1986. "Large Shareholders and Corporate Control." *Journal of Political Economy* 94(3, part 1): 461–88.

———. 1993. "Corruption." *Quarterly Journal of Economics* 108(3): 599–617.

Smith, A. 1776. *An Inquiry into the Nature and Causes of the Wealth of Nations*. London: printed for W. Strahan, and T. Cadell.

Soifer, A. 2010. "Building a Bridge III: From Problems of Mathematical Olympiads to Open Problems of Mathematics." *Mathematics Competitions* 23(1): 27–38.

Stephens, C. P., and M. S. Weisbach. 1998. "Actual Share Reacquisitions in Open-Market Repurchase Programs." *Journal of Finance* 53(1): 313–33.

Stock, W. A., T. A. Finegan, and J. J. Siegfried. 2006. "Attrition in Economics PhD Programs." *American Economic Review* 96(2): 458–66.

Strunk, W., and E. B. White. 1999. *The Elements of Style*. Allyn & Bacon.

Thomson, W. 2001. *Guide for the Young Economist*. MIT Press.

Tufte, E. R. 2001. *The Visual Display of Quantitative Information*. Graphics Press.

Upper, D. (1974). "The Unsuccessful Self-treatment of a Case of 'Writer's Block,'" *Journal of Applied Behavior Analysis* 7(3): 497.

Weisbach, M. S. 1988. "Outside Directors and CEO Turnover." *Journal of Financial Economics* 20 (1): 431–60.

Wiles, A. 1995. "Modular Elliptic Curves and Fermat's Last Theorem." *Annals of Mathematics* 141(3): 443–551.

Wu, A. 2018. "Gendered Language on the Economics Job Rumors Forum." *American Economic Review* 108: 175–79.

———. 2020. "Gender Bias in Rumors among Professionals: An Identity-Based Interpretation." *Review of Economics and Statistics* 102(5): 867–80.

Wu, D.-M. 1973. "Alternative Tests of Independence between Stochastic Regressors and Disturbances." *Econometrica* 41(4): 733–50.

Zinsser, W. 2016. *On Writing Well: The Classic Guide to Writing Nonfiction*. Harper Perennial.

Zwick, E. N.d. "How I Learned to Stop Worrying and Love the Job Market." http://www.ericzwick.com/public_goods/love_the_market.pdf.